中外畅销书的传播与接受研究

程巍 陈众议 等著

中国社会科学出版社

图书在版编目(CIP)数据

中外畅销书的传播与接受研究/程巍等著. —北京：中国社会科学出版社，2016.4
ISBN 978-7-5161-6643-7

Ⅰ.①中⋯　Ⅱ.①程⋯　Ⅲ.①畅销书—出版工作—研究—世界　Ⅳ.①G239.1

中国版本图书馆 CIP 数据核字（2015）第 166993 号

出 版 人	赵剑英
选题策划	郭晓鸿
责任编辑	陈肖静
责任校对	刘　娟
责任印制	戴　宽

出　　版	中国社会科学出版社
社　　址	北京鼓楼西大街甲 158 号
邮　　编	100720
网　　址	http://www.csspw.cn
发 行 部	010-84083685
门 市 部	010-84029450
经　　销	新华书店及其他书店

印刷装订	北京君升印刷有限公司
版　　次	2016 年 4 月第 1 版
印　　次	2016 年 4 月第 1 次印刷

开　　本	710×1000　1/16
印　　张	14.25
插　　页	2
字　　数	246 千字
定　　价	56.00 元

凡购买中国社会科学出版社图书，如有质量问题请与本社营销中心联系调换
电话：010-84083683
版权所有　侵权必究

目 录

畅销书与大众消费文化(代序) ……………………………… 陈众议(1)

关于调研的目标人群以及调查问卷的设计意图的一点说明
　　……………………………………………………………… 程　巍(1)
　　附录　《中外畅销书的传播与接受国情调研问卷》…………（5）

调查问卷以及座谈内容分析 ………………………………… 严蓓雯(11)
　　附录一　《中外畅销书的传播与接受国情调研问卷》
　　　　　　答卷各项统计 ……………………………………（23）
　　附录二　座谈记录 …………………………………………（38）

浅阅读现象的深思考
　　——基于对浙江大学理学部大一学生的调查 ………… 徐德林(41)

丹·布朗何以红遍全球 ……………………………………… 朱振武(62)

米兰·昆德拉作品在中国的传播和接受 …………………… 高　兴(88)

一部外国文学经典如何成为"畅销书"
　　——以《百年孤独》在中国的传播和接受为例 ………… 苏　玲(106)

文学奖"制造"畅销书
　　——以近十年来的诺贝尔文学奖和布克奖为例………… 匡咏梅(122)
　　附录一　近十年诺贝尔文学奖获奖者名单及其在中国的
　　　　　　出版情况……………………………………………(138)
　　附录二　近十年布克文学奖获奖作品名单以及在中国的
　　　　　　出版情况……………………………………………(140)

论影视等新媒介对畅销书的积极作用………………… 严蓓雯(142)

全民阅读与西方经典流行作品的汲取
　　——国家文化战略………………………………… 冯季庆(161)

埭溪镇和南浔镇调查：文化形态、国民基础教育体系与社会共同体
　　………………………………………………………… 程　巍(187)

畅销书与大众消费文化(代序)

陈众议

关于畅销书,谁都可以说上两句,但知其然是一回事,知其所以然是另一回事;此外,其内在机理及传播方式、其市场效应及价值取向,以及新形势下如何界定畅销与经典的关系,都不是三言两语可以说清的。譬如莎士比亚和塞万提斯都是曾被各自时代的文豪和批评家所轻视、小觑的畅销作家,但随着学院派的崛起,他们便也被经典化了。而今情况发生了变化,学院批评在强大的资本和市场面前显得越来越羸弱无力,倘使再热衷于自话自说,那么其影响将日渐稀薄或竟等同于无,甚至反转而成为资本的帮凶。限于篇幅,我不能就诸多新老问题——展开,故略陈如下:

首先,中外文学正呈现出无比繁杂的景象。传统写作及与之相关的现实主义(如城市文学、乡土文学、历史叙事等)继续存在,而多少与之对立的戏说、大话、调笑和恶搞则强劲地发展,五花八门的文学类型更以令人眼花缭乱的姿态发散、弥漫开来。譬如近年来颇得青少年读者青睐的新玄幻、新奇幻、新志怪、新言情、新历史、新校园、新职场、新恐怖以及惊悚、青春、推理、穿越、间谍小说等"新类型"或"新新类型"层出不穷,写手遍及全国。他们的共同特点是信马由缰,既不拘泥于传统或现存文学原理,也不拘牵于历史或眼前的客观真实;但这并不表示它们不是按类型的某些既定规则出牌的,只不过(套用格雷马斯的话说)发送者和接受者、主语和宾语及其顺从者和逆反者是新的,如此而已,故谓之新。

其次,世界文学在空前繁杂中日益趋同。这似与前述构成了矛盾,而实则不然,盖因繁杂或繁荣只不过是假象。它是解构风潮之后的众声喧哗,莫衷一是。换言之,在跨国资本主义全球化浪潮的推动下,有关现象大有趋同倾向,是谓"国际化写作"。这在我国的一些70后、80后和90

后写家中已然有所体现。同时，70后、80后乃至90后的喧哗与骚动并不能淹没传统的顽强存在及其坚硬如水的生命力。事实上，无论市场如何追捧时尚，中外文学的传统依然在艰难承继、踽踽前行，甚至不断完成创造性超越或创新性发展。当然，也不排除从传统中跌打滚爬出来的老作家、名作家受市场乃至某些70后、80后、90后写作的反向影响，从而不同程度地放弃高度追求，在某一作品或某一时期告别经典、自甘"堕落"，即弃道取器或一味地沉溺于小我，甚至下半身写作。

简而言之，繁杂既可理解为繁荣，也可理解为混乱，而且量的宏大并不能阻止我们基于一定立场和方法的质的怀疑与否定。换言之，我们经历了后现代主义狂轰滥炸的结果似乎只是为了迎接跨国资本主义的全球化进程。如今，资本和技术理性完成合谋，世界在一片伪多元的狂欢——大众消费文化中顺势下滑。

法兰克福学派主将马尔库塞在其《单向度人》（1964）和《审美之维》（1978）中曾经呼应过现代主义（或先锋派）作家对大众文化的批判。马尔库塞指责艺术大众化和商业化终使艺术成为资本主义压抑人性的工具，即马克思所说的异化：导致人（包括工人阶级）和世界文化的单向度，即物质化或纯消费倾向。他甚至认为，现代主义艺术自发对抗时代社会关系即资产阶级意识形态并加以否定和超越。他同时强调，真正的艺术是拒绝的艺术、抗议的艺术，即对现存事物的拒绝和抗议。换言之，艺术即超越：艺术之所以成为艺术，或艺术之所以有存在的价值，是因为它提供了另一个世界，即可能的世界；另一种向度，即诗性的向度。前者在庸常中追寻或发现意义并使之升华为"陌生化"的精神世界，后者在人文关怀和终极思考中展示反庸俗、反功利的深层次的精神追求。①

与之完全相反的是文化批评家费斯克（《理解大众文化》）的说法，他认为大众（或通俗）文化是日常生活文化（或谓"审美生活化"/"生活审美化"），其消费过程是依靠文化经济自主性对资产阶级意识形态霸权进行抵抗的过程。②

虽然他们都从反资本主义文化的角度肯定了"精英文化"和"大众

---

① ［美］马尔库塞：《单向度的人：发达工业社会意识形态研究》，刘继译，上海译文出版社2006年版。

② ［美］费斯克：《理解大众文化》，王晓钰等译，中央编译出版社2001年版。

文化"（或"通俗文化"）的存在价值，但本质上并未说明"精英文化"和"大众文化"本身也受资本支配或被资本利用，甚至成为美国主导的跨国资本主义的意识形态和文化诉求。退一步说，即使毕加索们和乔伊斯们的初衷是反资本主义、反商品化，他们终究也无一例外地被商业化了。这是资本强大的又一显证。另一方面，当代世界文学的"国际化"（趋同）倾向及相关狭义文化的实际情况也说明了这一点：好莱坞战胜欧洲电影、村上春树们战胜大江健三郎们、郭敬明们战胜莫言们、阿特伍德们战胜门罗们，在市场的天平上几乎毫无悬念。

总之，无论是美国引领的政治还是文化，其"多元"（或"民主"）终究应资本而生、为资本而存。于是，曾经的欧洲精英最终不得不喝着可口可乐、嚼着爆米花、穿着牛仔裤在电影院或自家客厅的电视机前看好莱坞电影、读美国文学，却不忘无奈地说一声："美国就是个没有文化的暴发户。"

大众消费文化不仅是难以撼动的现实，而且是美国战胜曾经的对手——欧洲精英文化传统和苏联意识形态的强大武器。如今，时移世易，美国正理直气壮地在"多元"（或"民主"）的旗帜下进行政治和文化的多重营销，我们当何去何从、何作何为？

显而易见，我国的文学批评存在着三种话语范式或不良倾向：一是追捧，二是谩骂，三是照搬和套用西方理论。本课题将有利于改变这种状况，对国内外畅销作品发出另一种声音，它首先需要时代的高度和民族的立场，其次是尽可能中肯公允和富有学理性、建设性。

顺便说一句，外国文学研究终究是为了知己知彼，为我所用，从而进一步繁荣和发展我国的文学。但是，长期以来，由于学科细化等客观原因，以及相当一部分外国文学研究者的主观偏离和对象认同，"五四"以来中外并举尤其是新中国建立之初的"古为今用、洋为中用"方针不仅没有得到很好的继承和发扬，而且大有彼盈我竭、老死不相往来之势。这无疑是本末倒置，有违外国文学研究的主要目的：文化母体的美丽和强健。与此同时，鉴于我国当代文学批评本身存在着酷评、媚评、西化等不良倾向、不良学风，外国文学研究者的介入不仅必要，而且紧迫。

马克思主义是辩证的，但马克思主义从不缺乏立场。马克思主义者视文艺为特殊意识形态，其对于文艺的提高与普及、高雅与通俗以及民族性与世界性、现实主义与浪漫主义等诸多问题的看法体现了唯物辩证精神和未来眼光。因此，运用马克思主义的立场、观点和方法，在历史和当今世界文学纵横两个维度上分析、评价当代中外文学,尤其是对那些流布甚广的文学畅销书的接受现状进行调研和定性定量分析,可为我们认识文学生态以及重建价值和审美标准提供参照。然而,囿于时间和水平,这显然只是一个开始,热望同仁方家批评指正,以裨完善、精进。

关于调研的目标人群以及调查问卷的
设计意图的一点说明

程 巍

"畅销书"一词来自英语的"Best-selling book"或"Bestseller"。两词可指一切"卖得好"的商品，通常用于自吹自擂的广告语中（例如19世纪下半叶美国报纸所登商业广告语中常见的"全球最为畅销"云云），但"Best-selling book"或"Bestseller"之于书籍这种特殊商品，则是一个相对晚出的概念，与国民识字率大幅提高（这又牵涉到国民教育体系的建立）、现代出版业和印刷业的技术进步、报刊业（例如书评栏目）的繁荣、"丰裕社会"的经济条件（经济学家加尔布雷斯对19世纪下半叶以后的美国社会的富裕状态的描述）以及一个巨大的现代大众阅读市场（例如美国的"每周一书"邮购俱乐部、"一角丛书"等）的形成息息相关。例如1873年11月4日美国俄亥俄州的报纸 *Holmes County Republic an* 第4版登出一则销售《圣经》广告："最新出版的《圣经》，是书市上最便宜、最畅销的《圣经》版本。"同年11月22日拉斯维加斯报纸 *The Donaldsonville Chief* 登出泰勒医生所著的《健康指南》的售书广告："泰纳医生的《健康指南》，为一切健康可能出现问题的人提供一切必要的建议，任何人，无论已婚未婚，无论年老年轻，无论何种年龄、性别或家境，这本畅销书均为必备之物。"1889年4月4日的 *The National Tribune* 第4版登出一则销售威廉·皮藤格尔所著的《劫走火车头：战时秘密情报史》的销售广告，称其为"当代畅销书之一"。上引报纸的广告语中使用的均为"Best-selling book"，而"Bestseller"一词用于"卖得好"的书籍则相对更晚，例如有研究者将其源头追溯至1889年美国堪萨斯日报 *The Kansas Times & Star* 里的一篇文章。

不管怎样，由于"畅销书"与市场形影相随，因此，对19世纪的一般美国读书人来说，它往往意味着一类为赚钱目的而极力迎合大众读者阅读趣味的流行书籍。18世纪80年代的美国对色情书籍有禁止流通的立法，而遍布全国的政府邮政网络则有权限制某些被认为"不道德"的书籍的邮寄。例如1890年8月2日犹他州的 *The Salt Lake Herald* 第4版登出一篇评论邮政当局禁止邮寄托尔斯泰某部小说（大概是《安娜·卡列尼娜》）的文章《一本遭禁的小说》，称邮政当局的某位要员"认为美国最近发行的托尔斯泰伯爵的某部著名小说'不得体，因此禁止邮寄，以免流通'。邮政当局的泰勒先生认为这部小说与托尔斯泰的其他作品相比更不得体，更不道德，这无疑是对的，然而，这部小说比起近些年来一些男女作者出版的让他们既出名又致富的小说来说，则要算好的了。如果所有这些现实主义作品均被禁止流通，那禁止托尔斯泰的小说也没有什么不合适……但如果仅把这位俄国小说家罚出局，而听凭美国和其他国家的那些与托尔斯泰同样不得体但才华却逊于托尔斯泰的作家们利用邮寄渠道在我们的国民中散布污秽的垃圾，那就不对了"。文章接着谈到，禁止邮寄这些书，可能反倒使本来从来就没有听说过这些作家的名字的那些人大感兴趣，去想方设法弄到这些书，"我们回想起数年前道德家们对某位女作家所写的一本书的谴责，并要求邮政当局对其加以禁止，而邮政当局的人觉得这本书还没有达到法律规定的那种标准，所以就没有下禁令。但由此引发的热烈讨论却使得这本书成了那些年最畅销的书之一，其作者不仅赚足了名声，且在金钱上也赚了个盆满钵满，而出版商也大赚了一笔"。

英美当代词典对"畅销书"的释义通常如下："畅销书指这一类书，它被认为极其流行，列在销售排行榜或常借书排行榜上，这些排行榜的依据是出版业、销售数字、图书馆流通统计数字，而排行榜则被登在报纸、刊物或张于连锁书店"；"在日常用法中，'畅销书'一词并不一定与具体的销售情况相关，有时只是出版商在推介语（或广告语）中随便一说。畅销书一般不被认为是具有高度的学术价值或文学品质的书，尽管也有例外；另一方面，有些书比当代'畅销书'销得更多，例如早期的最为流行的书通常是一些宗教书籍（不过，19世纪之前，《圣经》一直是一部很贵的大书）。就小说来说，文学经纪人、编辑、出版商、书评人、零售商、图书馆员构成一个链条，与市场营销结合在一起，共同来'制造'畅销书，也就是说，想方设法来促销"等。①

这种描述与我们在现代汉语语境中谈到"畅销书"时基本一致。不过，这种描述却像是对"纸媒时代"的畅销书的描述，因为它不包括当今这个电子化、网络化、自媒体化时代的大量免费的"畅销书"。或许因为"畅销书"一词含有"销售"或者"获利"的意义，因此免费浏览或下载网络上的电子流行读物的行为就不被认为是"畅销书"的链条上的一环了。但我们知道，付费的"浏览"同样也是商业行为，尽管其产生的利润可能并不流向作者，而是流向网络开发商。另一方面，纸本的"畅销书"也可能被大量借阅（从图书馆、他人那里），而与"租书"行为不同（租书的利润也不流向作者和出版社，而是流向出租者），这种借阅行为同样不会产生商业利润。

与"纸媒时代"不同，自媒体时代的网络"畅销书"并不存在由文学经纪人、编辑、出版商、书评人、零售商、图书馆员和市场营销构成的一个利益相关的链条，它甚至不存在一个完整的"市场"——如果完整的市场意味着生产者和销售者同时赢利的话。这些供免费浏览和下载的"作品"通常出自无名无姓或者"化名"的作者，是他们自己上传的，而他们上传这些作品的动机也五花八门。当然，他们中的少数幸运者——这意味着被某个出版商所发现——可以从电子版的"畅销书"变为纸本的畅销书，从而进入纸本畅销书的"制造"链条，或被改编成电影和电视剧，进入货真价实的市场。

本研究在谈到"畅销书"一词时，不仅指"卖得好"的书，也指"被广泛阅读"的书：有些人买了"畅销书"却原封不动，这只完成了一个购买行为，书作为商品并没有被真的"消费"。这和买了电影票却没有去看电影是一样的。本研究侧重于被真实"消费"或者说"阅读"的"畅销书"，无论阅读的程度如何。此外，我们应关注免费浏览或下载的"网络畅销书"同样具有"另一类资本"的性质，即"象征资本"：即便它们没有给其作者带来明显的经济收益（正如"纸本畅销书"之于作者和出版社），它们同样能为其作者和网站带来社会名望，而象征资本是可以转化为经济资本的，正如经济资本也可以转化为象征资本。

说当今处在一个"电子化、网络化、自媒体化时代"并不夸张，它改

---

① Http：//en.wikipedia.org/wiki/Bestseller.

变了纸媒时代的一些传播条件和传播方式,并塑造了一种新的"网络引导"的人格,其影响左右了公共领域的话语趋向。正因如此,网络也成了各种国内和国外的势力争夺文化领导权的舆论阵地。当今的电子网络几乎覆盖世界各地以及中国城乡(换言之,任何一个偏远之地的人都会被"抛入"全球的信息之海并"独自"面对这些杂乱的真假难辨的信息),远比书籍流通便捷和广泛。假若说"网络化"使得世界各地获得了"同时性"的话,那么,"自媒体化"就使得人人都可以成为写手并可随时将自己所写的随便什么东西公布于众。

"中外畅销书的传播与接受国情调研"课题的目标是以问卷、访谈、实地考察、案例分析等方式,考察中外畅销书(包含"网络畅销书")的"制造"过程、传播方式、互动方式、接受情况、对于读者心理的影响——当然,为了描述这些问题,本课题组还将从历史层面谈到"文化"之于共同体的作用——以及这些影响之于公共领域的话语构成、舆论走向、文化领导权博弈、国家认同的形成或危机等方面的意义,以便为国家文化建设和国家文化战略的制定提供一些参考。

不过,"畅销书"涉及各个方面、各个年龄群体。对其进行全面调研,非本次调研之所能,因此必须有所选择,不仅选择"畅销书"的种类,而且在实地考察时选择调研的地点和目标人群。考虑到文学畅销书在各类畅销书中始终占据显要地位,而且文学对世道人心的影响力也有目共睹,我们此次调研就主要以中外文学畅销书的传播与接受情况作为考察的主要内容;同时,文学畅销书的主体受众具有鲜明的年龄特征,即从初中到大学的在校学生,亦即在国民教育体系中占据基础部分和高等部分的庞大群体,而国民教育体系则是一国培养其"国民"的主要途径。将中外畅销书的传播和接受与国民教育体系结合起来进行考察,是本次调研的另一个特色。不过,正如我们一直强调"基础"一样,我们在考察畅销书和国民教育体系时,也侧重于中国社会的"基础",即通常为类似调研所忽略的广大县镇乃至乡村。梁漱溟等人当初之所以重视"乡村建设",正是因为"乡村"(这里包含县镇)乃中国社会的基础,所谓培植根本。基于这种考虑,我们选择浙江省湖州市的两个镇(一是主要作为山区镇的埭溪镇,一是作为平原镇的南浔镇)以及杭州作为调研地点,主要考察其在校学生(南浔中学、浙江大学)在中外"纸本畅销书"和"网络畅销书"的接受方面的情形。选择这两个镇,是因为它们就像中国的"中镇"一样具有代表性。

调查问卷就是根据国民教育体系中的这个年龄群体（15—22岁）的特定情况而设计的，例如与其他社会问卷不同，本问卷在年龄下限上降至15岁左右，并问及答卷者父母的职业、家庭收入状况、同学交流情况、手机上网情况等，但不必问其本人职业和收入情况（因为他们大多是在校学生）等等。

附录　《中外畅销书的传播与接受国情调研问卷》

（请在以下各项目下的A、B、C、D等字母中选择，将所选字母打√，某些项目可多选）

您的性别：

A. 男；B. 女

您的年龄：

A. 15岁（含）以下；B. 15—18岁；C. 18—22岁；D. 22—30岁；E. 30—50岁；F. 50岁（含）以上

您的学历：

A. 初中；B. 高中；C. 本科；D. 硕士及以上

您的职业：

A. 在校初中生；B. 在校高中生；C. 在校大学生；D. 高校教师或其他科研机构研究人员；D. 其他

您的家庭（父母）背景：

A. 务农；B. 进城务工；C. 城市工人；C. 知识分子；D. 国家公务人员；E. 私人企业员工；G. 国营或集体企业人员；H. 其他

您对目前您家庭（父母）收入状况的定位：

A. 贫困；B. 一般；C. 比较富裕；D. 非常富裕

您目前的专业或将来愿意选择的专业：

A. 文史哲；B. 艺术；C. 社会科学；D. 理工；E. 医学；F. 其他

说明：此问卷调查表中所谓的"畅销书"，指发行量大并被大众广泛阅读和议论的非教科书类书籍，如莫言作品、艾丽斯·门罗作品、罗琳《哈利波特》系列、托尔金《魔戒》系列、沃尔特·艾萨克森《乔布斯传》、宋鸿兵《货币战争》、易中天作品、于丹作品、郭敬明作品、署名"韩寒"的作品等，一般列入各类"畅销书排行榜"。多谢问卷回答者支持。

一　基本情况调查

1. 您近一年内私人购置了多少本非教科书类书籍：

A. 未购置；B. 1—10 本；C. 10—30 本；D. 30—60 本；E. 60—100 本；F. 100 本以上

2. 您购置或使用书籍的方式：

A. 从实体书店购买；B. 从网上书店订购；C. 从网上下载电子版；D. 网上在线阅读；E. 从图书馆或他人那里借阅

3. 您对各类"畅销书排行榜"的关注程度：

A. 不关注；B. 偶尔会留意；C. 关注并根据畅销书购买和阅读；D. 不认可各类"畅销书排行榜"，根据自己需要选购；E. 从不购买畅销书，但可能关注一下；F. 听同学朋友谈起后关注

4. 吸引您阅读某部畅销书的动机：

A. 该书获得了重要奖项；B. 喜欢其作者；C. 周围人都在谈论此书，感觉自己不有所了解则"不时髦"，或与同学聊天时显得"无知"；D. 为书评或其他推销方式所吸引；E. 朋友推荐；F. 无目的地翻阅几页，感觉不错，于是开始阅读

5. 一般说来，您对"畅销书"的阅读程度：

A. 略略翻阅；B. 经常只看完一部分章节就再没有往下看；C. 从头至尾完整看一遍；D. 看一至数遍

6. 您在阅读时是否有摘抄或写读后感的习惯：

A. 没有；B. 偶尔会摘抄或写读后感；C. 经常摘抄或写读后感

7. 您有时向朋友或网友推荐畅销书吗？

A. 推荐；B. 不推荐

8. 您喜欢哪种类型的畅销书：

A. 历史类；B. 文学类；C. 生活类；D. 励志类；E. 时政类；F. 经济类

9. 文学类畅销书中，您尤其喜欢以下哪一类：

A. 传记；B. 爱情小说；C. 惊悚悬疑小说；D. 经典严肃作品；E. 战争文学；F. 历史小说；G. 农村题材小说；H. 青春（校园）小说；

I. 社会问题小说；J. 科幻小说；K. 学术类随笔；L. 一般随笔；M. 其他

10. 您对国外畅销书的了解渠道：

A. 通过译介；B. 阅读外文介绍；C. 从报刊上获知；D. 从网络上获知；E. 他人告知

11. 您父母对您阅读畅销书的态度：

A. 父母不许阅读，自己也就不阅读；B. 父母不许阅读，自己偷偷阅读；C. 父母允许有选择性阅读；D. 父母不管；E. 父母推荐阅读

12. 您阅读或不阅读畅销书是基于：

A. 无可替代的重要兴趣爱好；B. 闲时打发时间的消遣手段；C. 一种社交方式；D. 觉得浪费时间与金钱而不阅读

13. 您是否读过莫言的小说：

A. 不知莫言是谁；B. 知道莫言是谁，但没有读过其作品；C. 读过一些；D. 读过其几乎全部重要小说作品

14. 您对一年多来网上质疑韩寒作品"代笔"的争论是否知晓以及知晓程度：

A. 不关心；B. 不知道；C. 知道一点；D. 了解争论详细过程

15. 您对方舟子等人质疑韩寒作品"代笔"持何态度：

A. 质疑者无聊，证据不可靠；B. 质疑有理，证据可靠；C. 只要作品好就行，有无代笔无所谓；D. 韩寒的确有"代笔"，不再关心署名"韩寒"的作品

16. 您认为一本书畅销的主要原因有：

A. 炒作；B. 电视讨论；C. 报刊评论；D. 作者为有争议人物；E. 作品本身不错；F. 作者个人魅力；G. 网上推荐，群里同学推荐；H. 其他

17. 您是否会在日常话语中刻意使用或模仿你喜欢的畅销书中的特别语句：

A. 是；B. 可能使用，但意识不到具体出自哪里；C. 不，而且有意识尽量避免

18. 就您目前的意愿而言，您是否将您购买的畅销书作为自己的永久藏书：

A. 不收藏，读后便不知丢在了何处；B. 有选择性地收藏；C. 全部

收藏

19. 您在阅读某部畅销书之后，是否会阅读这部畅销书的作者的其他不怎么畅销的作品：

A. 不会；B. 有时会；C. 经常会

20. 您觉得阅读畅销书是否会改变了您的观点和志向：

A. 没有明显改变；B. 有一些改变；C. 有明显改变

21. 您留意、在意畅销书的封面设计和装潢吗：

A. 无所谓，不留意；B. 稍稍有些在意；C. 非常看重

22. 会看某部电影后，重新去看原著吗？比如《少年派的奇幻漂流》？

A. 不会；B. 可能会；C. 基本会

23. 会去看根据畅销书改编的电影吗？比如《小时代》？

A. 不会；B. 可能会；C. 基本不会

24. 跟学校推荐课外阅读的作品相比，畅销书读起来：

A. 更有趣；B. 更无聊；C. 都好看；D. 都不好看

25. 朋友之间交流的话题，更多是：

A. 学习；B. 爱情；C. 阅读感受；D. 游戏；E. 电视节目；F. 其他

二 排行榜调查

26. 您最近阅读的中国畅销书（请按喜爱程度列出 1—5 部）：

27. 您最近阅读的外国畅销书（请按喜爱程度列出 1—5 部）：

28. 您最喜欢的中外畅销书作家（请按喜爱程度列出 1—5 位）：

29. 您认为以下几个"2013 年畅销书排行榜"中更能反映 2013 年国内阅读状况的是：

A：当当网畅销书排行榜：

  1.《力量》

  2.《百年孤独》

  3.《好妈妈胜过好老师》

  4.《时寒冰说：经济大棋局，我们怎么办》

  5.《不一样的卡梅拉》

  6.《杨澜：一问一世界》

  7.《朱德庸：大家都有病》

  8.《很老很老的小偏方，小病一扫光》

  9.《龙族 2：悼亡者之瞳》

  10.《看懂世界格局的第一本书》

B：卓越网畅销书排行榜：

  1.《柴静：看见》

  2.《查理九世 20：黑雾侏罗纪》

  3.《最好的时光在路上：中国国家地理》

  4.《百年孤独》

  5.《第七天》

  6.《谢谢你离开我》

  7.《不畏将来—不念过去》

  8.《自控力》

  9.《谁的青春不迷茫》

  10.《村上春树杂文集：无比芜杂的心情》

C：新华书店畅销书排行榜：

  1.《杜拉拉大结局》

  2.《朱镕基讲话实录》

  3.《你若安好就有明天：林徽因传》

  4.《春宴》

  5.《百年孤独》

  6.《好妈妈胜过好老师》

  7.《窗边的小豆豆》

8.《史蒂夫·乔布斯传》

9.《时间简史》

10.《培养孩子好性格的80个经典维尼故事》

30. 请您按自己的想法拟一份2013年畅销书排行榜（最多列10本，按序排列）：

备注：如果对畅销书的话题，您还有什么个人想法，请在下面空白处留下您的看法，谢谢！

调查问卷以及座谈内容分析

严蓓雯

"中外畅销书的传播与接受"国情调研小组于2013年11月6日至9日分为三路,分别在沈阳师范大学、浙江湖州埭溪中学和浙江大学进行了调研与座谈,并在埭溪中学和浙江大学共发放调查问卷125份,回收有效问卷125份。现基于对从埭溪中学和浙江大学回收的125份调查问卷的各项内容的统计,对调查情况进行分析。

一 调查学生的背景情况

这次调查的对象包括中学生与大学生,其中在校高中生100名,在校大学生25名。男女分布比例较大,女生78名,男生47名,女生将近是男生的两倍,这在后面关于"最喜欢的畅销书"调查中会显示出来,女生比较偏爱的青春文艺类小说散文占的分量较重。

湖州地处浙江北部,素有文化之邦的美誉,城市有众多历史人文景观,民众素质普遍较高。浙江大学是首批七所"211工程大学"之一,学生也基本上是高考学子中百里挑一的佼佼者。同时,由于埭溪镇属于中等城镇,相对来说受影视等新媒体影响较小,娱乐消费稍显单一,书籍阅读,尤其是畅销书阅读仍然较为流行。从学生的问卷可以看出,2013年畅销榜书目几乎都有人看过。因此,考察这一区域及学校的高中及大学生的畅销书阅读情况,能调查具有一定阅读习惯和阅读能力的年轻人对畅销书的接受以及畅销书在国内南方地区传播的情况。

参与问卷调查的125名学生中,家庭经济情况除特别贫困的4人、特别富裕的10人外,基本都是经济情况一般,因此也比较少地出现由于特别贫困买不起书的情况。在高中生中,因为埭溪是农业占一定比例的城镇,家长务农的比较多,有49人,是进城务工(9人)和城市工人(11

人）的2倍多，同时，由于城镇经济比较灵活，私营业主及个体户也占了不小比重（26%）。接受调研的浙江大学的学生，家长中知识分子和国营企事业单位的比较多，占到一半。

高中学生对将来报考志愿的文理科意愿，文科（包括文史哲、艺术、社会科学）有56人，理科（理工、医学）有32人，其他12人（不少人选择工商管理）。浙江大学的大学生中，理科23人，社会科学1人，其他1人。总体来说文理分布比较平均，能大致反映各种爱好的学生的阅读情况。

二　问卷情况基本分析

1. 书籍购置情况（1、2[①]）

从学生一年购置书籍的情况（见下表）可以看出，在学生一年的零花费用中，购买书籍占了不小比重。购买1—30本书的占87.2%，以一本书均价20元计算，基本上花在购书的开销上有几百块钱。

从未购置	购置1—10本	购置10—30本	购置30—60本	购置60—100本	购置100本以上
7.3%	73.6%	13.6%	4%	0.8%	0.8%

而且，从购书渠道来看，从实体书店购买还是占了较大份额。中国出版集团出版的《畅销书榜谁称王：30年中国畅销书史》（孙月沐主编，2009年版）曾报道，以书城为标志的卖场如雨后春笋般从各省市中心城市冒出来，而"中小城市的中型卖场建设也突飞猛进地增长，以浙江发行集团为例，1998年卖场营业面积八万平方米，到2008年集团连锁门店卖场发展至26万平方米"。当然这一数据已经老旧，但并不能抹杀书城曾经的繁荣及浙江省读书氛围的浓郁。125名学生中，去实体书店购书的有71人次，加上从网络书店购买、从图书馆或他人处借阅书籍，选择阅读实体书的为133人次。当然，随着网络的发展，网上在线阅读或购买电子书阅读的趋向也不容小觑，这次调查就显示这样的阅读方式占了74人次。两者差距比以往缩小许多。

2. 阅读畅销书的动机、基础与渠道（4、10、12）

对于学业繁忙、有着或刚经过高考压力的学子来说，阅读畅销书（大

[①] 括号内数字是调查问卷的问题序号，下同。调查问卷的答卷的各项统计附后。

部分非课外指定阅读书籍）某种程度上是种奢侈。不过，从调研来看，学生还是非常喜欢阅读这类书籍的。其中，选择"喜欢作者"这一选项的最多，从后面的问卷题目也可以看出，一些网络作家、经典作家是学生选择阅读畅销书的最根本动机。次多的选项是"无目的（随机）翻阅后，觉得不错，继续阅读"，这无疑表明书籍内容也是让学生们看书的动力之一。同时，阅读畅销书也是朋友间来往的动因与结果，无论是为了在朋友谈起时不显得孤陋寡闻，还是听从朋友推荐阅读了书籍，书都是朋友间交往的一个话题。最后，书评、排行榜或其他一些宣传炒作因素也是学生阅读畅销书的一个原因。

畅销书不像长销书和经典书，还没有经过时间的检验，所以，宣传就十分重要，无论是围绕着书籍的话题，还是围绕着作者的各种新闻，都能让人注意到此书，其中有些人就会进行阅读。这次调查问卷里对这一选项的选择达到32人次，虽不及"喜欢作者"（61人次），但已大致与"随意翻阅并继续阅读"（45人次）和"朋友推荐"（34人次）大致相当，并远远超过了"该书获得奖项"（8人次）或"令朋友间交谈有话题"（10人次）两个选项。不过从这一道题也可以看出，对畅销书来说，获得奖项并不是十分重要的原因，虽然在后面问卷里可以发现，莫言获诺贝尔奖大大提升了他在学生中的知名度和阅读度，但青春期的学生更愿意主张自己的判断和朋友的推荐，对排行榜或获奖这些他人或官方的认定并不非常在乎。

而相对于同种文化、易于交流而比较熟悉的国内畅销书，对国外畅销书的了解则通过以下几个渠道：

通过译介	阅读外文介绍	从报刊上获知	从网络上获知	他人告知
16%	10.4%	13.6%	57.6%	16%

可见，网络成了了解国外畅销书信息的主要渠道。

当然，在以上基础上，拿起了畅销书并受之吸引而进行的阅读行为，更多是打发时间的消遣手段。这一方面跟畅销书多是快餐文化有关，一方面也跟阅读热度的滑坡有关。随着各种娱乐方式的兴起，上网、玩游戏等等大大挤压了看书的时间，看书常常作为一种社交方式，只是为了多一个聊天话题。作为无可替代的兴趣爱好和持之以恒的生活习惯的，只有30人次，不足1/4。虽然觉得浪费时间金钱而不阅读畅销书的只有区区4人次，但它与"兴趣爱好"构成梭子的两极，中间是庞大的"消遣时间"

群体，这也与之后座谈中了解到的情况一致。课业的繁重不仅让学生没有时间看书，如果有，也只是看些轻松读物打发时光而已。大部分经典书籍让学生望而止步。如何让他们尚愿意阅读的畅销书籍富含人生智慧与哲理，可能是需要思考的一个问题。

3. 阅读习惯（5、6、17、18、19、21）

此次的调查也发现了学生的一些阅读习惯。可喜的是，在打开随意拣起或朋友推荐的书籍后，从头到尾完整看完一遍乃至数遍的人并不在少数（占64%，见下表），是略看一下或"虎头蛇尾"的人的两倍。不过，做摘抄这种古老而美好的方式，却不被现在的年轻人所"待见"。这可能是因为一方面在线阅读或阅读电子书成了一定的主流，做摘抄并不是很方便，另外也可能是习惯用电脑的学生不怎么使用纸质笔记本进行记录。尽管如此，做摘抄或写读后感（无论是偶尔还是经常）的人仍然比没有这一习惯的人多（占59.2%，见下表）。

略略翻阅	经常只看完一部分章节就再没有往下看	从头到尾完整看一遍	看一遍至数遍
18.4%	17.6%	54.4%	9.6%
没有摘抄或写读后感	偶尔会摘抄或写读后感	经常摘抄或写读后感	
40.8%	55.2%	4%	

在年轻人的成长阶段，高中及大学低年级是人生观、世界观、价值观树立的时期。和后面的问题相呼应（阅读改变人生的观点与志向占81.6%），学生会自觉不自觉地模仿喜欢的畅销书里的语句（高达93.6%），作为自己人生志向的代言，比如"你若安好，便是晴天"，据说此语出自才女林徽因之口，它不但成了畅销书《林徽因传》的书名，也是学生之间熟稔的一句短语，表达了纯真而美好的愿望。

而且，因为畅销书籍中有令学生印象深刻的内容，学生基本上都会将购买的畅销书作为永久藏书（88%），读后就扔的非常少。同时，作为一种良好的阅读习惯，学生会在读了一本喜欢的书后，展开延伸阅读，经常去读该作者的其他作品，这一阅读习惯的养成对日后的专业学习也会影响不小。

此外，从答卷中可以看出，学生对书的内容最为看重。对书的装帧、封面设计等包装方面的"软件",并没有太在意,非常看重的只有11人,基本上都是无所谓或稍稍有些留意。

4. 父母朋友的影响(7、11、25)

从周边人对问卷调查者的影响来看,我们遗憾地看到父母在指导孩子阅读这方面的角色是比较欠缺的。受中国教育体制影响,父母一般并不乐意孩子花很多时间在"没用的闲书"上,致使父母不许阅读、自己偷偷阅读或父母不管的现象非常常见。而在父母指导或推荐下进行阅读的非常少,不到10%。另一方面,学生彼此之间的影响则大得多。超过7成的人会向朋友推荐自己在看或听说的书籍,而在朋友之间交流的话题中,阅读感受也占到一定比例。由此来看,除了老师推荐的课外阅读书籍有些和畅销书重合之外,学生的阅读品种相对来说比较集中,这就是同学间互相交流的结果。

5. 最喜欢畅销书的类型与内容(8、9)

在同学们喜爱的畅销书类型里,文学类以高比例占首位(见下图,第二行里竖线左侧是高中生的比例,右侧是大学生的比例)。

历史类		文学类		生活类		励志类		时政类		经济类	
26.4%		55.2%		26.4%		26.4%		6.4%		7.2%	
25%	32%	52%	68%	25%	32%	28%	20%	5%	12%	6%	12%

对于高中生来说,励志类书籍很受欢迎(28%),这与他们处于青春迷茫期、渴望决定人生未来的方向有关。进入大学以后,随着进一步成熟,人生目标的确立,这一方面的书籍虽然仍被阅读,但比例已降至20%。反之,其他方面的阅读,尤其对历史类(32%)、时政类(12%)、经济类(12%)的兴趣在慢慢提高,大学生逐步摆脱了对言情等青春读物的迷恋,开始关心时政、经济问题,而且总体来说,由于摆脱了高中备考的压力,读书总量更多,更广泛。

具体到文学类书籍的阅读,整体来说,爱情、悬疑、青春类读物比例很高。经典严肃作品、社会问题小说、学术随笔及一般随笔这些能提高对现实社会认识的作品相对来说阅读较少。科幻类作品的阅读度也很高,从答卷中也可以看出学生对"玄幻"类题材作品的喜爱程度。受网络小说的影响,青年对"穿越"、"科幻"、"玄幻"等一定程度上超越现实的想象性作品兴趣很大。同时由于阅读时间少(主观客观两方面原因),时间在快节奏生活中呈碎片化，诗歌阅读渐渐成为新趋势，虽然我们没有列出诗歌这一选项，但在"其他"里提到的同学不少，这也跟整体社会的阅读趋势一致。

6. 对畅销书领域热点事件的关注（13、14、15、16）

相比对畅销书的阅读，对畅销书领域的热点事件，同学们却并不是太在乎。这两年议论纷纷的抄袭事件（包括韩寒被指"代笔"，郭敬明被指抄袭），在学生心里要么无所谓，要么就算认为存在抄袭行为，只要书好看就行。从负面影响来看，学生道德感在淡薄化，并不认为抄袭是什么大不了的事，甚至为了偶像可以容忍他的所有错误；从积极一面来看，基本上学生还是以书籍内容为上，让浮夸的社会还可以有一点点"内容为王"的底气。

具体到韩寒被指"代笔"事件，不关心、不知道、只知道一点的人占到 93.6%，只有 8 人详细了解了事情的发展过程。这一方面说明在学生心目中，韩寒的影响力不及郭敬明（后面对韩寒及郭敬明作品阅读的情况也可以显示出来）；另一方面也说明学生对这种笔仗不感兴趣，事情之复杂也让涉世不深的他们无从判断。因此，觉得质疑者无聊的人次是认为质疑有道理、证据可靠的人次的 2 倍多，而认为韩寒确实有代笔，不再看他的作品的只有区区三人。

去年诺贝尔奖莫言得奖，大大提升了莫言在学生中的知名度。虽然读过他的作品的人尚不算多（44%），但以乡土描写见长、作品充满魔幻现实主义、对高中及大学低年级来说有一定阅读难度的莫言作品，能有将近一半的人读过，有两人几乎读过他的所有重要作品，已是不小的成绩。从后面所列学生阅读的畅销书目来看，《红高粱》、《丰乳肥臀》、《蛙》都屡次被学生提到。更可喜的是，就像之前反复提到的，学生还是对书籍的内容质量最为看重，104 人次认为书畅销的原因是"作品本身不错"，远远超过其他几个选项（见下表）。

炒作	电视讨论	报刊评论	作者为有争议人物	作品本身不错	作者个人魅力	其他
19	5	12	8	104	23	网上、同学推荐

虽然炒作（包括作者是有争议人物）也是现代社会一个不可或缺的噱头，但同学们基本上还是从内容或作者本身出发选择书籍阅读。这为我们以后如何向学生推荐优质畅销书籍指明了道路，如何将内容的好处以各种形式体现出来，是文学研究者、推介者的努力方向。

7. 关于排行榜（3、29）

在《畅销书榜称为王》的引言中，编者云："畅销书的概念（Bestseller）本源于英美等西方发达国家书业，是与市场化的运作相伴而生的，实际上与全国性图书销售排行榜的诞生紧密相关。其实，销量比较大的图书，在中国早已存在。如各种通过行政手段系统发行，动辄印刷几十万乃至上百万的政治性辅导读物。但作为普遍意义上的畅销书概念，业内大多数人认为，其不应当包括通过行政手段发放的读物，而应当是通过市场，通过读者的自主购买行为产生的在目标读者和公众市场中销量最多的图书商品。中国的畅销书的产生，是伴随着中国出版业逐步走向市场、逐步从事业向产业转型的进程而产生、发展的。在20世纪80年代到90年代中期，也曾涌现出动辄十几万乃至几十万、上百万图书，如金庸、琼瑶等人的作品，但那时，面向大众市场的一般图书的出版品种总量有限，面对读者的阅读热情、知识与娱乐阅读的饥渴，图书发行量普遍走高，而出版社的市场营销意识淡薄、尚缺乏自觉的畅销书策划运作机制建设。直到20世纪90年代末开始，中国出版业已经从十年前简单的增加图书品种、市场扩容发展到全面的市场竞争。竞争的结果是，单本图书销量锐减，库存增加，但与之相对应的是图书市场的相对饱和、读者阅读倾向个性化的趋势。于是，面对现实，出版社由过去的重编辑向重发行过渡，市场营销开始进入中国的出版业。随着目标市场的不断细分，出版社有目的地深度开发的、适合一定读者群的图书就开始大批量问世。"

但是，新世纪以来，一方面读者对各类畅销榜背后的商业运作已比较熟悉，丧失了信任感，另一方面青春成长期的阅读各倾向于相信自己独立的判断（独立人格的养成）和朋友同学的推荐（亲密关系的养成），在这次的调查问卷里，学生普遍对排行榜并不十分在意，"不关注"（13）和"不认可排行榜、根据自己需要选择购书"的人次（13），都超过了"关注并根据排行榜购买和阅读"的人次（12）。大部分人选择的是"偶尔留意"，这是因为排行榜的信息轰炸无处不在，学生的阅读生活里无法避免罢了。而相对于网上购书的排行榜（卓越网、当当网），学生似乎更信任实体书店排行（新华书店），不知道是不是因为对实体书店更容易产生信任感的缘故。

8. 畅销书阅读的作用和影响（20、22、23、24）

但是，无可否认，畅销书的阅读，占了学生阅读课外书籍的绝大部分时间，学生没有心力、可能也不太有兴趣，去啃一些大部头的冷门书籍。超过一半的人（56.8%）认为畅销书比老师指定的课外阅读读物更有趣。在这样的阅读前提下，畅销书的阅读对正在人格形成期的学生来说，必然会在他们的观点志向上产生一定影响，因此，觉得受到一些改变（102），或有明显改变（4）的占了84.4%，可以说，畅销书包含的内容、旨趣、倾向，或多或少都改变着孩子的人生态度。

9. 畅销书与影视的互动

如今，无论国内外，根据畅销书改编的电影越来越多。作为占主流娱乐方式的一种，看电影能让观众在短短100分钟左右，以另一种方式观看、解读文学作品，因此，看电影后重新找来原著阅读的或读了畅销书后去观看电影的比例都非常高（分别是72%和88%），尤其是今年郭敬明导演的电影《小时代》（1、2）的火爆票房，充分证明了畅销书阅读积累对观影人次的大力推动；反过来，《少年派的奇幻漂流》、《伟大的盖茨比》等电影，也令不少读者重新回去阅读原著，出版社随之重印的书籍也一售而空。

10. 阅读的中外畅销书具体分析（26—30）

1) 中国畅销书阅读

中学生：

a. 青春读物大受欢迎

上面提到郭敬明执导电影《小时代》的轰动，在原著小说的阅读上，《小时代》也引领前茅。于2008年起出版的《小时代1·折纸时代》、《小时代2·虚铜时代》（2010）和《小时代3·刺金时代》（2011），每一本的出版都引发读者排队购买的热潮。在请学生列出的1—5部最喜爱的畅销书书目上，《小时代》以43人次高居榜首。郭敬明的其他作品《爵迹》、《夏至未至》、《悲伤逆流成河》、《幻城》等也被屡屡提及。

其他如白落梅的《你若安好，便是晴天》、刘同的《谁的青春不迷茫》、饶雪漫的《左耳》、辛夷坞的《致我们终将逝去的青春》等青春小说也十分受欢迎。

b. 网络小说（漫画）大行其道

《斗罗大陆》是起点中文网白金作家唐家三少的长篇玄幻小说，深受欢迎，而由原著改编的漫画已出单行本17册，印20万3天内一抢而光，又加印20万8天内货紧，主编无奈再加印10万册，创下了MK最早走红记录。调查问卷上无法显示出学生读的是文字版还是漫画，但至少都是因作品在网络走红而被大家知晓。同样，由网络作家天蚕土豆的小说《斗破苍穹》为剧本、由任翔主笔创作的《斗破苍穹》也是热门网络漫画之一。

另一种深受欢迎的网络小说是言情小说。顾漫于2003年9月22日开始在晋江原创网上连载、历经两年时间写出的小说《何以笙箫默》，在晋江的总积分高达二千九百多万。她的另一部作品《微微一笑很倾城》也是学生的爱读书目。

c. 奇幻穿越热潮不减

《查理九世20：黑雾侏罗纪》、《龙族》这些奇幻或玄幻类作品应该是高中男生的心头所好。而几年前就非常火热的《盗墓笔记》（其大结局2011年已出版），至今仍在学生阅读榜单中居于前列，可见这类充满神秘的作品非常受欢迎。

d. 诺贝尔奖的余热

受诺贝尔奖影响，莫言的作品得到一定关注，《丰乳肥臀》、《红高粱》和《蛙》都在学生阅读之列。

e. 现代作家受宠

从答卷中可以发现的一个现象就是学生对五四后的现代作家比较感兴趣。这可能是年轻的学子对他们充满了浪漫的想象，也喜欢他们笔下充满浪漫抒情的作品。之前提到的《你若安好，便是晴天》，作者用"青春初世间真的有许多难以言说的奇缘偶遇，置身于碌碌红尘中，每一天都有相逢，每一天都有别散。放逐在茫茫人海里，常常会有这样的陌路擦肩。某一个人走进你的视线里，成了令你心动的风景，而他却不知道这世界上有过一个你"这样抒情的小清新语句，勾勒了才女林徽因的一生，把一个在古建筑上深有造诣的才女，塑造成"一个清澈明净的女子，做一个淡泊平和的女子，做一个慈悲善良的女子"这样空洞的表述。但青春期的姑娘非常喜欢这些语句，也许这也是促使她们再去阅读徐志摩、戴望舒等人作品的原因。当然，鲁迅也一直是学生读的比较多的作家，名篇《呐喊》、《孔乙己》都有提及。

大学生：

相比中学生的相对稚嫩，大学生的阅读面更为广博，人文气息更为浓厚。虽然也有《你若安好，便是晴天》、《致我们终将逝去的青春》、《谁的青春不迷茫》、《龙族》、《爵迹》等之前提到的青春读物，但名列榜首的是柴静的《柴静：看见》。这本书虽然是柴静讲述自己做央视记者的十年历程，但某种程度上也可视作中国社会十年变迁的备忘录，因此反映出大学生对社会问题的关注。此外，像余华的《第七天》、《活着》、路遥的《平凡的世界》、钱锺书的《围城》这样力透纸背的严肃作品，也颇受学生欢迎，是阅读中的可喜现象。相比郭敬明，成熟的大学生更喜欢韩寒这样有社会批判和反思意识的青年作家，因此他的《三重门》、《1988：我想和这世界谈谈》都有提到。另还可以发现大学生喜欢阅读哲学类的通俗著作，比如20世纪80年代非常火的周国平的《尼采：在世纪的转折点上》，依然被现在的学生阅读。

2）外国畅销书阅读

中学生：

与中国畅销书不同，国外畅销书里经典之作和经典篇目明显增多。这可能与老师推荐的课外阅读书目有关，因为学生对这些经典作品的选择比较一致，比如《巴黎圣母院》、《假如给我三天光明》、《悲惨世界》、《鲁滨孙漂流记》、《钢铁是怎样炼成的》、《海底两万里》、《老人与海》等文学史上的著名典籍。另外《哈利·波特》、《魔戒》、《暮光之城》、《达·芬奇密码》这些有影视改编的国外畅销热门也为广大中国学生所喜爱。

饶有意味的是，《百年孤独》的出现率非常之高，排名第二。此书重出译本已是两年多前（2011年），但仍然在学生中保持持续的热度。这可能是因为青春期的学生比较迷茫，容易受到潮流影响，也可能因为小说的魔幻色彩，正好投合现在对玄幻、魔幻、超现实作品有一定喜好程度的学生的口味。总之，为何这本思想深刻、想象力丰富的作品，能受到中学生的喜爱，是值得探讨的话题。

大学生：

跟中国畅销书的阅读情况一致，大学生对外国畅销书籍的阅读也明显更为成熟。村上春树、东野圭吾的作品非常受欢迎。《百年孤独》在大学生的排名里名列榜首，说明这本书当之无愧是大热门。同时，《牧羊少年的奇幻之旅》、《追风筝的人》、《偷影子的人》这类青春治愈系小说比低龄青春读物更具文学内涵和思考价值，受到大学生喜爱。

3）畅销作家

中学生：

与之前畅销书阅读情况并不完全匹配，学生喜欢的畅销书作家跟自己阅读的作品有一定关系，但更与作家的知名度有关。郭敬明、韩寒作为学生偶像，排名前三，虽然韩寒的作品并没有进入前三，他的《三重门》只列第十。同样，《百年孤独》虽然受学生追捧，其作者马尔克斯却鲜有人提及（只提及一次）。

不过，从榜单里可以看出，在中国畅销书作家里，学生喜欢的青春作家、网络作家与现代作家几乎平分秋色，鲁迅、冰心、茅盾、张爱玲、林徽因、林海音、徐志摩、戴望舒、沈从文频频出现，鲁迅、林徽因、冰心排名都很靠前。前八名里如果郭敬明、韩寒、南派三叔（《盗墓笔记》）、白落梅（《你若安好，便是晴天》）算是青年作家占了四席，那么鲁迅、冰心、林徽因和张爱玲也占到四席，加上诺贝尔奖获得者、当代作家莫言，可以说势头超过了青春派作家。这也说明学生对优质文学的渴求。

在外国畅销书作家里，J. K. 罗琳以其创作神话（在咖啡店里创作出畅销巨著）位列最喜爱的外国作家榜首。

大学生：

在大学生里，有"精神领袖"之称的韩寒一举超过了郭敬明，说明大学生更喜欢有独立思考能力的青年。另外王小波、木心、曹文轩、钱锺书等人名的出现，说明学生更喜欢富有思想性的作者，而不是风花雪月的言情作家或上天入地的玄幻作家。在外国畅销书作家里，"热爱跑步"的村上春树也超过了罗琳阿姨。马尔克斯、乔治·奥威尔、梭罗、罗素也显示出学生对不那么"通俗"的作家的喜爱。

在最后学生列出自己心目中2013年的畅销书排行榜中，书名的排位跟之前提到学生最喜欢的畅销书的排序比较一致。将中学生与大学生的排名一起计算，《百年孤独》（67）以超出第二名《谁的青春不迷茫》（42）25人次的差距高居榜首。同时，除了文学类读物，传记《乔布斯传》、《柴静：看见》、生活类《好妈妈胜过好老师》、科普类《时间简史》、励志类《力量》、《自控力》、随笔类《一问一世界》、《最好的时光在路上》也被多次提到，反映出来的畅销书阅读的类型也跟之前的调查基本一致。

三 答卷反映出来的问题与对策

从回收的问卷中学生的留言来看，在学生有限的休闲时间里，阅读畅销书还是占了不少份额。如何对学生进行畅销书阅读的推介和引导，需要家长、老师、出版人、文学研究者、社会力量等各方面的努力与配合。

1. 引导学生辨别畅销书的高下

因为畅销书的丰厚利润，有的出版方不可避免地会炮制些粗制滥造之作，或是按流行或热门主题随意集合一些素材，或为了追赶时间在编辑处理上漫不经心，致使错误百出。另外，网络文学虽然只是文学的载体形式不同，但由于发表的门槛过低，难免有些低俗作品，或作者为了维持人气或提高经济效益（网上稿酬按点击量和字数计算，有的网站，比如红袖网站，字数超过数十万字才允许上线），不顾小说的应有结构，单纯为字数敷衍，使得网上的作品泥沙俱下，难辨高低。尤其是学生阅读经验少，对优秀作品的判断力尚未形成，所以需要围绕在学生几方面的力量给予引导。

作为家长，虽然不少学生表示家长允许有选择阅读，但在家长推荐下读书的学生少之又少，在这方面，中国家长自己的知识储备堪忧，也没有形成阅读习惯，所以很难给孩子什么指导。这是值得警惕的一个方面。

就老师而言，迫于高考压力，能尽量给学生推荐一些课外读物已经很不容易，而且偏于已成定论的经典名著，对于网络小说或流行的畅销小说，有的还没有学生了解得多，无法给出指导。文学研究者习惯待在文学的象牙塔里，对畅销书的形成机理、受欢迎原因等各方面研究不够。这些都是比较欠缺的方面，需要引起社会的重视。要培养良好的阅读习惯，博览群书自然能分辨高低，无论是家长、老师、研究者、出版方，多读书，才能给孩子推荐好书，多读书，才能出版优质的畅销书。有个学生在答卷上留言，说得特别好："全民阅读的氛围比几本畅销书更有用。"

2. 在青春、言情、励志、生活类畅销书里注入更多积极内容

青少年时期是人生观、世界观和价值观形成的时期。在青春期的迷茫中，除了同学之间的交流，学生们也在书籍中寻找人生的答案。言情类小说提倡积极美好的情感（爱情、友情、亲情），青春类小说提倡珍惜青春、不浪费大好年华，励志类作品教导人克服逆境，生活类作品教导人珍惜当下、善待他人等，有着这样的基础，我们不该一味悲叹学生们只爱"轻阅读"，而应该在"轻阅读"里"春风润无声"地浸润积极意识与深度思考。学生就是一块待炼的钢，在他最愿意吸收精华的年龄，就看我们提供给他们什么原料。

3. 提倡多元化阅读

不止一位同学表示，希望畅销书的品种能更丰富、更多元。有希望历史类多些的，也有希望学术类多些的，还有希望随笔日记类多些的。有同学表示，"畅销书应该是受得起大众、时间等考验，含金量高的书"，这是将书籍的品质和它的流传、它的受欢迎程度结合了起来，雅俗共赏并有较高含金量的畅销书并不是天方夜谭。这就需要出版者研究读者的兴趣爱好，关注时下热点的话题，关心社会问题背后的诉求，策划叫好又"叫座"的书籍。这些年来，我们看到畅销书榜越来越多元，内容质量越来越好，一窝蜂盲目追求销量或盲目跟风的时代已渐渐过去。随着从业人员的素质越来越高，我们相信未来畅销书的策划、出版，既会更贴近生活、贴近读者需求，又能引领读者追求更高的知识和趣味、开阔视野、知古知今，使得畅销书成为"含金量高的书"。

附录一 《中外畅销书传播与接受国情调研问卷》答卷各项统计

（请在以下各项目下的 A、B、C、D 等字母中选择，将所选字母打 √，某些项目可多选）

1. 您的性别：

A. 男 47；B. 女 78

2. 您的年龄：

A. 15 岁（含）以下；B. 15—18 岁 60；C. 18—22 岁 65；D. 22—30 岁；E. 30—50 岁；F. 50 岁（含）以上

3. 您的学历：

A. 初中；B. 高中 125；C. 本科；D. 硕士及以上

4. 您的职业：

A. 在校初中生；B. 在校高中生 100；C. 在校大学生 25；D. 高校教师或其他科研机构研究人员；D. 其他

5. 您的家庭（父母）背景：

A. 务农 50（49＋1）；B. 进城务工 11（9＋2）；C. 城市工人 16（11＋5）；C. 知识分子 3（1＋2）；D. 国家公务人员 15（4＋11）；E. 私人企业员工 21（19＋2）；G. 国营或集体企业人员；H. 其他（7＋2）

6. 您对目前您家庭（父母）收入状况的定位：

A. 贫困 4；B. 一般 111；C. 比较富裕 10；D. 非常富裕

7. 您目前的专业或将来愿意选择的专业：

A. 文史哲 27；B. 艺术 19；C. 社会科学 10 + 1；D. 理工 21 + 23；E. 医学 11；F. 其他 12 + 1

说明：此问卷调查表中所谓"畅销书"，指发行量大并被大众广泛阅读和议论的非教科书类书籍，如莫言作品、艾丽斯·门罗作品、罗琳《哈利·波特》系列、托尔金《魔戒》系列、沃尔特·艾萨克森《乔布斯传》、宋鸿兵《货币战争》、易中天作品、于丹作品、郭敬明作品、署名"韩寒"的作品等，一般列入各类"畅销书排行榜"。多谢问卷回答者支持。

一 基本情况调查

1. 您近一年内私人购置了多少本非教科书类书籍：

A. 未购置 9/8 + 1；B. 1—10 本 92/78 + 14；C. 10—30 本 17/12 + 5；D. 30—60 本 5/1 + 4；E. 60—100 本 1；F. 100 本以上 + 1

2. 您购置或使用书籍的方式：

A. 从实体书店购买 71/51 + 20；B. 从网上书店订购 34/21 + 13；C. 从网上下载电子版 23/15 + 8；D. 网上在线阅读 17/12 + 5；E. 从图书馆或他人那里借阅 28/19 + 9

3. 您对各类"畅销书排行榜"的关注程度：

A. 不关注 14/11 + 3；B. 偶尔会留意 81/65 + 16；C. 关注并根据畅销书购买和阅读 12/10 + 2；D. 不认可各类"畅销书排行榜"，根据自己需要选购 13/10 + 3；E. 从不购买畅销书，但可能关注一下 2/1 + 1；F. 听同学朋友谈起后关注 3

4. 吸引您阅读某部畅销书的动机：

A. 该书获得了重要奖项 8/4 + 4；B. 喜欢其作者 61/52 + 9；C. 周围人都在谈论此书，感觉自己不有所了解则"不时髦"，或与同学聊天时显得"无知" 10/7 + 3；D. 为书评或其他推销方式所吸引 32/21 + 11；E. 朋友推荐 34/25 + 9；F. 无目的地翻阅几页，感觉不错，于是开始阅读 45/34 + 11

5. 一般说来，您对"畅销书"的阅读程度：

A. 略略翻阅 23/17+6；B. 经常只看完一部分章节就再没有往下看 22/18+4；C. 从头至尾完整看一遍 68/55+13；D. 看一至数遍 12/10+2

6. 您在阅读时是否有摘抄或写读后感的习惯：

A. 没有 51/36+15；B. 偶尔会摘抄或写读后感 69/60+9；C. 经常摘抄或写读后感 5/4+1

7. 您有时向朋友或网友推荐畅销书吗？

A. 推荐 92/76+16；B. 不推荐 33/24+9

8. 您喜欢哪种类型的畅销书：

A. 历史类 33/25+8；B. 文学类 69/52+17；C. 生活类 33/25+8；D. 励志类 33/28+5；E. 时政类 8/5+3；F. 经济类 9/6+3

9. 文学类畅销书中，您尤其喜欢以下哪一类：

A. 传记 18/11+7；B. 爱情小说 35/28+7；C. 惊悚悬疑小说 34/23+11；D. 经典严肃作品 8/6+2；E. 战争文学 13/8+5；F. 历史小说 28/23+5；G. 农村题材小说 2/1+1；H. 青春（校园）小说 46/39+7；I. 社会问题小说 13/8+5；J. 科幻小说 28/20+8；K. 学术类随笔 8/7+1；L. 一般随笔 12/8+4；M. 其他（武侠玄幻诗歌网络小说）

10. 您对国外畅销书的了解渠道：

A. 通过译介 20/13+7；B. 阅读外文介绍 13/11+2；C. 从报刊上获知 17/15+2；D. 从网络上获知 72/57+15；E. 他人告知 20/12+8

11. 您父母对您阅读畅销书的态度：

A. 父母不许阅读，自己也就不阅读；B. 父母不许阅读，自己偷偷阅读 8；C. 父母允许有选择性阅读 49/43+6；D. 父母不管 56/42+14；E. 父母推荐阅读 12/7+5

12. 您阅读或不阅读畅销书是基于：

A. 无可替代的重要兴趣爱好 30/23+7；B. 闲时打发时间的消遣手段 93/87+16；C. 一种社交方式 9+3/12；D. 觉得浪费时间与金钱而不阅读 3/2+1

13. 您是否读过莫言的小说：

A. 不知莫言是谁 2；B. 知道莫言是谁，但没有读过其作品 66/57+9；C. 读过一些 55/41+14；D. 读过其几乎全部重要小说作品 +2

14. 您对一年多来网上质疑韩寒作品"代笔"的争论是否知晓以及知晓程度：

   A. 不关心 22/18＋4；B. 不知道 36/32＋4；C. 知道一点 59/44＋15；D. 了解争论详细过程 8/6＋2

15. 您对方舟子等人质疑韩寒作品"代笔"持何态度：

   A. 质疑者无聊，证据不可靠 30/20＋10；B. 质疑有理，证据可靠 13/10＋3；C. 只要作品好就行，有无代笔无所谓 79/67＋12；D. 韩寒的确有"代笔"，不再关心署名"韩寒"的作品 3

16. 您认为一本书畅销的主要原因有：

   A. 炒作 19/8＋11；B. 电视讨论 5/3＋2；C. 报刊评论 12/9＋3；D. 作者为有争议人物 8/5＋3；E. 作品本身不错；104/83＋21；F. 作者个人魅力 23/10＋13；G. 其他（网上推荐，群里同学推荐）

17. 您是否会在日常话语中刻意使用或模仿你喜欢的畅销书中的特别语句：

   A. 是 31/27＋4；B. 可能使用，但意识不到具体出自哪里 86/69＋17；C. 不，而且有意识尽量避免 8/4＋4

18. 就您目前的意愿而言，您是否将您购买的畅销书作为自己的永久藏书：

   A. 不收藏，读后便不知丢在了何处 15/12＋3；B. 有选择性地收藏 82/65＋17；C. 全部收藏 28/23＋5

19. 您在阅读某部畅销书之后，是否会阅读这部畅销书的作者的其他不怎么畅销的作品：

   A. 不会 17/15＋2；B. 有时会 100/79＋21；C. 经常会 8/6＋2

20. 您觉得阅读畅销书是否会改变了您的观点和志向：

   A. 没有明显改变 19/14＋5；B. 有一些改变 102/83＋19；C. 有明显改变 4/3＋1

21. 您留意、在意畅销书的封面设计和装潢吗？

   A. 无所谓，不留意 24/20＋4；B. 稍稍有些在意 90/70＋20；C. 非常看重 11/10＋1

22. 会看某部电影后，重新去看原著吗？比如《少年派的奇幻漂流》？

   A. 不会 35/26＋7；B. 可能会 68/55＋13；C. 基本会 22/17＋5

23. 会去看根据畅销书改编的电影吗？比如《小时代》？

A. 不会 15/8＋7；B. 可能会 58/46＋12；C. 基本会 52/46＋6
24. 跟学校推荐课外阅读的作品相比，畅销书读起来：
A. 更有趣 71/55＋16；B. 更无聊；C. 都好看 48/41＋7；D. 都不好看 6/4＋2
25. 朋友之间交流的话题，更多是：
A. 学习 42/30＋12；B. 爱情 9/5＋4；C. 阅读感受 23/15＋8；D. 游戏 29/21＋8；E. 电视节目 29/27＋2；F. 其他 28＋10

二 排行榜调查

26. 您最近阅读的中国畅销书（请按喜爱程度列出 1—5 部）：
（中学生）：
1. 《小时代》43
2. 《你若安好，便是晴天：林徽因传》18
3. 《盗墓笔记》16
4. 《丰乳肥臀》11
5. 《龙族》8
6. 《谁的青春不迷茫》《三国演义》《查理九世 20：黑雾侏罗纪》《斗罗大陆》（提到 7 人次）
7. 《斗破苍穹》《蛙》《读者》《倾城之恋》（提到 6 人次）
8. 《红高粱》《何以笙箫默》（提到 5 人次）
9. 《左耳》《悲伤逆流成河》《夏至未至》《陌上花开》（提到 4 人次）
10. 《三重门》《致我们终将逝去的青春》《西游记》《浮生物语》《梦里花落知多少》《春宴》《爵迹》《微微一笑很倾城》《金锁记》《西风多少恨吹不散眉弯》《人生若只如初见》《明朝那些事儿》（提到 3 人次）
11. 《水浒传》《文化苦旅》《柴静：看见》《红楼梦》《狼图腾》《杨澜：一问一世界》《因为懂得，所以慈悲——张爱玲传》《檀香刑》《青城》《笔仙》《傅雷家书》《边城》《哑舍》《笃定》《西决》《意林》《南音》《诛仙》《徐志摩诗集》《谢谢你离开我》《世上所有的相遇都是久别重逢》《藏地密码》（提到 2 人次）
12. 《狂人日记》《中华上下五千年》《呐喊》《梧桐那么殇》《舌尖上的中国》《朱镕基讲话实录》《席慕蓉诗集》《凉生，我们可不可以不忧伤》《沙海》《藏海花》《青年文摘》《怨女》《伯爵》《混沌剑神》《傲世九重天》《鬼吹灯》《大漠谣》《云中歌》《我所理解的生活》《围城》《仙侠奇缘》《沙漏》《三生三世，十里桃花》《零下一度》《以爱为名》《好妈妈胜过好老师》《一句顶万句》《天行者》《酒国》《药》《孔乙己》《十宗罪》《胭脂》《明年送花来》《时寒冰说：经济大棋局，我们该怎么办》《如果·爱乱了夏天》《幻城》《呐喊》《珊珊来吃》《盗墓英雄》《黄河鬼棺》《三生三世枕上书》《新概念作文》《人狼国度》《琴帝》《鲁迅散文集》《聊斋志异》《爱格》《绘意》《城南旧事》《废土》《我与地坛》《人生》《一九四九》《透明的哀伤》《舞动乾坤》《少年天子》《遮天》《绝世唐门》《剑道独尊》《孽子》《秦腔》《活着》《兄弟》《我们无处安放的青春》《第七天》《自控力》。

大学生：

1. 《柴静：看见》7
2. 《盗墓笔记》4
3. 《围城》《第七天》（提到3人次）
4. 《生死疲劳》《龙族》《平凡的世界》《明朝那些事儿》《你若安好，便是晴天：林徽因传》《致我们终将逝去的青春》（提到2人次）
5. 《货币战争》《重返狼群》《楚留香之蝙蝠传奇》《天才在左疯子在右》《红楼梦》《莫言作品选》《傅雷家书》《爵迹》《小时光：回不去的小时候》《藏地密码》《侠客行》《雪山飞狐》《笑傲江湖》《蛙》《倾城之恋》《他们最幸福》《别处生活》《你好，旧时光》《失恋33天》《台湾念真情》《大漠谣》《小时代》《虚实之间》《痛并快乐着》《谁的青春不迷茫》《杨澜：一问一世界》《朱德庸：大家都有病》《文学回忆录》《尼采：在世纪的转折点上》《唐朝穿越指南》《美人何处》《步步惊心》《目送》《撒哈拉的故事》《三重门》《1988：我想和这个世界谈谈》《活着》。

27. 您最近阅读的外国畅销书（请按喜爱程度列出1—5部）：

中学生：

1. 《哈利·波特》29
2. 《乔布斯传》《百年孤独》19
3. 《简·爱》18
4. 《巴黎圣母院》17
5. 《假如给我三天光明》《悲惨世界》12

6. 《魔戒》11

7. 《鲁滨孙漂流记》10

8. 《钢铁是怎样炼成的》《少年派的奇幻漂流》《麦田里的守望者》《力量》《海底两万里》（提到 8 人次）

9. 《窗边的小豆豆》7

10. 《老人与海》《飘》（提到 6 人次）

11. 《羊脂球》《小王子》（提到 5 人次）

12. 《哈姆雷特》《童年》《时间简史》《罗密欧与朱丽叶》《汤姆索亚历险记》《名人传》《追风筝的人》（提到 4 人次）

13. 《培根随笔》《飞鸟集》《复活》（提到 3 人次）

14. 《威尼斯商人》《福尔摩斯探案集》《绿山墙的安妮》《战争与和平》《安娜卡利尼娜》《达·芬奇密码》《郊游》《生命中不能承受之轻》《暮光之城》《生活在当下》《缅因森林》《变色龙》《托尔金的袍子》《红与黑》《不一样的卡梅拉》《灿烂千阳》（提到 2 人次）

15. 《数字城堡》《书虫》《人间喜剧》《黑塔丽亚》《九三年》《白与黑》《格列佛游记》《茶花女》《普希金诗集》《城堡》《十分钟》《货币战争》《昆虫记》《吸血鬼日记》《黑色星期天》《沉默的羔羊》《情书》《肖申克的救赎》《村上春树杂文集：无比芜杂的心绪》《圣经》《爱的教育》《基督山伯爵》《生物起源》《白夜行》《霍比特人》《李尔王》《小飞侠彼得潘》《莫泊桑精选》《纳尼亚传奇》《在路上》《相约星期二》《葛朗台》

大学生：

1. 《百年孤独》7

2. 《哈利·波特》5

3. 《挪威的森林》《1Q84》4

4. 《傲慢与偏见》《冰与火之歌》3

5. 《牧羊少年的奇幻之旅》《了不起的盖茨比》《1Q84》《白夜行》《追风筝的人》《时间简史》《史蒂夫·乔布斯传》《人性的弱点》《情人》（提到 2 人次）

6. 《烦恼的冬天》《老友记》《海边的卡夫卡》《且听风吟》《格列佛游记》《莫泊桑小说选》《欧亨利小说选》《假面饭店》《灿烂千阳》《礼物》《嫌疑犯 X 的献身》《公正》《断层线》《时间旅行者的妻子》《偷影

子的人》《自控力》《神曲》《不朽》《数字城堡》《天使与恶魔》《卡夫卡小说集》《偶发空缺》《魔戒》

28. 您最喜欢的中外畅销书作家？（请按喜爱程度列出 1—5 位）

中学生：

中国畅销书作家：

1. 郭敬明 45

2. 莫言 44

3. 韩寒 25

4. 白落梅 12

5. 鲁迅 10

6. 林徽因 7

7. 冰心、南派三叔（提到 6 人次）

8. 张爱玲（提到 4 人次）

9. 匪我思存、天蚕土豆、易中天、乐小米、白先勇、顾漫（提到 3 人次）

10. 贾平凹、毕淑敏、于丹、桐华、饶雪漫、安意如、柴静、宋鸿兵、林海音（提到 2 人次）

11. 罗贯中、郭沫若、林清玄、老舍、史铁生、刘向民、江南、席慕蓉、夏茗悠、笛安、我吃西红柿、萧鼎、余秋雨、余华、风行烈、蔡智恒、亦舒、郭妮、明晓溪、易拉罐、玄色、婆婆双树、落落、安东尼、夏小夕、张小娴、沧月、朱自清、徐志摩、唐七公子、戴望舒、沈从文、茅盾、时寒冰、唐家三少、辰东

外国畅销书作家：

1. J. K. 罗琳 12

2. 雨果、列夫·托尔斯泰（提到 8 人次）

3. 泰戈尔 7

4. 莎士比亚 6

5. 莫泊桑、欧·亨利、托尔金（提到 5 人次）

6. 海明威 4

7. 马克·吐温、爱丽丝·门罗、柯南道尔、海伦·凯勒（提到 3 人次）

8. 高尔基、契诃夫、培根、卡勒德·胡塞尼（提到 2 人次）

9. 杰克·伦敦、达尔文、丹布朗、小仲马、大仲马、海因里希·伯

尔、福楼拜、马尔克斯、米奇·阿尔博姆

大学生：

中国畅销书作家：

1. 韩寒 6

2. 郭敬明、王小波、莫言、南派三叔、柴静（提到 2 人次）

3. 九把刀、明晓溪、钱锺书、路遥、大冰、八月长安、今何在、宋鸿兵、当年明月、杨澜、木心、安意如、曹文轩、周国平、白落梅

外国畅销书作家：

1. 村上春树 6

2. J. K. 罗琳 4

3. 马尔克斯 3

4. 东野圭吾、杜拉斯 2

5. 保罗·科埃略、乔治·奥威尔、梭罗、罗素、欧·亨利、柯南道尔、马克·吐温、高尔基、托尔斯泰、沃尔特·艾萨克、杰克·伦敦、霍金、泰戈尔、卡耐基、丹布朗

29. 您认为以下几个"2013 年畅销书排行榜"之一更能反映 2013 年国内阅读状况的是：

有很多无效答卷（要么没回答，要么在每个排行榜里打勾挑书）

A：当当网畅销书排行榜：23/17 + 6

　1.《力量》

　2.《百年孤独》

　3.《好妈妈胜过好老师》

　4.《时寒冰说：经济大棋局，我们怎么办》

　5.《不一样的卡梅拉》

　6.《杨澜：一问一世界》

　7.《朱德庸：大家都有病》

　8.《很老很老的小偏方，小病一扫光》

　9.《龙族 2：悼亡者之瞳》

　10.《看懂世界格局的第一本书》

B：卓越网畅销书排行榜：23/14 + 9

　1.《柴静：看见》

　2.《查理九世 20：黑雾侏罗纪》

3. 《最好的时光在路上：中国国家地理》

4. 《百年孤独》

5. 《第七天》

6. 《谢谢你离开我》

7. 《不畏将来—不念过去》

8. 《自控力》

9. 《谁的青春不迷茫》

10. 《村上春树杂文集：无比芜杂的心情》

C：新华书店畅销书排行榜：30/26+4

1. 《杜拉拉大结局》

2. 《朱镕基讲话实录》

3. 《你若安好，便是晴天：林徽因传》

4. 《春宴》

5. 《百年孤独》

6. 《好妈妈胜过好老师》

7. 《窗边的小豆豆》

8. 《史蒂夫·乔布斯传》

9. 《时间简史》

10. 《培养孩子好性格的80个经典维尼故事》

30. 请您按自己的想法拟一份2013年畅销书排行榜（最多列10本，按序排列）：

1	2	3	4	5	6	7	8	9	10
百年孤独23	百年孤独16	你若安好便是晴天：林徽因传13	谁的青春不迷茫10	柴静：看见6	你若安好便是晴天：林徽因传5	百年孤独4	自控力3	杜拉拉大结局4	谁的青春不迷茫5
小时代16	小时代7	百年孤独9	百年孤独8	谢谢你离开我6	百年孤独4	好妈妈胜过好老师3	春宴3	看见3	史蒂夫·乔布斯传3
柴静：看见11	龙族6	谁的青春不迷茫6	力量6	时间简史4	时间简史4	时间简史3	杜拉拉大结局2	小时代2	窗边的小豆豆3
谁的青春不迷茫8	第七天6	史蒂夫·乔布斯传6	第七天5	史蒂夫·乔布斯传4	春宴4	窗边的小豆豆2	时间简史2	看懂世界格局的第一本书	哈利·波特2

调查问卷以及座谈内容分析 33

续表

1	2	3	4	5	6	7	8	9	10
力量5	力量6	第七天6	柴静：看见4	谁的青春不迷茫3	谁的青春不迷茫2	谢谢你离开我2	百年孤独2	第七天	你若安好便是晴天：林徽因传2
龙族4	你若安好便是晴天：林徽因传6	时间简史5	好妈妈胜过好老师3	春宴3	窗边的小豆豆2	杨澜一问一世界2	谁的青春不迷茫2	檀香刑	培养孩子好性格的80个经典维尼故事
你若安好便是晴天：林徽因传4	史蒂夫·乔布斯传5	好妈妈胜过好老师5	时间简史4	不畏将来—不念过去2	龙族3	史蒂夫·乔布斯传	倾城之恋	百年孤独	不一样的卡梅拉
杜拉拉大结局4	时间简史4	自控力4	你若安好便是晴天：林徽因传3	自控力3	自控力2	杜拉拉大结局	窗边的小豆豆2	自控力	少年派的奇幻漂流
窗边的小豆豆3	柴静：看见4	最好的时光在路上：中国国家地理3	春宴3	村上春树杂文集：无比芜杂的心情3	第七天2	魔戒	丰乳肥臀	不畏将来—不念过去	红高粱
好妈妈胜过好老师3	最好的时光在路上：中国国家地理3	力量3	史蒂夫·乔布斯传3	你若安好便是晴天：林徽因传3	只有医生知道2	你若安好便是晴天：林徽因传	逃离	时间简史	盗墓笔记
斗破苍穹2	我所理解的生活3	小时代3	村上春树杂文集2	最好的时光在路上：中国国家地理3	好妈妈胜过好老师2	柴静：看见	阿Q正传	白夜行	春宴
倾城之恋2	谁的青春不迷茫3	红高粱3	小时代2	小时代3	恋空	自控力	假如给我三天光明	谢谢你离开我	好妈妈胜过好老师
史蒂夫·乔布斯传2	杨澜：一问一世界3	正能量2	自控力2	培养孩子好性格的80个经典维尼故事2	柴静：看见	三界宅急送	力量	恋空	第七天
第七天2	春宴2	盗墓笔记2	不一样的卡梅拉	好妈妈胜过好老师2	长歌行	春宴	公正	七里香	悲伤逆流成河
檀香刑2	好妈妈胜过好老师2	谢谢你离开我2	时寒冰说	朱德庸：大家都有病2	杨澜：一问一世界	活在当下	朱镕基讲话实录	龙族	幸福过了头
时间简史	不畏将来—不念过去2	春宴2	读者	子不语	哈利·波特	谁的青春不迷茫	你若安好便是晴天：林徽因传	谁的青春不迷茫	村上春树杂文集：无比芜杂的心情

续表

1	2	3	4	5	6	7	8	9	10
不畏将来—不念过去	朱镕基讲话实录2	窗边的小豆豆	晓说	哈利·波特	最好的时光在路上：中国国家地理	第七天	致我们终将逝去的青春	丰乳肥臀	
明朝那些事	左耳2	致我们终将逝去的青春2	琴帝	人间喜剧	笃定	朝花夕拾	食草家族	且以永日	
追风筝的人	致我们终将逝去的青春2	假如给我三天光明2	鲁迅杂文精选	致我们终将逝去的青春	力量	查理九世20：黑雾侏罗纪	很老很老的老偏方，小病一扫光	史蒂夫·乔布斯传	
暮光之城	丰乳肥臀2	杨澜：一问一世界2	窗边的小豆豆	杜拉拉大结局	海底两万里	一千零一夜	哈利·波特	窗边的小豆豆	
丰乳肥臀	杜拉拉大结局2	柴静：看见2	浮生物语	魔戒	目送	小时代	杨澜：一问一世界	沦陷	
失恋33天	傲慢与偏见	那些回不去的年少时光	秦腔	第七天	丰乳肥臀	没有色彩的多崎作和他的巡礼之年	好妈妈胜过好老师		
时寒冰说：经济大格局，我们怎么办	金锁记	蛙	世上所有的相遇都是久别重逢	彷徨	福尔摩斯探案集	四十一炮	史蒂夫·乔布斯传		
三重门	哈利·波特	那些年	海上花开	巴黎圣母院	史蒂夫·乔布斯传	培养孩子好性格的80个经典维尼故事			
简·爱	窗边的小豆豆	哑舍	盗墓笔记	红楼梦	饥饿游戏	藏地密码			
沙海	生命之书	文化苦旅	倾城之恋	丰乳肥臀	鬼谷子的心理学诡计				
谢谢你离开我	倾城之恋	十宗罪	西游记	灿烂千阳					
红高粱	斗罗大陆	富士山之恋	赶尸笔记	毛泽东传					
爵迹	盗墓笔记	杜拉拉大结局	龙族	悲惨世界					
中华上下五千年	自控力	傲世九重天	丰乳肥臀	蛙					
盗墓笔记	红高粱	朱德庸：大家都有病	哑舍	剑海独尊					

续表

1	2	3	4	5	6	7	8	9	10
少年派的奇幻漂流	正能量	1分钟和陌生人交朋友	汤姆索亚历险记						
中国奇异档案	中华上下五千年	藏地密码	看懂世界格局的第一本书						
牧羊少年的奇幻之旅	杜拉拉大结局	查理九世20：黑雾侏罗纪	呐喊						
	三国演义	活在当下	悲惨世界						
	第三次工业革命	水浒传	藏地密码						
	莫言文集	冰与火之歌	西游记						
	他们最幸福	我所理解的生活	魔戒						
	成都今夜请将我遗忘	不畏将来一不念过去	杨澜：一问一世界						
	全球通史	斗罗大陆	了不起的盖茨比						
	钢铁是怎样炼成的	遇见一些人	活着						
	灿烂千阳	时寒冰说：经济大格局，我们怎么办	七里香						
	爵迹	飘	欢喜城						
		悲剧的诞生	挪威的森林						
		西方哲学史							

统计：

1. 《百年孤独》67
2. 《谁的青春不迷茫》42
3. 《你若安好，便是晴天：林徽因传》38
4. 《小时代》34
5. 《柴静：看见》32

6. 《时间简史》28

7. 《史蒂夫·乔布斯传》27

8. 《第七天》25

9. 《力量、好妈妈胜过好老师》22

10. 《春宴》19

11. 《窗边的小豆豆、自控力》17

12. 《龙族、杜拉拉大结局》15

13. 《谢谢你离开我》12

14. 《最好的时光在路上：中国国家地理》、《杨澜：一问一世界》10

15. 《丰乳肥臀》8

16. 《不畏将来—不念过去》7

17. 《致我们终将逝去的青春、红高粱、盗墓笔记、哈利·波特、倾城之恋》6

备注：如果对畅销书的话题，您还有什么个人想法，请在下面空白处留下您的看法，谢谢！

1. 多出历史小说。

2. 涉及范围应更广阔。

3. 多出版励志书籍。

4. 积极推广，鼓励大家多读书。

5. 多添加新内容，范围更广。

6. 储量大，价格低。

7. 范围更广些，让读者自己挑选喜欢的书籍。

8. 价格适中。

9. 架起情感的桥梁。

10. 有待发展。

11. 如果畅销书能多点文学内容会更好。

12. 内容应该积极，围绕青春，内容丰富。

13. 种类多元化，多学术类的。

14. 希望各位作家能再现文学史上的繁荣，创作更贴近生活，积极向上的作品，而不是一味地悲古叹今。

15. 能够更便宜更好。

16. 一本书的好坏并不在于作者的出名程度，而在于这本书有没有令人赞不绝口的价值。也许作者的名声会给作品带来很大的关注，但我们不能因为这个而去盲目"追书"。

17. 上架时间紧凑些。

18. 生活随笔，将所见所闻以日记形式描绘出来；增加畅销书话题种类，全方位、多元化发展。

19. 部分畅销书价格较贵。

20. 畅销书在一些方面，对读者有好的作用，有一定的阅读价值。有时一本书的畅销与作者的名声有关。

21. 可以增多关于生活、青春、历史类的。

22. 畅销书这个话题没必要有什么争议，全是按现代背景、时代趋势、个人喜好来定的。

23. 某些畅销书适合什么年龄层的人读。

24. 希望学校开设图书馆，让学生可以借阅畅销书。

25. 不用特别经典，符合现今大众口味，才能吸引更多的人看。

26. 内容积极向上，充满青春活力。

27. 每个人阅读的书都不一样，有些畅销书有些人并不喜欢。

28. 每个人对书的选择有不同的兴趣和爱好，畅销不过是为了能给人在选择的同时予以思考，不应只从销量来入手，应选取不同类别中的好书来供人选择和参考。

29. 我觉得畅销书应该是受得起大众、时间等考验，含金量高的书。

30. 贴近生活。

31. 最好畅销有意义的书，给人启迪的书。

32. 全民阅读的氛围比几本畅销书更有用。

33. 畅销书中层次不齐，炒作是其畅销的第一因素。

（严蓓雯整理）

附录二 座谈记录

2013年11月7日上午10点至12点,"中外畅销书的传播与接受"国情调研小组与埭溪中学8位老师、几十名学生进行了座谈。

埭溪中学是浙江湖州直属学校,与一般中学不同的是,它是一所多元的学校,按校长的话说,"是个大家庭"。它既有普通高中"埭溪中学",又有职业高中"现代农业技术学校",还有"西藏班"。普通高中的升学压力比较大,学生都很用功努力;职校的学生努力学习一技之长(畜牧、园艺、盆景、花卉),以便将来创新创业,做社会主义新农民。学生答卷里有相当一部分希望将来的专业是"艺术",不知是否跟学生接触园艺、盆景等富于艺术美感的技术有关。

《外国文学动态》主编苏玲介绍了此次调研的背景、目的以及愿景。这是外文所的国情调研第一次在中学进行。中学是国民基础教育体系的重要一环,很多日后持久热爱的东西都是在这一阶段形成,她表示在人生意义的实践上,文学的关系很大,自己对文学的热爱也是在中学时候形成,通过关心文学、阅读文学,发现了更广阔的天地。在这一点上,中学语文老师非常重要,她自己就受到中学语文老师很大影响,以后毅然走上了文学的道路,所以对在座的语文老师深表敬意。这次调研是想听听师生对畅销书以及文学阅读的看法和建议。

该校教务主任大致介绍学校高二有选修课"外国文学欣赏",由老师选择内容(基本上是名著节选),建议学生阅读,有一定被动成分。不过,虽然迫于升学压力,学生没有更多时间阅读,学校还是很重视学生的课外阅读,一直举办"我看名著""我看经典"的作文比赛,鼓励学生在假期阅读,写读后感,然后进行评比。每个学生基本上都能做到一个学期看一部经典名著。

埭溪中学是住宿学校,学生跟家长接触不多,另外图书馆文学书籍的量也不是很大,基本都是辅导书,学生整体而言书籍接触面比较小,读书少,但看《读者》之类的杂志。

不容乐观的是,老师的阅读量也在萎缩。在座的老师大部分是语文老师,不过她们不少遗憾地表示,因为教学和升学的压力,她们阅读畅读书籍大多都只在大学里,工作后就比较少了。此外,读中国文学多些,外国文学少。有位老师表示很喜欢莫言的作品，认为它们很接地气，有着很淳朴的人生感情。她经常看莫言、贾平凹和苏童等当代作家的作品，喜欢现实主义题材。阅读能提高语文能力，也能积累生活经验，所以她在教学中提倡学生阅读文学作品，像之前提到的写读后感这样的活动，使得每位学生三年下来至少能读几本书。另一位老师表示手机阅读越来越普及和泛滥，读完之后，却不记得自己读了些什么，这样的阅读是很功利、很快餐性质的。她提倡个人阅读，回到文本。不过也有老师表示，手机阅读虽然是快餐消费，但毕竟培养了阅读的爱好，有其长远的好处，就好比有了厚实的土壤，文学阅读的种子就会长出苗来。还有一位老师表示，读长篇小说似乎已经是遥远的记忆，出于职业要求，现在看的书籍大多是教育理论、教育随笔等。她认为目前社会的浅阅读很厉害，网络文学参差不齐，如何引导学生分辨良莠令她忧心忡忡。另外她带的是毕业班，让高三学生看名著已经近乎天方夜谭，学生能数得出来的，撑死了也就是四大名著，但基本上也就是翻翻而已，而根据名著改编的电视剧更是夸张歪曲了历史人物。她不无遗憾地表示，老师也是在应试教育体系下成长起来的，对阅读的萎缩深有同感，但力不从心。

在座的唯一一位男老师主要教职校的学生，他发现学生读租赁的小说很多，基本上都是言情、武侠、玄幻等流行小说，有时候一节课他能收掉七本书。不过他也有意识地引导学生，比如学生课上认真，夜自习完成得比较好，他就会放出一节自习课让大家尽情看书。另外他也认为比如《斗破苍穹》之类的网络玄幻小说也有它的一定优点，那就是提供看待世界的另一种方式、一种新鲜而令人感到意外的方式，可以认识世界的新的变化；而绘本比如《朱德庸：大家都有病》虽然轻松好看，但令人看了以后有反思。

座谈中学生相对比较拘束。有位女同学谈了自己看《绿山墙的安妮》的感受，喜欢女主人公坚强、刻苦的精神。她说，虽然家里名著也挺多，但自己不怎么读，而是比较喜欢看《读者》、《散文》这样的杂志，遇到优美的句子也偶尔会背一下。另外喜欢看能提高心理素质的励志书。这个个案与调查问卷反映的整体情况也是比较一致的。

学生里有一位非常热爱阅读的男生，他的侃侃而谈既充满年轻的幼稚与冲动，但其热爱思考的精神也令调研者感到高兴和欣慰。他说自己从小就爱看书，喜欢比较不同的译文，认为不同的译文含金量不同。他又认为郭敬明太注重文字的加工，思想有所欠缺；而韩寒的语言虽没怎么经过润色，但胜在充满怀疑和反思的精神。他认为文学要和政治、历史联系起来，平时也看些关于存在主义的介绍与作品。对现在的高中生来说，他有这样的认识非常难得。可惜的是，能跟他对话的同学很少，他自己也表示很少跟同学有交流。他在历数自己喜爱的书籍作家时，在座的同学都发出啧啧的赞叹，说明学生还是比较佩服他阅读的视野和深度，如何将这种热爱阅读和热爱思考的风气传播开来，需要老师和同学的共同努力。

《外国文学评论》副主编程巍和《世界文学》主编都高兴地分享了自己在中学爱上文学的经历和阅读体验，他们都表示希望这次座谈能在学生心里播下文学的种子，日后开花结果。

（严蓓雯整理）

浅阅读现象的深思考

——基于对浙江大学理学部大一学生的调查

徐德林

2013年11月8日，由中国社会科学院外国文学研究所承担的国情调研项目"中外畅销书传播与接受调研报告"问卷调查在浙江大学紫金港校区如期进行，调查对象为浙江大学理学部25位一年级学生。调查结果显示，在"你最近阅读的中国畅销书"一项，位列前十的依次是《柴静：看见》、《盗墓笔记》、《围城》、《第七天》、《生死疲劳》、《龙族》、《平凡的世界》、《明朝那些事儿》、《你若安好，便是晴天：林徽因传》、《致我们终将逝去的青春》等；在"你最近阅读的外国畅销书"一项，位列前十的依次是《百年孤独》、《哈利·波特》、《挪威的森林》、《1Q84》、《傲慢与偏见》、《冰与火之歌》、《牧羊少年的奇幻之旅》、《了不起的盖茨比》、《白夜行》、《追风筝的人》等；在"你最喜欢的畅销书作家"一项，位居前列者包括韩寒、郭敬明、莫言、南派三叔、柴静、九把刀、明晓溪、村上春树、J.K.罗琳、马尔克斯、东野圭吾、杜拉斯等。《百年孤独》、《傲慢与偏见》、《了不起的盖茨比》等（外国）文学经典依然不乏作为未来中华民族之希望的大学生读者，这无疑是令人欣慰的，但我们稍加分析便不难发现，这些（外国）文学经典的热度大多源自它们与近年影视作品的相互取暖，或者换言之，玄幻、武侠、青春、励志类小说才是大学生之最爱，一如之前的类似调查所证明的。2013年6月，广西师范大学出版社员工戴学林公布了一份"死活读不下去排行榜"，前十名中中国四大古典名著尽数在列；2013年10月，有记者从江西省图书馆了解到，在该馆"最近一年热门排行榜"上，前十名没有一本名著，而在江西财经大学图书馆近一年借阅排行榜上，占据首位的是玄幻小说《盗墓笔记》。于是，我们不禁要问，当下中国是否已经进入以"快速、快感、快扔"为特征的浅阅读时代？功利性、娱乐性的浅阅读是否正在成为我们这个时代大学生阅读生活的趋势和常态？

作为一个已经深入人心的概念，浅阅读出现于19世纪90年代，虽然作为一种现象，浅阅读古已有之。晋代文人陶潜曾在《五柳先生传》中这样评价自己的阅读："好读书，不求甚解"；清朝文人张潮在《幽梦影》中总结过爱书者因人生际遇和阅历不同，阅读有浅深之别，"少年读书如隙中窥月，中年读书如庭中望月，老年读书如台上玩月，皆以阅历之浅深为所得之浅深耳……"尼采也曾这样说过他的阅读感受：一本很有深度的书通常会予人一种压迫感，阖上这样有深度的书之后，心中会感激不尽，如释重负。所以，在阅读史上的读书大家的阅读生活中，都不乏浅阅读的影子，虽然他们的浅阅读与当下流行的浅阅读有很大不同。但是，作为一种现象的浅阅读的悠久历史并不意味着它已然获得大家一致的认可，而事实恰好相反；20世纪90年代以来，尤其是进入21世纪以来，社会各界围绕日渐流行的浅阅读现象进行了持续、广泛的关注和讨论，但言人人殊，就像甘肃省2010年高考语文作文题目所暗示的那样："今年世界读书日这天网上展开了关于浅阅读的行动。甲：什么是浅阅读？乙：就是追求简单轻松，实用有趣的阅读。丙：如今是读图时代，人们喜欢视觉上的冲击和享受。丁：浅阅读就像吃快餐，好吃没营养，积累不了什么知识。乙：社会竞争激烈，生活节奏这么快，大家压力这么大，我想深阅读，慢慢品味，行吗？丙：人人都有自己的阅读爱好，浅阅读流行，阅读就更个性化和多样化了。挺好。丁：我很怀念过去的日子——斜倚在书店的一角，默默地读书，天黑了都不知道。甲：浅阅读中，我们是不是失去了什么？"

在关于浅阅读现象的讨论中，最让人揪心的是浅阅读之非或负面影响，因为"浅阅读就像吃快餐，好吃没营养，积累不了什么知识"、"浅阅读，是一个危险的信号"。著名作家王蒙在上海图书馆2012年"读万卷书，行万里路"论坛上谈到网络阅读时指出："网络时代让我们的阅读发生了巨大的变化。当阅读变得过分轻松、方便时，我有一个担忧：浅层的浏览会不会从此代替专心致志、费点劲儿的思考，久而久之成为人们的一种习惯……如此一来，阅读会不会变为表层浏览、浅层思维，人们看似夸夸其谈、无所不知，事实上却缺乏深入的、系统的、一贯的思考。"江西省作协文联副主席温燕霞也持类似观点；她认为，阅读行为是在为人们的知识提升砌台阶，真正的读书人是苦并快乐着的，"很多人认为，读需要动脑筋和用心消化的经典名著，还不如读快餐式的作品来得轻松。阅读前者要由眼入心入脑，阅读后者则是由眼入嘴入肠——仿佛吃了顿不顶饱却解馋的水煮，快意是快意了，却有可能吃坏肚子"，"浅阅读中，我们是不是失去了什么？"

这样的担心首先联系着已经成为我们日常生活一部分的互联网。互联网/数字化阅读的出现，特别是微博的兴起，一方面让阅读对象从传统的文字符号延伸到了视觉符号、声音符号；另一方面使以往碎片化的时间被充分利用起来，各类数字化阅读方式的接触率因此均有不同程度的增长，但这类数字化阅读的迅猛增长也导致了快餐式、跳跃式、碎片式的阅读风潮。现在，不少国人，尤其是各层次的学生以电视剧、网络小说、微博等形式来获得有关历史知识的零碎片段，然后整合起来，形成一段历史认知。在当下的中国，无论是在拥挤的地铁车厢里、晃动的公共汽车上，还是在排队的长龙中，一道亮丽的风景线便是很多人都在低头摆弄手机、电子书或者平板电脑，不少人在利用路途的短暂时间进行断断续续的阅读。平日里频频刷微博是很多年轻人热衷的必修课，殊不知往往前一个热点话题刚刚兴起，就被接踵而至的新话题所取代，网民的兴趣点在页面之间来回跳跃，思维不再连贯，思考不再深入，在追新逐异中使思想应有的"深入、深刻、深度"成为牺牲品。一个不无黑色幽默的例子是网友对2011年中国新闻事件的戏谑：因为达·芬奇虚假宣传事件，郭美美只火了两个星期；因为赖昌星，达·芬奇只火了一个星期；因为动车事件，赖昌星只火了半天。我们在感叹信息更迭速度之快的同时，也不得不承认大众阅读之浅。正是在这个意义上，我们可以说，网络使"知识分子"变成了"知道分子"。

网络时代浅阅读的这种特点，很大程度上是由互联网的特性所决定的。把绝大多数网页链接起来的不是逻辑关系，而是时间顺序和相关性原则。以已经成为大学生日常生活一个不可或缺部分的微博为例，在同一页面上出现的每条微博信息是以更新时间为序排列的，相互之间没有任何逻辑关系，从上到下的浏览方式强迫读者必须从一个话题跳到另一个话题。阅读140个字大概也就几秒钟，海量信息在使用户获得满足的同时也遭遇迷失；微博的阅读走向是完全不可控的，你不知道它会把你带往何方。这种阅读方式与传统的图书阅读有本质区别，后者有一个完整的体系，章节之间靠平行、递进等逻辑关系排列。阅读图书尤其是阅读比较艰深的作品，需要读者投入全部注意力，一遍不懂还可以回过头去重看。而网络阅读的跳跃性使看似非常简单的重看变得困难重重——因为不断有新的东西在吸引你的眼球。打个不太恰当的比方，网络阅读如同在一块木板上到处敲击，蜻蜓点水、浅尝辄止；而传统的读书如同在木板的一处钻孔，务求深透。正是在这个或者类似意义上，王蒙等人不无担心地聚焦于已经作为大学校园的一种普遍状态的浅阅读的负面影响，难免会"怀念过去的日子——斜倚在书店的一角，默默地读书，天黑了都不知道"。

然而，值得注意的是，另一种浅阅读观正日渐流行，即当下流行的浅阅读可以与传统的深阅读相得益彰互为补充。根据这种观点，浅阅读是"追求简单轻松，实用有趣的阅读"，而与之相对的是需要宁静、专注，以获取知识为主的深阅读。深浅阅读在阅读内容、目的、动作和心理上存在差异，但深浅阅读不是阅读的对立面，而是分立面，关键在于读与不读以及如何去读。持这一观点的人认为，随着多媒体、流媒体、博客、电子小说的出现，我们已经进入一个泛媒时代；其间的阅读已不仅仅是读书，甚至阅读的对象也不仅仅是文字，更涵盖了影像、画面、事件等一切传统阅读并不包含的东西。除去睡眠，几乎每个人都生活在阅读的框架之中；所有的迥异都是时代赋予的选择权所决定的。在浅阅读者看来，他们更喜欢在资讯汪洋中嬉戏冲浪、更喜欢浅尝辄止、什么都知道一点；而在深阅读者看来，没有什么比挑灯夜读、手指触摸纸张的质感更愉悦，也没有什么比思考更具价值。在层出不穷的载体面前，一部分人很难摆出来做思想者的造型，只能全情投入自己的注意力，深陷其中。换言之，"深"和"浅"是阅读习惯，选择"浅"未必就是绝对意义上的"浅"，就像凤凰卫视说的：让李敖去思考，我们只需要读李敖，是因为把"深"的任务转嫁给了他，而人们只需要浅显地读李敖。"人人都有自己的阅读爱好，浅阅读流行，阅读就更个性化和多样化了。挺好。"

更加形象地讲，深阅读与浅阅读并非鱼与熊掌，而是粗粮与鲍鱼，吃了粗粮，自然知道鲍鱼的好，吃了鲍鱼，自然也可以吃点粗粮换换口味。更重要的是，浅阅读可以激发兴趣，让阅读者发现什么才值得深阅读，而深阅读培养的思考习惯，能使浅阅读的选择更为精细和准确。深阅读与浅阅读之间泾渭分明但绝不相生相克，对阅读者而言，只是意味着宽泛的选择和不同的快感。浅阅读及其衍生的读图时代、动漫时代，都是文化工业进化的一种必然。固然，文化工业化的结果很有可能是真正的文化被湮没，只余下一堆文化泡沫，但不可忽视的是，浅阅读有时候更意味着"精准化"，更具有细节的力量。假如说深阅读曾经是一场饕餮盛宴，它在如饥似渴的时代里填补了人们空虚的胃，而面对浅阅读，人们唯一能做的是像一个美食家一样不断吸收与理解、记忆与更新。浅阅读在人们知识结构上留下的可能只是一个模糊的影子，但却可能激发深阅读的兴奋点到来。所以，浅阅读群体时下正迅速膨胀，尤其是在知识阶层。他们坚信，深浅阅读辨别不出精英和文盲，两种阅读观的意义在于它们能同时存在，并且让人各取所需，抑或说深浅阅读之间完全可以相得益彰互为补足，就像梁文道曾经在深圳读书论坛所指出的："我们阅读，想读出其中的意义，掌握未知的世界，但是你发现书却在抗拒你的欲望，整个阅读过程就像是读者和书籍在角力，这个时候，你会发现阅读无非是让我们发现了自己的顽强意志跟作品本身的不可征服……读完一本很困难的书，你不能说我都读懂了，但是你的深度被拓展了。最精心的阅读就是你和这个作品的对话，在对话的过程中，你不能征服他，他也不能征服你，你会和这个作品一直达到一个高度、深度，然后慢慢被改变。"正是在这个意义上，江西教育期刊社原社长王自立表示，我们一方面必须一分为二地看待数字化时代的碎片化阅读，不应排斥多元化阅读方式；另一方面促成社会大众亲近经典，品读经典，"经典是对过去的观照，对未来的预见，它是多种知识的侵润，能够造就健全的人格"。

可以预见，上述两种相左的浅阅读观将在相当长的一段时间内继续处于胶着状态。哪一种观念或者态度更能提供正能量？抑或说我们应该选择哪一种阅读态度？这样的问题看似不无急迫性，但鉴于浅阅读已然成为当下大众阅读的一种普遍状态，一种社会现象，我们与其急于为孰是孰非选边，不如首先探究浅阅读现象的根源所在。浅阅读现象之源无疑同样是见仁见智的，但想必不会有异议的是，浅阅读首先可谓是现代工业社会转型期的产物。浅阅读并非是当下中国独有的，在第二次世界大战后的欧洲、美国、日本都曾出现过；纵观现代工业社会的发展历程，我们不难发现，浅阅读现象见诸向现代化转型时期的任何国家。一方面，现代工业造就了文化产业，其产品的出现让市场应接不暇；另一方面，现代工业也培养了文化产业的消费者；二者的合力在一定程度上导致了浅阅读现象的产生。改革开放以降，我国的社会形态逐渐从传统农业社会向工业社会、后工业社会过渡，经济体制也逐渐从计划经济转向市场经济，社会分工日趋细化，社会节奏越来越快，追求经济效益随之成了整个社会的支配性价值体系，其结果是大众从以阅读怡情养性到借助阅读获取实用有效信息的转变。与此同时，传媒业也告别了原有的计划经济模式，实施市场化操作；激烈竞争中的各种媒体为了争夺市场，纷纷放弃从前的高姿态，采取以受众/读者为中心的策略，于是便有了我们所熟悉的眼球经济，以及浅阅读现象。研究表明，当一个社会的人均收入达到 1000 美元至 3000 美元时，这个社会便处于从传统工业社会向后工业、后现代消费社会转型的过渡期，其显著特征之一便是社会的碎片化：见诸传统社会的社会关系、社会观念和市场结构的完整统一性悉数瓦解。当下的中国正是处于这样的一个时期，其间的已然碎片化的社会组织形态、大众精神需求导致了信息传播的碎片化，提供了浅阅读发展的平台，刺激了浅阅读现象的增多。

其次，浅阅读现象是媒介环境的产物。我们知道，根据媒介环境学理论，媒介的发展历史大致可以分为四个阶段，即口语时代、文字时代、印刷术时代和电子媒体时代。在口语时代，人类交流的主要手段是口语和其他非文字工具，包括图画、面部表情、手势等身体语言。在口语时代，人们说话时其大脑里"看"不见任何一个（单）词，因为一切口语都是纯粹的声音。文字是人类传播发展史上的重要里程碑；进入文字时代后，书面文化的普及在剥夺长者的社会特权者角色的同时，造就了通过阅读学习知识的现象。1450 年，德国人约翰内斯·古登堡改进了印刷术，使得文字机械化生产的信息大量复制成了可能，人类从此进入了印刷术时代，阅读也因此成了人们获取信息的主要方式，无论是个人修养的习得，还是社会文明的承继都开始与阅读息息相关。进入电子传播时代以后，电子传播实现了信息的远距离快速传播。广播及电视等融视觉元素与听觉元素于一体的电子媒体的出现与发展，推动了电子影像的大范围传播，带给了大众更为愉悦的阅读体验。尤其值得注意的是，网络媒介在 20 世纪后期的兴起与迅猛发展，一方面造成了信息如潮水般涌入大众生活之中，极大地改变了人们感知世界、认识世界和把握世界的方式；另一方面导致了信息超载现象的发生。其间的原因在于媒介的发展并非是新兴的媒介取代既有的媒介，而是一种系统内的自调节和自组织，其机制是一种补救机制，即新兴媒介对既有媒介具有补救作用。人类现在置身于其间的电子媒介时代是媒介发展的一个特殊时代，传统媒介、网络媒介、以手机为代表的新媒介同时存在，为受众造就了一个多媒介相互交融的复杂的媒介环境。在这种媒介环境中，传播技术不但解放了人们的眼睛与耳朵，让人们看到、听到了更加精彩、丰富的世界，而且解放了人们的嘴巴，赋予了人们自由表达的空间。传统媒介精心提供的逻辑清晰、主旨分明、规范严整的信息内容，为逻辑混乱、主旨各异、良莠不齐的碎片化的内容所压制。整个多媒介交融的媒介环境为多元信息所充斥，处于一种信息超载的状态之中。

正如阿尔温·托夫勒在《未来的冲击》中论及媒介社会的巨大变化对人的过度刺激时所暗示的，信息超载让信息潮水般涌向受众，可能导致受众无所适从、缺乏安全感、产生厌烦情绪、采取逃避、退却的态度，即"信息焦虑感"。正是这种"对信息过载的焦虑和对未来充满狂热期盼的矛盾心理成为了'浅阅读'生长的温床，毫无戒备之下资讯浪潮已经迎面而来"。在当下的媒介环境中，信息可谓五花八门；所有这些信息都有着华丽的外衣，都诱人地吸引着我们去阅读，但在快节奏的生活中，我们根本没有足够的时间去阅读所有信息。"社会竞争激烈，生活节奏这么快，大家压力这么大，我想深阅读，慢慢品味，行吗？"信息的数量远远超过了我们的阅读能力，信息严重超载，而身处信息爆炸年代的我们却希望能够尽可能多地阅读和理解信息，于是我们就变得浮躁与焦虑。反过来，这种浮躁与焦虑又让我们无法放松心态去进行深入的阅读和研究。相较于成长于网络时代的"数字原生代"，信息爆炸之前成长起来的"数字移民"面对信息爆炸所带来的巨大冲击力，在短时间内是无法适应这种媒介环境的，往往对周遭媒介环境的信息浪潮应接不暇，因而产生对信息的焦虑，最终选择追求多而泛的浅阅读。

在当下的多媒体的媒介环境中，福柯意义上的"共景监狱"模式已然取代基于信息资源垄断的"全景监狱"模式；传统媒介时代的管理者和传媒的中心化、权威地位被打破，取而代之的是大众个体的个人信息与意见的表达。换言之，在当下的泛媒时代，媒介信息可以到达世界的每个角落；在这个环境中，处处是中心，无处是边缘。信息人的肉体化为无形无象的讯息，这意味着传播完成非中心化的中心化，创造了信源人身份无所不在的非连续性。在这样的一个媒介环境中，信息不再仅仅是为专业精英所发布，普通大众的"微内容"也能体现出其价值和光芒。比如，2009年2月9日中央电视台元宵晚会期间，媒体对央视新大楼北配楼火灾的报道，比网民的博客报道晚了整整40分钟。这不仅是大众媒介素养崛起的证明，也是信息传播去中心化、去权威化的体现。信息传播和话语的表达不再是组织化媒介机构的专利。

在泛媒体时代，作为阅读对象的书籍已经在很大程度上让位给网络、手机、微博、博客等；借助新媒体的数字化阅读已经成为大众阅读的主流。数字化阅读的流行促进了新媒体的发展，但一些新媒体却因为技术等因素的限制，出现传播内容的碎片化和肤浅化。以手机为例，根据工信部发布的通信业运行数据，2012年1月全国移动电话用户累计净增加1034.5万户，达到99659.8万户。这一数据显示，手机如今俨然成了传统四大媒体（报纸、杂志、广播、电视）、网络媒体之后的第六大媒体。但我们必须同时看到，虽然手机已经成为大众日常生活中不可或缺的一种媒体，但受其屏幕的限制，手机很难形成传播信息的深刻性与完整性，面临着传播信息的肤浅与碎片化；一条手机短信、一份手机报的信息量无法达到应有的深刻程度。又如微博，作为一个基于用户关系的信息分享、传播及获取的平台，微博受到了大众/大学生的热捧。有关数据显示，截止到2012年3月，世界上最早的微博Twitter（推特）的月度活跃用户数已达1.4亿人，而每日发送的信息则多达3.4亿条。2009年8月，中国最大的门户网站新浪网推出"新浪微博"内测版，成为中国第一家提供微博服务的网站；微博正式进入中文上网主流人群的视野。用户通过网络、WAP（无线用户协议）以及各种客户端组建个人社区，以140字的文字更新信息，实现即时分享。对于这种仅仅用140字传播信息的新媒体，要保证其内容之完整与深刻，其困难是可想而知的。

根据资讯的摩尔定律，一条电视新闻被记忆的时间不会过夜，一个报纸头条能够吸引的注意力不会维持超过一天，一期杂志专题被谈论不会超过一周。在如此复杂的媒介环境中，媒介之间的竞争日趋激烈。为了从媒介市场分得一杯羹，媒体从业人员往往煞费苦心；他们要么基于对受众需求的探究，将自己所传播信息分解，使之短小精悍、通俗易懂，以期受众能够快速浏览信息，要么以精美的板式和具有冲击力的图片作为吸引受众的主要方式，追求眼球经济，导致出版行业的"浅出版"。其间的典型例子包括文学经典以"速读""概览""戏说"等形式出现，电视节目全面娱乐化，网络空间恶搞成风等等。为了迎合尽可能多受众的需要，媒介所提供的信息显在地呈现出快餐化、视觉化、娱乐化等特征，在一定程度上为浅阅读的出现提供了可能性。

众所周知，媒介使用者往往根据自己的需求主动选择媒介和媒介内容，即是说大众对信息的阅读与接收直接联系着其阅读的动机和需求。青年大学生的阅读毋庸置疑包括为了完成学习、应付考试的应试型阅读，为了开发智力、拓展知识面的扩展型阅读，但同样毋庸置疑的是，为了娱乐的休闲型阅读才是最具吸引力的。"如今是读图时代，人们喜欢视觉上的冲击和享受。"以满足娱乐为目的的媒介信息的阅读通常无须深入理解和思考，难怪浅阅读会成为青年大学生的普遍选择。另外，著名心理学家马斯洛认为，动机是个体成长过程中最内在的动力，它是由诸多不同性质的需求所组成，而这些需求之间存在着一定的顺序和高低之别。处于最底层的是人类最原始、最基本的生理需求，其次是安全需求，再次是社交需求，然后是尊重需求，最后是处于最高级的自我实现的需求。这些需求的实现和满足固然可以采取多种手段，而阅读则被证明是最为行之有效的手段之一，但我们必须知道的是，直接联系着当下信息环境中的信息超载现象的安全需求，导致了浅阅读成为阅读大众的唯一或者不二选择，尤其是在生活节奏越来越快的情势之下。

随着新媒体的迅猛发展，一些传统媒体纷纷转战网络，如报纸与杂志的网络版，加之手机、平板电脑、掌上阅读器等媒介实现了随时随地阅读信息的可能，数字化阅读已经成了大众阅读的新模式。第八次全国阅读调查显示，2010年国民数字阅读方式的接触率为32.8%，相对2009年增加了33.3%；在接触数字化阅读方式的大众中，83.6%的读者阅读电子书后不会再购买此书的纸质版。调查表明，人均每天接触传统纸质书报总时长为54.13分钟，而人均每天接触网络、手机阅读和电子阅读器的合计时长为54.8分钟，超过了阅读纸质书报的时长。作为一种大众阅读的新模式，数字化阅读显著地不同于传统印刷时代的书报阅读。著名传媒理论家麦克卢汉曾对印刷时代的阅读有过这样的描述："让眼睛在书页之间快速地移动，避免一切发声，避免一切初露端倪的喉头活动，形成大脑中的有声电影。"印刷时代的阅读以书籍为主要阅读对象，其思维是线性的，要求阅读者不仅要目光聚焦，而且还要发挥想象力。而在当下的泛媒体时代，各种媒介所传递的信息以多元化的文本符号呈现在大众面前，大众置身于不同媒体和文本符号之间，通过超链接等形式，大众的阅读线路随时都有改变的可能，大众阅读不再寻求传统的单一的线性模式。由于数字化阅读多以网络为依托，网络信息的存储量大、参与性强，而且融合了声音、视频、图像、超链接等多元文本符号，相较传统纸质阅读更加形象生动，但同时也更容易分散阅读者的注意力。所以，大众的数字化阅读模式刺激了大众更愿意在其阅读中采用浅阅读的策略。

最终，泛媒介时代的多种因素造就了浅阅读现象的出现与流行，也在一定程度上暗示了浅阅读现象存在的多维合理性。首先，浅阅读能够作为一种阅读方法流行于大众，是因为它是一种经济有效的阅读方法。我们知道，法无定法；阅读方法包括精读法、泛读法、循序渐进法、循环阅读法等，它们相互依存，相互补充，并非一定是处于对立关系之中。在泛媒体时代，数字化阅读已然成为支配性的阅读模式，借助其方便、直观、形象等特点显著地改变了大众的阅读习惯。印刷媒介时代的传统纸质阅读的深入性、高度集中化的阅读习惯已然让位于跳跃式、碎片化、视觉化的数字化阅读；数字化时代的阅读大众通过浅阅读了解和扫描信息，用浏览翻阅的形式代替了传统的正襟危坐。其间的一个重要原因是媒介的无所不在，以及生活节奏的日益加速，大众很难有足够的时间去进行有深度的阅读和思考；于是，浅阅读成了大众获取知识、阅读信息的主要方式。有研究表明，一方面，受众在浅阅读状态下平均每分钟能够阅读 250 个字，而在深阅读状态下则只能阅读 100 字左右；另一方面，浅阅读状态下的大脑处于相对放松的状态，更易于让受众获得愉悦的阅读体验。因此，大众通过浅阅读无须花费过多的精力便可以在短时间内浏览大量信息，从而达到快速了解所需信息、拓展知识的目的。另外，在信息严重超载的媒介环境中，要找到自己所需的信息并非总是一件容易的事情，有时即便也使用搜索引擎等媒介工具，同样也会遭遇诸多垃圾信息的干扰。然而，大众的时间和精力是有限的，不可能为了确定网络信息与所需信息的相关性而逐一深度阅读，于是只好求助浅阅读。通过浅阅读的方法快速过滤掉无关信息，了解所读信息对自己的重要程度，进而选择性地进行阅读和使用，从而节约时间与精力。

相较于传统的深阅读，浅阅读的目的性不强，并不设定阅读门槛。传统的阅读要求读者具有一定的文化水平和知识结构，而当下媒介环境中的浅阅读旨在让更多的民众有机会享受阅读的乐趣，接触并理解一些"深奥"的知识。没有什么是不可以浅阅读的，从晦涩难懂的外国经典名著到家喻户晓的中国四大名著，从天文地理到娱乐八卦甚至很多冷门生僻的知识；借助浅阅读，获取知识变得更加快捷、简便。此外，读者可以根据自己的喜好和需求进行阅读，不仅可以在短时间内获取更为广泛的信息，而且这种相对轻松的阅读体验还有助于读者思维的拓展。有研究显示，在浅阅读的过程中，阅读主体满足于对事件的直观把握和瞬间的移情效果，其感官呈现出全方位的开放状态，从而使得浅阅读相较于其他阅读方式而已，显得更加轻松和随意。同时，浅阅读可以打破信息传播的原有结构，将媒体原来的信息传播转化为一个个知识点，更加便于大众接受。还有，通过组合各类信息，大众可以体验不同的阅读快餐，迅速搭配出属于自己喜好和需求的信息大餐，感受不同于传统的媒介信息获取的快感。比如，倘若我们浏览半小时的微博，我们可能会了解到数十种各不相同的信息，足不出户便知天下事。通过浅阅读，层出不穷的信息随时被我们选取和阅读；对一些需要深入领悟的信息和知识，阅读者对其有消解和颠覆的一面，但同时也是对它的一种修正和补充，促成感兴趣于这些信息的受众获取阅读体验之外的一种更为轻松的阅读感受。

其次，浅阅读是一种应对媒介环境的阅读方式。面对知识爆炸所带来的海量信息，人们每天都处于信息的包围之中，这种媒介环境所带来的压力如同旋涡一般，而受众则被置身于旋涡的中心。麦克卢汉在《机器新娘》中论述信息的选择时指出："水手最讲究的办法，是研究旋涡，并与之合作。从研究中得到乐趣，乐趣又给他提供了逃出旋涡迷宫的线索。"所以，面对信息爆炸给自己带来的焦虑和不安，人们只好不断寻找自救的方法。当信息量呈现几何级数增长时，人们便需要寻找一种方法来尽可能多地掌握海量信息的大致状态与变化。浅阅读无疑是大众为应对媒介环境而选择的一种阅读方法。人们通过浅阅读的方法阅读报刊、阅读短信、阅读微博、阅读电子新闻，通过浅阅读与社会建立联系，通过浅阅读参与到之前只有专家学者才能进入的专业领域，通过浅阅读获得将自己置身于环境之中的安全感，摆脱信息超载所带来的无法掌控的焦虑。美国学者H. H. 弗莱德里克曾经对信息量的增加做过推算：如果以公元元年人类掌握的信息量为1，那么信息量的第一次倍增花费了1500年；第二次倍增花费了250年；第三次倍增花费了150年；进入20世纪后的第四次倍增所需时间进一步缩短为50年。其后，信息量倍增的速度遽然加快，在19世纪50年代，十年内实现了倍增；在随后的19世纪60年代和19世纪70年代，时间周期进一步缩短为7年和5年。这是20世纪所推算的数字，在我们所处的今天，信息量的增长速度已经发展到以小时、分钟，甚至秒为单位。信息爆炸所产生的信息洪流正以前所未有的速度向我们袭来；我们的时间和精力是有限的，我们既无法阅读海量的信息，更无法消化海量的信息。此外，受众的分化形成了许许多多传者部落的"碎片"；这些"碎片"往往众说纷纭，以片段性的事实、彼此割裂的状态传播，因而造成了媒介环境中的信息碎片化。为了尽可能多地获取信息，把握世界的丰富性，生活在碎片化的媒介环境之中的人们借助浅阅读的方式，接受媒介环境中的碎片化信息。所以，在一定意义上讲，浅阅读可谓是应对当下媒介环境的一种训练模式；它通过对碎片化信息的归类、重组与合并，形成完整有用的信息。比如，在调查中我们发现，大学生们对中国历史的了解并非完全来自历史书籍，同时也是通过影视作品、网络小说、专家点评等提供的碎片化片段；他们通过重组与合并这些片段，形成一段相对完整的历史知识，进而将其融入自身的知识体系。对这些大学生而言，这不仅合理应对了当下媒介环境中的信息超载和碎片化，从碎片化的信息洪流中获取了所需知识，而且这种选取、合并、重组信息的过程，也是一种思维的锻炼。从这个意义上讲，浅阅读是大学生应对信息爆炸、应对信息碎片化的阅读选择。

在泛媒介时代，被媒介包围的人们日益依靠遥控器和鼠标来维持其工作、学习和生活，被封闭在属于自己的媒介容器里，忍受着孤独，所以渴望与人交往，渴望利用信息连接建立与他人的关系。"在我们每个人心中都有理解周围环境的需求。当我们发现自己处在一个新情境下时，也就是说处于一个认知真空时，就会有一种不安的感觉。直到我们探索并理解这种情境之后，这种感觉才会消失。"人们对信息的渴求亦是如此，为了能够随时跟上信息更新的步伐，人们渴望从周围环境中获取尽可能多的关涉经济、政治、文化、体育、教育、社会等多个领域的信息，既包括与自己相关的信息，也包括那些与自己无关的娱乐信息，以期从中得到紧张工作之外的轻松与娱乐。人们希望获得、了解到最大数量的信息，是因为在人与人之间的交流与沟通中，人们总是希望获得与多数人一致或者相近的观点和态度；倘若自己的观点和态度与多数人的观点和态度相异甚至相左，自己就有在交流与沟通中被孤立的风险。因此，人们迫切地需要通过浅阅读获取更多知识，了解社会上正在出现的更多信息，这样便可以在与他人的交往和沟通中，避免被孤立，拥有更多谈资，争取到话语权。

我们知道，在传统媒介时代，精英文化占据着主导地位，普通大众和精英之间存在着知识储备、获取知识的渠道、速度等面向的巨大差异，"社会地位高者通常比社会地位低者更快获得信息，因此大众信息传播的信息越多，这两者之间的知识鸿沟就越有扩大的趋势"。这种精英与大众的知识鸿沟，也会在一定程度上形成二者之间的心理鸿沟，普通大众可能在信息接触中产生被忽视、被损害的感觉。在泛媒时代，媒介迎合浅阅读的需求降低了信息阅读的门槛。搜索引擎等媒介工具将图书馆搬到了互联网上，一些易于理解、简单、直观的具有普适性的大众信息文本出现在大众面前，以往被忽视的甚至被损害的普通大众获得了前所未有的关注，大众中每一个体的价值和个性都得到了凸显。通过浅阅读，学术权威和普通百姓的距离被拉近。尽管学术权威依旧掌握着相当大的话语权，但通过浅阅读，普通大众也可以对专业内容有所涉猎，进而在心理层面上缩小与学术权威之间的心理鸿沟。此外，由于不同年代的人存在着知识谱系、世界观、价值观的不同，不同年龄段的人之间也存在着源自不同的知识语境和话语系统的鸿沟。通过浅阅读，在短时间内获取相关信息，成为知道分子，拥有更多谈资，也可以在一定程度上缩小人与人之间的心理鸿沟，促成更有效的、更通畅的沟通交流。

再次，浅阅读是一种为深阅读"试水"的阅读方式。一如王蒙等人的担心所暗示的，学界非常害怕大众依赖浅阅读会导致深阅读完全失去市场。其实，这样的担心大可不必；浅阅读的浅表性、碎片化等特点，对人们在众多媒介信息中寻找自己所需的信息非常有帮助。比如，倘若我们通过百度搜索"浅阅读"一词，我们马上会得到提示说，相关结果约861000个，这么多的信息不可能全部有用，其中必然包含大量垃圾信息、无用信息。这时，我们可以甚至必须借助浅阅读筛选信息，找到对自己有用或者感兴趣的信息，然后再进行深度阅读。另外，就书籍阅读而言，当下的书籍数量也是相当惊人的，人们不可能像在传统印刷时代那样，在有限的书籍中进行选择，或者阅读全部经典。每天都会有大量书籍出版、再版，人们只能通过阅读书评、简介等方式进行初步筛选，基于自己的喜欢和兴趣确定该书是否具有可读性，决定是否需要深入阅读与了解。从这个意义上讲，浅阅读可以充当为深阅读试水的角色；人们通过浅阅读像美食家一样，不断地品尝、消化、吸收、更新与抛弃，经历过滤与筛选无用信息的过程，留下有用的信息。这样一来，大众的阅读视界被浅阅读打开，一些事物的细节先于整体显现出来，形成由点到线再到面的过程。这种由浅入深、由点到面的阅读方式让读者能够更加从容地面对碎片化的信息浪潮。首先通过浅阅读选取信息，然后对信息进行深入了解和研究，在一定意义上可以激发读者的深阅读兴趣，引领读者进军深阅读。

然而，浅阅读现象存在的合理性并不意味着我们可以忽视它可能带来的问题，或者否定深阅读的重要性。首先，浅阅读可能影响我们阅读的效果与质量。为了实现广度阅读，尽可能多地了解和把握世界的丰富性，大众选择浅阅读的方式获取信息与知识，其结果是牺牲阅读的深度，让"有主张、无论据"成为信息消费的主流。随着媒介技术的不断发展与进步，类似于搜索引擎和百度百科、维基百科等媒介工具为浅阅读提供的可能，让人们轻易地成为但止步于上知天文下知地理的知道分子。信息获取的便利与快捷也可能使大众难以深入地学习、思考和研究所阅读的信息，一如调查所表明的，大学生从网络上获取的信息来得快去得更快；一些大学生经常借助网络搜索所得到的资料来完成作业甚至论文，约四分之一的学生在完成作业后，很快便把曾经搜索到的内容忘得精光。借助媒介技术获取信息的便利，大学生们不再像传统媒介时代的读者那样，做读书笔记、写读后感，因为他们认为这样的信息可以随时随地通过媒介获取，而无需占据大脑有效的记忆空间，更不需要对信息进行深入思考和研究。阅读而不求甚解，仅仅将信息阅读停留于信息表层，这样的浅阅读很容易让大众/大学生对所阅读信息没有印象，因而阻碍阅读的深入，进而影响阅读的质量与效率。

在当下的媒介环境中，媒介信息是由多种符号构成的，而符号本身所具有的转喻、隐喻等特性使得信息表达呈现出模糊性、虚假性，很容易造成人们对信息理解的千差万别。一些大学生在阅读过程中"偏爱"直白简洁的内容，"偏爱"无需大脑思索的简单符号，习惯于捡拾媒介所传达的碎片化的信息。他们对浅阅读的信息内容不假思索，过眼不过脑，最终导致阅读的无意义。有些学生在阅读信息不到一半时便急于下结论，甚至望文生义，基于自己的生活经验和知识结构先入为主地将所阅读的信息简单化。这种只言片语式的浅阅读必然导致对所阅读信息的片面认知，造成信息阅读中的以偏概全，一叶障目而不见泰山。一如李普曼在《公众舆论》中所指出的，"任何人对于没有经历过的时间，只能以一种凭他对那件事的想象所引发的感情"。即是说，倘若大众对浅阅读的一些信息没有经过思考，只是凭借对信息字面意义上的想象，这就难免会造成对符号所表达意义的误解，产生不良影响。比如，在关于2008年汶川大地震的报道中，有一张感动了无数网民的"背妻男"的照片，除照片所拍摄的情景以外，人们完全不了解这个男人的任何信息，仅凭一瞥式的浅阅读便基于自己的想象被这个男人感动了。虽然我们不能说这个男人的故事和背景是否与网友的想象完全不符，但至少可以说这种浅表性阅读导致的认知会在一定程度上影响大众对信息的解读，造成了解读中误读现象的存在。

其次，浅阅读影响受众的思维方式。马尔库塞在其代表作之一《单向度的人》中告诉我们，丧失了批判意识的人会成为"单向度的人"；习惯了大量不需要动脑阅读的人，容易单向度。当前媒介环境中信息获取的便利让大脑不再需要记忆烦琐的信息，仅仅需要在需要时使用媒介搜索，尤其是在搜索引擎出现以后。有专家通过调查发现，由于对搜索引擎的过分依赖，诸多网民不再劳神去记忆，不再绞尽脑汁去思考，不再为一个观点而争论。"不记、不想、不争"已经是大众甚至大学生的最具代表性的互联网行为。"以前人们觉得自己的大脑应该是知识的蓄水库，然而现在年轻人的大脑却像抽水马桶，一切知识来也匆匆，去也匆匆，丧失了基本的积累。"当大众的思考方式变得越来越简单，甚至不屑于思考，大众的思考记忆功能便会弱化，最终不得不依赖媒介这个外置的大脑。具体地讲，虽然大众可以通过浅阅读在短时间内获取更多信息，浅阅读也可以让阅读变得更加放松，但它只可能带来短暂的快感，短时间的快感之后则可能是持久的浮躁，甚至最终一无所获。由于浅阅读的对象通常都简洁明快，遣词造句方面也都不是特别讲究，口语化比较严重，浅阅读的习惯可能导致只读不思考，长期的浅阅读则可能导致阅读者思维的钝化与浅薄，难以逻辑地思维。脑子越用越灵活，过度依赖浅阅读势必造成浮光掠影的阅读习惯，让阅读对象中的营养如过眼烟云，阅读者不愿甚至拒绝对所阅读内容进行深入的思考或者思维的扩展。这对那些其工作需要严谨思维的人而言，影响是巨大甚至是灾难性的；即使对一般人的工作、学习和社会交往而言，养成严谨的思维习惯也是必需的。比如，过分依赖浅阅读的人往往会因为其片段化、碎片化、钝化的思维，在社会交往中遭遇语言运用方面的问题，即在运用语言时会出现浅运用的现象。语言功能一旦被弱化，大众便不能连贯地运用语言表达，甚至不能很好地运用自己的语言来有效地表达情感、描绘生活，理想地进行人际交往和社会生活。

玛丽安娜·沃尔夫在其《普鲁斯特与乌贼：阅读如何改变我们的思

维》中指出，没有人生来就会阅读——一个通过储存和重构一系列视觉、语义、声音和感知而破译和理解语词的过程，人类发明阅读这项活动也只是几千年前的事情。正是由于阅读，大脑得以重新组织，反过来又拓展了我们的思考能力，这种能力改变了我们智力进化的过程。阅读是历史上最卓越的发明之一，其结果之一便是让我们有了记录历史的能力。我们祖先的这一发明得以实现，是因为人类大脑拥有在已知的结构上建立新联结的超凡能力，经验对大脑的塑造使得这一过程成为可能。大脑机能的核心是其可塑性，我们因此知道自己如何变成了现在的"我"，未来又会成为什么样的人。然而，调查发现，大学生们不再关注如何在破译语词之后进一步理解文本，他们的注意力被信息、工具条或视频分散。面对经典文本、深度报道时，大学生们往往会变得很麻木，不仅不能沉下心来阅读，而且对这些文本产生一种排斥心理。这种不求甚解的习惯最终将导致一种浮躁的心态，而一旦养成浮躁的心态，遇事则不能集中注意力，不能专注去理解学习，其危害之大是可想而知的。经典文学作品的厚重与丰富注定了阅读它们的艰难与沉潜，唯有通过细品慢嚼的深阅读才能吸收其中的精华，而已经习惯于浅阅读的大众、大学生往往因为偏爱接收快餐化、碎片化、肤浅化的信息，视经典文学作品为难缠之物，倾向于与其为之过眼过脑，不如将其交给专业人士。

再次，浅阅读可能会影响民族文化素质的提升。在人类漫长的历史长河中，出现了无数经典，其中许多作品的孕育和创作时间相当漫长。《红楼梦》披阅十载，增删五次，而《资本论》的写作则长达五年之久；代代后人必须深入阅读与理解这样的作品，否则便无法领悟其中的真谛，遑论传承与弘扬。阅读是人们获取知识的主要途径；对青年大学生而言，其心智尚未成熟，其思维方式尚在不断变化之中，阅读是提升其学识修养、形塑其思维方式的最重要手段。沉溺于浅阅读，拒绝阅读经典，无论是对青年大学生的学习和成长还是对整个民族乃至人类的生存和发展，无疑都是不应该、不可取的。浅阅读的读物很少关涉国计民生，也很少探究事物的本质，而更多是信息提供者根据市场动态、大众心理需求而提供的一个情感宣泄与消遣娱乐的平台，往往"鼓励"浅阅读者拒绝承担社会责任，进而阻碍文化，尤其是民族文化的承继和弘扬，一如图书馆的日渐冷清所证明的。我们知道，作为搜集、整理、存储图书资料供人阅读、参考的机构，图书馆毋庸置疑是大众学习文化知识、获取精神营养的最重要场所之一。但是，随着信息化的不断发展，电子媒介的出现，电子书籍正逐步替代纸质书籍，网络环境的海量资讯吸引着大众、大学生利用网络而不再是使用图书馆去搜集自己所需的信息和知识。尤其值得注意的是，一方面，图书馆经典图书的借阅量已然呈现出下滑的趋势；另一方面，图书馆为了争取读者而购买迎合读者喜好的浅阅读读物，催生了一种恶性循环模式。一些需要深阅读的经典图书不但因此没有受到应有的重视，甚至由于借阅量小难以得到必要的更新和保护。这一情势迫使我们不得不深思，在有着五千年灿烂文明的中国，如何引导习惯于浅阅读的大众、大学生重新回到图书馆，通过阅读经典传承民族文化？

众所周知，当下的媒介环境的理论基础之一是鲍德里亚意义上的消费主义，"消费主义是一种价值观念和生活方式，它煽动人们的消费激情，刺激人们的购买欲望；消费主义代表了一种意义的空虚状态以及不断膨胀的欲望和消费激情；消费主义不在于仅仅满足需要，而在于不断追求难于满足的欲望"。在消费主义的刺激下，泛媒介时代的传播符号日益快餐化，导致传播内容的能指与所指发生断裂，人们更多地关注信息内容的能指，即传播的声音、图像等，而对这些声音、图像在人们的心理所引发的意义却很少关注。这在一定程度上消解了传播信息的理性，使媒介环境中的信息偏离于内容，趋向于形式。因此，传播的符号变得越来越形式化、表面化和肤浅化，失去了本应拥有的丰富内涵，造成了传播内容的意义局限性。而且，在大众追求所传播信息的符号化、快餐化的时候，信息的发布者也就不会执着于信息内容、信息所指的深远意义，而是转而发布一些迎合大众的偏重于能指的符号和信息。也就是说，为了迎合大众的浅阅读需求，信息提供者提供的信息更加倾向于简单化、娱乐化的单一性传播内容，不再对传播内容进行积极研究和主动创新。整个社会呈现出泛娱乐现象，人文精神日趋匮乏，文化品位日渐下降。当信息传播者关注的仅仅是大众的眼球、自己的信息何以能够被更多人关注，并因此获得相应利益时，信息内容的独特深刻与创新便难免会被传播者忽视，造成传播内容的原创性缺失。面对沉溺于电视肥皂剧和娱乐八卦新闻、对社会批评漠不关心、对现实社会缺乏深刻反思的大众、大学生，面对但凡某类阅读对象受到大众、大学生青睐，随之而来的是大批量同质信息的出现这一现象，我们不难发现，大众、大学生的创造性正在一步步退化和消解。

尼尔·波斯曼在《娱乐至死》中指出："如果一个民族分心于繁杂琐

事,如果文化生活被重新定义为娱乐的周而复始,如果严肃的公众对话变为幼稚的婴儿话语……总而言之,如果人民蜕化为被动的受众,而一些公共事务形同杂耍,你们这个民族就会发现自己危在旦夕,文化灭亡的命运就在劫难逃。"娱乐性是大众传播的重要功能之一,现代人因为工作紧张和生活压力,经常利用大众媒介进行娱乐和放松身心,包括通过电视看体育比赛、通过网络收听音乐和玩游戏等。相应的,大众媒体为了满足大众的娱乐需求也在不断变化,娱乐如今已成为社会商业运营的标志性特征,而开发娱乐产品则被诸多媒体、企业视为了提升自身竞争力的新方向,所以,强调娱乐性、鼓励浅尝辄止的浅阅读受到大众和媒体信息发布者的追捧。比如,出版商为了迎合大众的娱乐心理,不惜戏说、恶搞传统文化和经典文化,不遗余力地推动畅销书成为主流阅读倾向,抛弃传统阅读文化中的细致入微。又如,新闻媒体为了吸引大众眼球、追求感官刺激而转向标题党的娱乐倾向。快乐成为评价一切文化产品的最高标准,整个社会沉浸在娱乐至死的集体狂欢之中。

阿多诺曾经说过,"过去人们不允许自由思考,今天人们允许自由思考,但不会自由思考了,因为一个人只想他应该想什么,而这个思想被感觉为自由"。阿多诺认为,文化工业非常成功地对大众实施了欺骗和操控,而且大众浑然不知地成为"被动接受者",被无意识地整合到文化工业的意识之中。虽然大众是否如阿多诺所说的那样是"被动接受者"这一观点有待商榷,但可以肯定的是,泛媒体时代的大众确乎因为被娱乐至死的心理包围,并没有意识到文化工业的过度追求快速、快感的浅阅读不但会催生低俗文化产品,刺激媒体抛弃传统媒介的"守夜人"角色,而且会潜移默化地影响个体心理和群体心理,在削弱大众主体性的同时影响整个社会,成为一种集体无意识。这对整个社会和民族无疑是不利的。

一言以蔽之,当"浅"成为社会的显在特征,浅阅读成为大众普遍的甚至唯一的阅读方式的时候,它很可能意味着一种社会现象,也可以说是一种社会问题,理应受到全社会的关注与重视。基于以上分析,我们可以看出,浅阅读是大众应对当下媒介环境的一种选择,表征的是阅读主体在不同层次上或者状态下的需求;过分依赖浅阅读会对阅读效果、思维方式、民族文化传承等产生负面影响,但我们不能因此便完全否定浅阅读,甚至将其视为洪水猛兽而避之不及。在当下的泛媒体时代,我们必须看到浅阅读现象存在的合理一面,特别是一些机构可以利用社会大众的浅阅读需求进行信息的传播与推广，但也应该考虑到作为社会舆论导向理应承担的社会责任，尽力避免浅阅读可能产生的负面影响。于是，如何平衡浅阅读与深阅读是摆在我们面前的又一难题，对之毋庸置疑是言人人殊的。鉴于当下的媒介环境，笔者认为，我们首先必须采取措施提升媒介素养。陈力丹指出："媒介素养分两个层面，一个是公众对于媒介的认识和关于媒介的认识，另一个是传媒工作者对自己职业的认识和一种职业精神。"在媒介技术高度发达的今天，普通人也可以成为媒介信息的发布者，通过媒介技术发表自己的见解、主张，进行信息的交流，所以，我们必须一方面提高受众对媒介信息的认知和批评能力；另一方面提高包括媒介组织和个人在内的信息传播者的把关和监督意识。具体地讲，作为读者，我们必须学会理性地看待泛媒介时代的多媒体交融的特征，看到信息超载和信息碎片化所引发的问题，从而减轻源自媒介依赖的信息焦虑。我们必须知道，在信息如洪水般袭来的媒介环境里，有些信息可以通过浅阅读理解，而有些信息则不应仅仅满足于停留在泡沫的层面，必须对其进行更加深刻、更加多元的思考。作为信息传播者，我们必须在一定程度上扮演"守夜人"的角色，对信息进行过滤和整合，尽力从根源上去除垃圾信息、碎片化的无用信息，净化媒介环境。

其次，为了有效地避免浅阅读现象的潜在的负面影响，以出版界为代表的信息传播者对于浅阅读的潮流，不应一味迎合，而应在满足的同时有所引导，尤其是架起读者与经典文本之间的桥梁。诚然，随着生活节奏的加快，人们要拿出大块的时间投入阅读的确越来越难，社会的整体阅读趋势日益倾向于休闲娱乐，快餐读物、图片读物因此大行其道，而严肃作品销量每况愈下。在这样的时代潮流下，出版界如果完全回避读者的浅阅读倾向，显然难以生存，但一味迎合也绝非最佳选择。如果能在流行读物中增加思考的深度，提高其知识"含金量"，对读者和出版界而言，是双赢之举。只有这样，读者与出版界之间才能互相提升。这方面，我们不妨向国外出版界借鉴一二。比如，美国专栏作家戴维·布鲁克斯用神经学、认知心理学等最新成果反映人的成长的《社会动物：爱、性格和成就的潜在根源》，英裔美籍作家马尔科姆·格拉德威尔研究人才培养规律的《异类》等国外社科作品，虽然是流行读物，但视角新颖，知识新鲜，深入浅出，有益有趣，一样登上畅销书榜。而国内类似的作品则太少了。

最后但绝非最不重要的是，我们必须重新认识到深阅读在多媒介时代的重要性，合理地平衡浅阅读与深阅读。浅阅读在多媒介时代的流行并不能证明阅读的深度不重要，也不能说明阅读需要去精神化，不能认为传统的阅读、深度的阅读、纸质的阅读都已经是过时的、陈旧的方式，而抛弃可以给人的灵魂和信仰带来皈依的深阅读，更不要去推崇那种十足的功利性、实用化的阅读。清代文人梁章钜曾经提出"精通一部书"的读书法。他说："不拘大书小书，能将这部烂熟，字字解得道理透明。此一部便是根，可以触悟他书。"正所谓举一反三，触类旁通。大文学家卢梭也曾说："读书不要贪多，而是更多思索，这样的读书使我受益不少。"浅阅读是一种状态，而深阅读则是一种态度。对于个人，浅阅读可以培养大视野，促进大发展；对于民族，书籍承载着民族的灵魂，深阅读对国家、对民族的发展和文化的继承意义重大。为此，提倡深阅读的行动已经在各国展开。美国发起了近代历史上最大规模的、由政府资助的"大阅读"读书活动。法国政府除了强化出版业的现代功能外，充分发挥书店、报纸、电视和广播对新书的推介作用，激发公众读书的热情。日本参众两院一致同意有关设立国民读书年的决议，将2010年定为了日本的"国民读书年"。英国也设定了阅读年，旨在打造一个读书人的国度。在阅读已经呈现大众化、通俗化甚至娱乐化的今天，我们更需要深度阅读、深度思维，不能满足于"我在读，这就够了"，因为阅读不仅要过眼，更要过脑。

苏联作家苏霍姆林斯基在给他儿子的信中写道："我告诉你，很多东西，不必细读，浏览一下就行了。所有东西都关乎时间，你要学会最大限度地使用它。"我们的时间和精力都是有限的，我们既不能将信息全部浅阅读，否则很多信息和知识便不能进入我们的记忆系统之中，也不能将信息毫无选择地进行深度阅读。所以，无论是作为媒介产品的消费者还是生产者，正确地认识浅阅读与深阅读之间的关系、合理地平衡浅阅读与深阅读都势在必行。从这个意义上讲，我们不妨向一位2010年甘肃高考学生学习：

> 茫茫书海之中，如果深阅读是大海，那么浅阅读只能是小溪；如果深阅读是蓝天，那么浅阅读只能是浮云；如果深阅读是草原，那么浅阅读只能是绿坪。大海，永远充斥着的，只有河水跌撞而来的轰轰涛声。有时表面上默默无闻，但那叫波澜不惊，不为外界所动，然而小溪，整日呜咽，用全身力气叫喊也只不过是滴滴答答。那溪中的青

蛙自以为是地亮着歌喉；再看那海中蛟龙，滕溪而上，一切美景尽收眼底。大海般的深阅读中你可以做翱翔万里的蛟龙，小溪般的浅阅读中你只能是无知的青蛙。蓝天，深邃旷远，雄鹰飞翔，奇山美景在蓝天臂腾之下。浮云，只有漂浮，居无定所，只追逐视觉的刺激，有的只有雾霭与你相伴，可之后呢？雾霭惹上一身污垢，迷失自我。蓝天般浩瀚无穷，广阔辽远的深阅读可让你感受鹰击长空的洒脱与豪放；浮云般的浅阅读只能让你污垢染身，迷失自我。视觉的享受只不过是过眼烟云。碧蓝的草原，一望无际，广袤无垠，骏马飞奔，鹏跃鸟鸣。绿萍，只能在钢筋水泥间炫耀仅有的绿意，偶尔只能引来蝶虫蚯蚓嬉闹。似乎蝌蚪进入泥潭之中。无垠的草坪，浩渺的深阅读中，你可成为飞驰的骏马，悠婉鸣叫的小鸟，仅有数点绿意的绿萍上，你只能成为泥潭蝌蚪般的蚯蚓。在浅阅读中你只能寻求到视觉的享受，快餐是好吃，但是没营养，有时甚至会吃坏脾胃，浅阅读中过多的视觉刺激很有可能让你迷失自我，找不到回去的路。

  深阅读中，你可以品味李后主"恰似一江春水向东流"的忧愁；可以体会杜甫"出师未捷身先死，长使英雄泪满襟"的壮志未酬；你可以感悟李白"安能摧眉折腰事权贵，使我不得开心颜"的不慕名利。深阅读如大海般稳健，如蓝天般深邃，如草原般辽阔。浅阅读只能与呜咽的小溪，嘶叫的青蛙，居无定所的浮云相比。

  到深阅读中去，感受大海给你的威颜，蓝天给你的旷远，草原给你的无垠！

丹·布朗何以红遍全球

朱振武

一个寂寂无闻的作家在几个月的时间内即在国内外引起轰动，搞得一时洛阳纸贵，这样的作家我们能说出不少；一部作品在半年左右的时间里被翻译成几十种语言，并引起各国读者的普遍关注，这样的作品我们也能讲出几部；但一个作家的作品在十年时间里竟始终高踞畅销书榜首，发行量超过一亿册，其全部六部作品都能进入英、法、美几个大的读书国家的畅销书排行榜，则非当红作家美国文坛新宠丹·布朗莫属。这让我们不得不深思个中的堂奥。人们往往把雷德菲尔德的《塞莱斯廷预言》、J. K. 罗琳的《哈里·波特》、卡斯塔尼达的《寂静的知识》和丹·布朗的六部小说，特别是《达·芬奇密码》等作品的畅销归因于商业运营、媒体炒作以及作品对读者阅读需求的简单满足，而忽略了这些作家本身不光是舞文弄墨的小说家，同时也是深入人心的社会运动的重要参与者和中坚干将，不了解这一点，我们就无法把握这些超级畅销书的深层文化蕴含，"更无法从当代社会运动的普遍性与巨大影响力着眼，把握其所以引起共鸣的深层原因"①。当然，深入我们时代的这场被称为"新时代运动"②的作家们绝

---

① 叶舒宪:《谁破译了〈达·芬奇密码〉》,《读书》2005 年第 1 期。
② 该运动的特征就是反叛现代性及其基础，即西方基督教文明和资本主义生活方式，让长久以来被压制的异教思想和观念来对抗和取代正统基督教观念，成为 21 世纪引导人类精神的新希望。这种精神的反叛大致围绕着下面这四个方面为中心而展开：针对以白人为最高文明代表的欧洲中心史观，让非西方文化的价值观来取而代之；针对以《圣经》神学为基础的基督教的一神论的长久统治，让具有更加悠久传统的巫术—魔法—萨满教的多样性神幻世界来取而代之；针对西方文明史中希腊文化的希伯来文化占主流的传统，让处于边缘的非主流文化如凯尔特文化得到重构和复兴；针对以父权制的男性中心的价值观，让女性重新圣化，让更加古老的女神信仰得到复兴并引导未来的人类精神。叶舒宪先生认为，《达·芬奇密码》的认同取向属于上述四方面的最后一类，即借侦探小说的形式重新解读达·芬奇名画中潜藏的异教信息，从而在基督教传统压抑的缝隙中发掘出更加悠久的女神宗教的信仰和观念。叶舒宪：《谁破译了〈达·芬奇密码〉》,《读书》2005 年第 1 期。

不止丹·布朗等少数人，而唯独丹·布朗等人取得了空前的成功，这当然有其自身、社会及心理等方面的复杂因素。丹·布朗雅俗合流和融俗入雅的创作理念、对传统与现代小说合理内涵的吸纳和整合、特别是其对当下社会信仰问题、技术理性问题、伦理问题、生态问题及人类前途命运等诸多问题的思考和忧虑，都是其作品一直吸引着世界各地无数读者、并在世界范围内产生很大影响的重要原因。

一 "博学多通"的当红作家

丹·布朗（Dan Brown, 1964）的作品似乎与他的成长经历有些隐约的联系。丹·布朗出生于美国一个中产阶级家庭，父亲是一位曾获美国总统奖的数学教授，母亲是职业宗教音乐家。可以说，父亲培养了他逻辑缜密的数学头脑，母亲给了他宗教艺术的熏陶。因此，他从小就生活在科学和宗教相冲突的荒唐哲学中。也许这就是丹·布朗后来一系列描写科学与宗教之间矛盾的惊悚小说的部分来源吧。他的妻子布莱思则是艺术史学家兼画家，也是他生活的忠实伴侣及事业的得力助手。为帮助丈夫写《达·芬奇密码》和《天使与魔鬼》等几部小说，布莱思曾经多次陪同他前往法国巴黎卢浮宫博物馆、罗马城和梵蒂冈等地进行实地调查与研究。

丹·布朗的家庭背景与他的成功不无关系，而他本身的教育背景和工作经历也是成就他创作的重要因素。丹·布朗早年曾在西班牙的塞维利亚大学专门学习过艺术史，因此积累了深厚的文化底蕴。在全身心投入到小说创作之前，他曾先后在埃默斯特大学及菲利普·爱斯特学院担任英语教师，目前仍在教授英文写作。他在美国这个既崇尚西方文明又关注本土现实的多元文化杂交的大熔炉里长大，对西方的经典文化了然于胸，对世俗社会又洞察入微，所以他可以驾轻就熟地在雅俗文化之间自由转换。而深厚的文化底蕴再加上他本人对破译密码及秘密组织的浓厚兴趣，使他的文学创作注定要走一条高雅与通俗相结合的道路。1996 年，他的处女作悬疑小说《数字城堡》（*Digital Fortress*, 1996）问世，几年后又先后创作和出版了《天使与魔鬼》（*Angels & Demons*, 2001）和《骗局》（*Deception Point*, 2002）。然而，由于当时这些作品在理念上还有些超前，人们阅读文化悬疑小说的兴趣还有待培养，也由于出版社自信心不强和宣传力度不够等原因，无论是《数字城堡》，还是《天使与魔鬼》或《骗局》，在当时都没能引起足够的反响。不过到了 2003 年，丹·布朗却一飞冲天，凭借当时刚刚面世的小说《达·芬奇密码》一鸣惊人，人们对他的另外三部作品立刻报以极大的关注，掀起了一股强劲的丹·布朗热。丹·布朗旋即成为畅销书的代名词，并在《达·芬奇密码》问世六年后出版了《失落的秘符》（The Lost Symbol，2009），又在三年后出版了他的第六部小说《地狱》（Inferno，2012）。

丹·布朗的成功与他的勤勉好学和"博学多通"也密不可分。他的六部作品，包括《达·芬奇密码》在内，每部作品都是经过反复酝酿、实地调查、图书检索、资料核实以及辛勤笔耕和精雕细琢之后的艺术精品，在引起关注后都赢得了读者们的青睐以及一向挑剔的评论家们的一致好评。人们不得不承认，丹·布朗是个博采众长、兼收并蓄的才华卓著的小说家。鲁迅曾说我国清代著名长篇小说《镜花缘》的作者李汝珍是"以小说见才学者"。李汝珍确实"博学多通"，韵学杂艺、星卜象维等无不精通。[①] 美国当代作家丹·布朗也正是这样一个"博学多才"之人。他的小说不光是集谋杀、恐怖、侦探、解密、悬疑、追捕、言情等各种通俗小说因素于一身，还融各种文化符号和当代高新科技于一体。可以说，《数字城堡》将作者在密码学、数学、电脑、网络等方面的知识展露得淋漓尽致，《达·芬奇密码》和《天使与魔鬼》酣畅淋漓地彰显了作者在密码学、数学、宗教、文化、艺术等方面的才华。《骗局》、《失落的秘符》和《地狱》当然更是不例外。以《骗局》为例，小说涵盖了海洋学、冰河学、古生物学、天文学、地质学等科学领域的知识，同时还涉及美国国家航空航天局、美国国家勘测局、美国太空署北极科研基地、三角洲特种部队等多个美国政府高度秘密机构。此外，丹·布朗还运用他丰富的想象力，虚构了大量人们闻所未闻的高科技武器，如"奥罗拉"喷气式战斗机、冰块子弹、蚊子般大小的微型机器人等。显然，丹·布朗在创作小说之前曾进行过大量认真细致的研究和实地调查工作，同时将大量的时下人们关注的信息有机地引入作品之中，巧妙地糅进高潮迭起的情节里，而且不留任何斧凿痕迹，可谓妙手天成，从而取得了很好的阅读效果，从多种角度满足了不同人群的阅读期待。

---

① 鲁迅：《中国小说史略》，人民文学出版社 1973 年版，第 220 页。

二 经典文化的义理置换

美国作家唐纳·巴塞尔姆于1995年发表的《白雪公主》小说被看作是后现代主义小说的代表作,这主要在于其作品对19世纪初德国民间文学教授格林兄弟搜集整理的那充盈着德国民间晨露的童话《白雪公主》进行了彻底的解构。丹·布朗对《圣杯与圣血》等著作似乎也进行了解构,但又迥异于一般后现代小说对源文所进行的"戏仿",如《大话西游》对《西游记》的经典戏仿。他也并不是像尼采所说的那样:"我是第一个反道德者,因此我是根本的破坏者。"[①] 在丹·布朗的作品中,特别是在《达·芬奇密码》中,我们可以明显地辨认出其互文性,但我们更多地看到的是后现代文学中由立场转变所直接引发的对源文的义理置换的戏仿行为,也就是置换源文体式的义理转而赋予其另类意义,从而达到"寻求新的表现源泉和新的理解世界的方式"[②] 的目的,当然这一切作者都是通过设密和解密这一手法来完成的。

《达·芬奇密码》给我们讲述了一个悬念迭起、惊心动魄的故事:正在巴黎出差的哈佛大学教授罗伯特·兰登对一系列与达·芬奇的艺术作品有关联的神秘符号进行了分析和调查。在与馆长索尼埃的孙女、密码破译天才索菲·奈芙联手对诸多奇形怪状的符号及密码进行整理的过程中,他发现一连串的线索就隐藏在达·芬奇的艺术作品当中。他发现了能解开历史上最大难解之谜的一把钥匙,它能揭开郁山隐修会苦心掩盖的惊天大秘密以及令人震惊的古老真相。然而这个所谓的历史真相及重大秘密,在小说结尾却被消解,读者们看到的只是一个出人意料但又令人信服的隐喻性解释。后现代主义之大成者博尔赫斯在对迷宫手法进行提炼的同时,也为我们提供并描绘了众多的迷宫形象。尽管迷宫体验来自于人们"对于历史、人类无序生活的一种感知",但通常又是以具体的迷宫形象来进行体验的。这些迷宫形象在《达·芬奇密码》中则表现为各种各样的建筑及奇形怪状的密码与符号。小说中的卢浮宫、维莱特庄园、威斯敏斯特教堂、罗斯林教堂等无一不给人迷宫式的体验——它们本身就是迷宫。可以毫不夸张地说,该小说构建的就是一个庞大的迷宫。不过,地点与场景的转

---

① 尼采:《瞧!这个人》,中国和平出版社1986年版,第108—109页。
② Jacob Korg, *Language in Modern Literature*, Sussex: The Harvester Press Limited, 1979, p. 3.

移,密码及各种符号的更换,只是形式上的转移,从某种意义上可看作"一种无变化、无发展的循环重复"。①

其实,"后现代主义小说也不一定必须排斥完整的情节"。②《达·芬奇密码》的成功,是与它曲折精巧的情节构置分不开的。小说的情节扣人心弦,几乎每章都给读者设下了悬念。有时候看似"山穷水尽",却又峰回路转,"柳暗花明"。情节的跌宕起伏,令人难以释卷。后现代主义小说的一个突出特点在于它的游戏性,从而充分调动了读者互动参与的积极性。丹·布朗就像一位主持如 Quiz Show(猜谜游戏)之类互动型节目的主持人,引领着读者们跟随他上气不接下气地去破解各种各样怪异的符号和密码,既令他们饱受折磨,又使他们从中享受到极大的乐趣,进而获得极好的阅读体验与审美效果。美国纽约书评家珍妮·麦斯琳充满赞赏地写道:"自从《哈利·波特》出版以来,还没有哪个小说作者像丹·布朗这样'罪大恶极'地用跌宕起伏的故事情节令读者喘不过气来,用一个又一个骗局哄得读者晕头转向。"③ 但后现代主义小说的情节往往存在要么过少要么过多的极端化倾向,但无论过多还是过少,两者的作用是一样的,即都是对文本中心意义的消解。索菲·奈芙的祖母玛丽·肖维尔对"圣杯"的读解或许可以用来作为后现代主义小说对文本中心意义不确定的最好的注解。"为我们灵魂服务的不在于圣杯本身,而是它身上藏着的谜,以及令人惊叹的东西。圣杯美就美在它虚无缥缈的本质。"④ "圣杯"在小说中的所指是不明确的。作家对二元论的运用似乎也情有独钟,且得心应手,众多似是而非的意象使文本的中心意义进一步模糊起来。"后现代主义极大地扩展了这种不确定性,它认为现实——如果存在的话——是很难通过与它背离的语言来了解或接近的。"⑤ 这是因为"在后现代主义的世界里,没有什么处于中心位置,一切都是似是而非的"。⑥ 与以往不同的是,丹·布朗在这部小说里特别注重它的文化蕴含,他在小说中自始至终

---

① 王钦峰:《后现代主义小说论略》,中国社会科学出版社 2002 年版,第 90 页。
② 王守仁:《谈后现代主义小说——兼评〈美国后现代主义小说艺术论〉和〈英美后现代主义小说叙述结构〉》,《外国文学评论》2003 年第 3 期。
③ Janet Maslin, *Spinning a Thriller From the Louvre*, New York Times, March 17, 2003.
④ 《达·芬奇密码》中文版,第 422 页,以下引文出处同。
⑤ Randall Stevenson, *Modernist Fiction*, New York: Harvester Wheatsheaf, 1992, p. 196.
⑥ Niall Lucy, *Postmodern Literary Theory: An Introduction*, Massachusetts: Blackwell Publishers, 1997, p. IX.

都高举着不同义理、色彩纷呈的文化旗帜,令人眼花缭乱。小说充斥了各种文化符号,如达·芬奇和他的名画、斐波那契(Fibonacci)数列、五步抑扬格、希伯来编码体系、雌雄同体、死海古卷、圣杯、神圣婚礼、天主事工会、郇山隐修会等,其中涵盖了艺术史、数学、文学、社会学及宗教等各个领域,令人目不暇接;小说还大量地运用了隐喻和象征的手法,大大提高了小说的品位。可以说,该小说的成功,与它本身明显的文化特性不无关系。

丹·布朗在作品里援引了大量相关的艺术史、宗教知识及历史掌故或野史,但又不是简单的引用,而是进行了自我化的改造,使"历史与想象结合"①,从而使它们获得了新的生命。"正如宗教及道德的权威已遭到破坏那样,艺术的权威也被削弱了。以往为大家所接受的标准已不能满足不断变化的时代的需要。"② 这种挑战传统的做法最初源于现代主义作家,但在后现代派小说家那里得到了继承和发展。小说中最耐人寻味的是作家对达·芬奇的艺术作品——如《蒙娜丽莎》、《达·芬奇自画像》及《最后的晚餐》——进行了"颠覆性"的解读。作者先是借小说人物之口,对《蒙娜丽莎》中的人物性别提出质疑,继而指出蒙娜丽莎其实就是达·芬奇本人。而《达·芬奇自画像》里的画家肖像,实际上也是"雌雄同体"(androgynous)。在作家眼中,这两幅画已不是简单的独立存在,而是两个相互关联具有相互指设意义的个体。最有意思的是作家对《最后的晚餐》的诠释。且不说将人们传统上认为画中皆为男性的13人说成是12个男人和1个女人,就连一向为世人崇拜的、不食人间烟火的耶稣基督,也被作家从"神"还原为"人",并声称他结了婚,留下了后代。而耶稣的妻子,就是被他救赎的抹大拉的马利亚。这些言之凿凿的解读,无疑是对历史、传统文化的挑战、篡改与颠覆,并在某种程度上起到了"混淆视听"的作用。在新近出版的《破解〈达·芬奇密码〉》中,美国神学博士达雷尔·博克教授针对"耶稣结婚并留下后代"一说进行了批驳:"耶稣结婚的可能性有多少?此处的回答再简单不过了:绝无此事。"③ 或许讨论耶稣究竟结婚与否本身并无多少意义,重要的是作家达到了对传统文化进行

---

① 杨仁敬:《美国后现代小说论》,青岛出版社2004年版,第98页。
② Randall Stevenson, *Modernist Fiction*, New York: Harvester Wheatsheaf, 1992, p. 1.
③ Darrel Bock, *Breaking The Da Vinci Code*, Nashville, Tennessee: Thomas Nelson, Inc. 2004, p. 45.

颠覆的目的。

无论是在"罗伯特·兰登"小说系列的第一部《天使与魔鬼》中,还是在后来的《达·芬奇密码》中,作者都煞有介事地特意强调小说中某个科学研究机构或某个秘密组织的真实存在,旨在给读者留下真实的印象。丹·布朗直言不讳地声称他的《达·芬奇密码》部分地建立于史实的基础上,从而一开始就吸引了某些历史学家的注意。尽管有人对作家的诠释颇有微词,但这显然正中作者下怀。小说中提到的秘密组织和宗教团体——如郇山隐修会及天主事工会,是真实存在的,而非作者本人杜撰。似乎是为使读者更相信他所谓的历史秘密的真实性,作者在小说第79章里还特意列出了一份历任长老以及大师们的名单,而他们无一例外都是历史上赫赫有名的文学家、科学家、政治家、学者及诗人。至于他们是否真的担任过郇山隐修会的长老或大师,则无史可考。但小说中所提到的大师雅克·索尼埃显然是个虚构人物。这种直接借用历史人物并与虚构人物混杂在一起的做法,是后现代主义小说家们一贯的"伎俩",许多后现代派小说家,如罗伯特·库弗与戴维·洛奇等,就分别在他们的小说《当众焚烧》及《小世界》里借用了历史人物。这种手法意在模糊真实与虚构的界限,从而营造出一种虚构的真实,正如菲德曼所言,在后现代小说中,"真实与想象,意识与无意识,过去与现在,真理与虚假之间的区别将被抹杀。"[1] 其内在的动因源于后现代主义小说家们所推崇的文学创作理念,他们感到历史和现实都不过是虚构的,而固定的意义或绝对的价值体系也在某种程度上消失了,小说这一文学样式的不确定性逐渐掺入了更多荒诞的、幻想的和滑稽模仿的形态。

三 宗教科学的悬疑处理

"丹·布朗热"在中国的兴起使我们不得不对这一现象进行一番思考。显然,作者是抓住了宗教与科学这两杆大旗。作者同宗教文化、高新科技及悬疑、解密等结下了难解之缘,但每部作品又都各有侧重,不给读者以雷同、拷贝之感。如果说《达·芬奇密码》是宗教与悬疑、艺术与惊悚的天衣无缝的结合产物,《数字城堡》和《骗局》是信息时代的高科技与政治文化相结合的悬疑小说的话,那么,他的另一部位居《纽约时报》畅销

---

[1] Malcolm Bradbury, *The Modern American Novel*, Oxford: OUP, 1992, p. 209.

榜榜首、同《达·芬奇密码》一样有着相同主人公的文化悬疑小说《天使与魔鬼》，除了具备其他几部小说的创作风格之外，在作为知识型悬疑小说方面则兼有几部小说的特点，直接将科学和宗教的论战作为小说的主题，把人性与神性、宗教与科学的碰撞与融合揭橥得淋漓尽致。

《天使与魔鬼》的创作灵感来自于作者的一次梵蒂冈之旅，而科学与宗教的论战成了这部小说的主题。其实，这一论战自有史以来就不曾停休，几百年前不计其数的科学家遭到教廷迫害，时至今日，是讲授达尔文的进化论还是宣传上帝的创世说仍是大学里争论不休的问题。人类从何而来，世界的起源到底在哪里，这一直是宗教与科学试图解决的问题。宗教宣扬世界的产生是"神的手笔"，而科学则证明了人类的力量。丹·布朗在小说中借科学家列奥纳多之口表达了自己的科学观和宗教观。作为世界上最优秀的科学家，列奥纳多试图通过科学实验来证明神的存在，他通过模拟宇宙大爆炸来证明物质从"无"中产生，从而论证了上帝的创世说。他认为，神、佛、耶和华都是指的同一种事物，科学和宗教说明的都是一个道理——所有的一切都是由纯粹的能量创造出来的。科学到头来竟然证明了"神"的存在，这不能不说是丹·布朗的一大发明。当记者问丹·布朗如何看待科学与宗教的论战时，他说："在许多方面，我将科学和宗教视为同一事物，二者都是人对神性的追问，不同之处在于，宗教诉诸问题本身，而科学侧重对答案的追寻。"丹·布朗认为，科学和宗教只是讲述同一个故事的两种语言而已，然而二者的论战从古至今从未停休，并且还将继续下去。科学的发展在证明人类能力的同时，也证明了人类的渺小。科学家们已经将研究深入到了粒子的层面，在亚原子层面的研究中能发现一切事物的相互联系，还能经历某种宗教性的体验。列奥纳多的研究证明了人与人之间在分子层面上的相互关联，而有一种单独的力量在人体内运动，那是神性的力量。小说表达了对信仰丧失和科学万能论的担忧。科学的发展一方面造福人类，另一方面又奴役人类，让人类失去对神的敬畏和信仰。反物质的出现是人类科学进步的结果，但它是一把双刃剑，可以造福人类，也能置人于死地。宗教直接作用于人的心灵，让人从善向美。人类的科学水平不断提高，而心灵、道德的提高相对来说却大大滞后，当二者的失衡达到一定程度的时候，人们对其可能出现的后果就难免要忧心忡忡。作者以"天使与魔鬼"作为小说的标题，寓意深刻而又丰富。早期教会视科学为洪水猛兽，遭到宗教迫害的科学家组成"光照派"，渗入世界的各个角落,操纵金融界以实现他们创立"新世界秩序"的计划。以科学启蒙世界是他们信仰的"路西弗主义"。"路西弗"是撒旦在堕落之前的称呼,被光照派视作光的使者,光照派的秘密集会地也是由"天使"的指引才能找到。被宗教迫害的人们将天主教视为魔鬼,而狂热的宗教教徒认为科学是毁灭人类的力量,是反宗教的魔鬼。谁是天使谁是魔鬼,我们似乎没有必要去问个究竟,因为我们知道,天使与魔鬼从某种程度上来说,是一面镜子的正反两面。

科学与宗教,人性与神性,孰是孰非,至今难以定论,善与恶这两个二元对立的概念在丹·布朗的四部作品中都得到了消解。科学到头来证明了上帝的存在和上帝创世说的成立,通过形象语言来诠释和表达这一想法的,丹·布朗可能算得上是第一人。同时他又在小说中恰到好处地找到了处理宗教与科学的平衡点,对任何一方都无过多褒贬,从而给读者留下了参与文本的机会和更多的思考空间。

四 高科时代的焦虑传递

接受矛盾,拒绝非此即彼的看法,这是后现代小说创作最常重复的公式之一。不是非此即彼,而是二者兼容。丹·布朗的作品也是如此。在他的作品中,不存在一种建立在好与坏、真与假、美与丑、正义与邪恶的原则上的伦理和审美体系。当然,布朗消灭二元性的目的并不是为了制造混乱,而是为了让小说更忠实地反映目前的实际状况,这是"提倡二者兼容式思想方法的各种小说家所坚持的主张"①。这倒让我们看到了作者面对现实世界所产生的人文焦虑。

丹·布朗的处女作——《数字城堡》是一部典型的高科技悬疑小说,探讨了公民隐私与国家安全之间的矛盾。随着高科技大举进军人们的日常生活,公众要捍卫自己的隐私变成了非常困难的事情。《数字城堡》就传递了这样的忧虑和恐惧。与《达·芬奇密码》相比,《数字城堡》的文化含量似乎稍微逊色了些,但情节上的引人入胜却并不输给前者。以这样的方式来传播与科学技术应用有关的理念,可以说是一种极有效果的手段。其实,类似的主题在其他小说中并不少见,但此书所反映的科学技术应用

---

① 萨科文·博科维奇:《剑桥美国文学史》(散文作品),中央编译出版社2005年版,第468页。

的伦理难题，则有着我们这个高科技时代的鲜明特色。丹·布朗本人在小说中对这一问题的立场似乎比较暧昧，因为像这样的话题有时确实是难以用简单的方式来表态的，他只是用形象语言把问题摆在读者们的面前。这是个悖论，因为个人隐私的神圣不可侵犯，是美国文化不可动摇的基石之一；而另一方面，对国家安全和政府利益的保护，当然也是一个不容忽视的理由。正是在这种两难的悖论之中，引出了小说中的故事情节。因此，作者只顾讲自己的故事，而把对问题的判断留给了读者。

当然，任何作者都免不了在字里行间中表现出某种倾向，布朗也不例外。我们的阅读感受是布朗倾向于政府不应窥探个人隐私。《历史深处的忧虑》一书中曾讲到美国关于枪械管制的问题。枪械在民间给社会带来了诸多危害和隐患，但除去其他一些因素不谈，美国人要捍卫其个人自由的意愿更占据优势，因此，他们宁愿付出那么大的代价也要保留个人持枪的自由。我们这里似乎也可以看到在一些涉及个人与社会的矛盾时不同的人基于不同的价值观可能会做出的不同抉择。而小说《数字城堡》则在当代科学技术的应用这一维度上彰显出深意。这里所涉及的高科技给社会带来的影响，在故事情节中只限于书中所说的国家安全局的工作，但人们会自然地联想到，像信息技术等高科技手段的发展和应用，将会给人们在传统中极为珍视的隐私权的保护等问题带来前所未有的冲击。虽然人们在伦理学甚至于在法律的意义上承认应该保护个人隐私，但以各种理由对个人隐私的侵犯却从来没有停止过，而高科技手段的出现则大大增强了这样侵犯的可能性和便利性。技术手段的进步，确实有可能给我们带来难以预料的后果。

对公众隐私的侵犯或保护，以及与国家安全之类的问题相联系，本来是传统小说中的主题之一，而密码学的应用就在此类作品中往往是首选，但在《数字城堡》中，正是因为像"万能解密机"这样超级计算机的高科技手段的引入，才使得传统的话题呈现出完全不同的面目，使我们清楚地看到了作品对当下的人文关怀与焦虑传达。

仍以"万能解密机"为例。窥探公众隐私的理由，本来是为了防止犯罪，但是在犯罪实施之前，"万能解密机"窥探到的只是犯罪计划或犯罪动机，而仅仅因为某人有犯罪计划或犯罪动机就对他进行制裁和惩罚，这实际操作起来却存在着法律上的盲区。因为实施了犯罪，才会形成证据，有了证据才可以认定犯罪事实，而犯罪动机则是头脑中的事情，对犯罪动机进行解读,哪怕是由菲利普·迪克(Philip K. Dick)的小说《少数派报告》(*Minority Report*)中的"预测者"来进行,也必然导致误解、误读和误判,而且目前的法律条款也不给予支持。

有时,要回避某些发展,人们也是需要付出某些代价和牺牲的,但这些代价和牺牲的付出,却是为了换回人类某些更珍贵的东西。至于什么东西更珍贵,应该如何权衡利弊,那就正是科学技术伦理学所要研究的内容了。看来,《数字城堡》这部小说为我们提供的启示是多层面的。

丹·布朗的其他几部小说也传递了当下人们的某些焦虑。《天使与魔鬼》主要在于他所探讨的是科学与宗教之间几千年来人们都很难说清楚的关系问题。在这部作品中,人们可以找到一些答案,尽管未必能和人们心中的答案吻合。同时作者也提出了一个人们现在面临的焦虑问题,那就是科学到底向何处去。科学是一把双刃剑,它既可以造福于人类,也可以危害人类。像"反物质"和过去人人害怕的原子弹,一旦落入恐怖分子之手,后果将难以想象。丹·布朗的作品对这些人们当下关注的问题进行了探讨。《骗局》是布朗创作的第三部小说。《圣彼得堡时报》上刊登的书评这样写道:"《骗局》是一部不容错过的政治惊悚小说,它为你揭开一项惊人的科学发现、一桩高明的骗局和一系列美国政治黑幕。"在《骗局》中,读者也一样感受到作者对当下社会的科学、政治和国家安全的深切关怀。《骗局》以美国总统大选为背景,关注政治道德、国家安全与保密高科技之间的矛盾,这既促进人们对美国政治及一些政府绝密机构的了解,也激起了人们对被高新科技包围着的日常政治生活的许多问题进行积极思考。在他的小说里,可以看到人类智力的极限,生死困境的考验,科学和宗教的冲突,正义势力与非邪恶势力之间的较量。他在《数字城堡》里探讨科学发展对人类隐私的侵犯,在《达·芬奇密码》中探索古老的宗教悬案,在《天使与魔鬼》里表现出对科学和宗教的双重焦虑,小说表现的文化问题的深层意识和对人类生存困境的忧思,不能不让人扼腕。

五 对人性与神性的乐观诠释

因文化悬疑小说《达·芬奇密码》而红遍全球的美国作家丹·布朗,历经六年案头研究和精心构思,终于在 2009 年 9 月 15 日推出了自己的最新力作《失落的秘符》(*The Lost Symbol*,原名曾为 *The Solemn Key*,《所罗门钥匙》)。自从今年春季该书的出版消息发布以来,《失落的秘符》便成了各大网络书店预购榜单上的热门书籍。小说仍由美国兰登书屋旗下的双日出版集团出版，首印650万册（美国版500万册，英国版150万册），创下了兰登书屋首印的历史最高纪录。首卖当天，《失落的秘符》的精装版和电子版便在美国、英国和加拿大卖出了100万册，《纽约时报》《洛杉矶时报》《新闻周刊》等全球各大新闻媒体也提前纷纷刊出报道，其新书销售的火爆程度和读者们的热情期待再一次预示了全球解码狂潮的到来。

《失落的秘符》是丹·布朗的第五部小说，此前创作的《达·芬奇密码》《数字城堡》《天使与魔鬼》和《骗局》都以其扣人心弦的叙事节奏、惊险刺激的故事情节和亦真亦幻的多元文化历史背景赢得了世界各国读者的喜爱。这一次，丹·布朗再次以其独有的叙事艺术为遍及全球的布朗迷们奉上了一顿文化悬疑盛宴。

《失落的秘符》仍以《达·芬奇密码》中的主人公哈佛大学符号学教授罗伯特·兰登为主角，讲述了一个在12小时内为解救人质而探寻"共济会"古老秘密的冒险经历。小说甫一开篇就是罗伯特·兰登受其好友兼导师彼得·所罗门之邀，赶往美国国会大厦的雕塑厅发表演讲。然而，在抵达目的地之后，他发现那里根本就没有听众，反倒是在隔壁的圆形大厅里看到了彼得·所罗门的一只断手，手指上刺着五个奇特的文身，正向上指着大厅上的穹顶壁画——《华盛顿成圣》（Apotheosis of Washington）。原来这一切都是一个名叫迈拉克的神秘人物预先设计好的圈套，目的是为了引诱罗伯特·兰登来到华盛顿，借助他广博的学识来找出共济会长久以来隐藏的"古代奥义"，以此获得无限的力量。兰登必须答应合作，否则他的好友彼得·所罗门，这位共济会高阶会员，就会有生命危险。根据文身符号的提示，兰登等人在国会大厦的地下室里发现了共济会金字塔，并由此开始了奔波于华盛顿各大历史建筑和博物馆的惊险解密过程。兰登与彼得·所罗门的妹妹凯瑟琳·所罗门博士——在史密森博物馆支持中心进行人类意念及其潜能研究的意念科学专家——一起携手合作，在彼得的共济会好友和中情局的帮助下，与幕后黑手展开了智慧与勇气的较量。故事在寻找古代奥义的过程中，也逐渐为读者展露出了一个在人类文明中长久存在却又为人们所忽略的真理。

《失落的秘符》虽说是丹·布朗继《达·芬奇密码》之后重磅推出的续作，但从其主题意义上来看却更像是《天使与魔鬼》的延续。丹·布朗在接受美国《今日播报》节目专访时也曾坦言，其创作灵感更多的是来源于《天使与魔鬼》。《失落的秘符》其实是对科学与宗教两者关系的进一步阐述，是对人性与神性这一在传统观念中认为是二元对立的问题的更深层思索。丹·布朗的小说虽是以惊悚悬疑著称，但其故事之中又总是蕴含着极为深刻的哲理和象征意义。《达·芬奇密码》是在艺术作品中找寻宗教里的古老真相，《天使与魔鬼》则探讨了科学与宗教的关系，而在《失落的秘符》中，丹·布朗再一次借用艺术、科学和宗教去探索人类的力量之源。故事的开始正是起因于野心勃勃的对手想通过寻找"失落的秘符"来揭开远古的秘密，并获取超越人类自身的神力。而选择华盛顿作为此次小说的故事背景也是为了与主题呼应，有着严肃的喻义。丹·布朗在回答是哪一点吸引了他将华盛顿写入小说时说道："我对权力很感兴趣，特别是隐藏的权力——影子权力。美国国家安全局，美国国家测绘局，主业会。每件事的发生都有着我们未能完全看见的原因。"的确，作为美国权力之都的华盛顿，再也没有哪个地方能如此恰如其分地成为力量与权力的代表，正如巴黎之于艺术，梵蒂冈之于宗教。此外，在小说中颇为引人注目的共济会与意念科学，此次也作为权力与力量的象征，代表着宗教与科学这两把所罗门钥匙，共同开启了人类历史文明中所隐藏的智慧宝藏。

共济会，英文字面意为"自由石工"（Free-Mason，全称为 Free and Accepted Masons），是当今世界上最为庞大的兄弟会秘密组织，秉承"自由、平等、友爱"的思想，汇集着世界上信奉诸神的各类宗教人士。共济会起源悠久，近代共济会则建立于 18 世纪早期的英国。如今全球约有 600 万共济会会员，在美国就有近 400 万的会员，世上许多政治、经济、文化上的著名人士都是共济会成员，乔治·华盛顿、富兰克林·罗斯福等多位美国总统也都是其成员。这样一个由世界精英组成的庞大组织，其蕴藏的巨大力量，其隐秘的影子权力，对人类世界的发展和变化都有着不容忽视的巨大影响。在小说中，共济会被设计成了一个拥有"古代奥义"的强大组织。为了使人类智慧之源的"古代奥义"免于湮没于世，共济会的先贤们将这些历代累积的智慧宝藏秘密转移到了美国这片自由的土地上，并建造了一个极难攻克的堡垒——一座神秘的金字塔——来保护这些古代奥义。谁能够找到共济会金字塔并破解其中的层层密码，谁就能够找到"失落的秘符"的埋藏之所，获取古代奥义并由此得到无限的超人神力。为了找出这个"失落的秘符"，也为了揭开远古的智慧之谜，兰登在解读各类符号和象征的同时，也不断地思索起了一系列颇具哲学思辨意味的问题：宗教的存在有何意义？人获得神力是否可能？人与神、科学与宗教究竟是怎样的关系？而作者也借彼得·所罗门这一虚构的共济会高阶会员和共济会这个宗教性极为浓厚的组织对宗教与人、人与神的关系进行了深刻的阐述。共济会这个组织最为吸引人的地方之一便是其宗教信仰的无差别，只要是有神论者，不论是基督教徒、天主教徒、犹太教徒，抑或佛教徒、印度教徒，都可以加入其中。而这也正是小说中所要表达的一个重要思想，即世界上的众多宗教其实都是关于一个真理的不同符号的表征，是对人与神两者通达的寓言性探索。人与神的唯一区别就在于人忘却了自己的神性，而失落的秘符其实是暗指人类对神作为人之无限潜能象征的忘却，在人类与上帝分离的那一刻起，蕴含在符号里的真谛便也失落了。

另一方面，小说又借助凯瑟琳·所罗门引出了意念科学这一新兴学科，对人的神性和自身潜能做了进一步的论证。"意念"（noetic）一词派生于古希腊的名词nous，大意为"内在知识"或"直觉意识"。从广义上来说，意念科学是对人类意识的本质和潜能的研究，探索的是人脑的"内在宇宙"，包括意识、灵魂和精神及其与物质世界"外在宇宙"的联系。加利福尼亚的意念科学研究所则将这门科学定义为"直接并即刻获取超越正常感知和理性力量的知识"的人类研究。在小说中，作者借凯瑟琳所做的各种实验对意念科学进行了大段的描述。凯瑟琳发现思想会影响外部世界，"聚集的思想"几乎能影响所有的外部事物，比如植物的生长速度、鱼在水缸中游泳的方向、细胞在培养器皿中的分裂方式及在人自身发生的化学反应。意念学科虽然听起来新潮，但在凯瑟琳·所罗门的眼里它其实是世上最古老的一门学科——人类思维意念研究。早期的古代典籍和当今的科学实验都证明，人类的心智，只要正确运用，就能产生出真正的超人之力。此外，小说还对现实中意念科学的一个重大发现进行了描述。科学家们发现，"九一一"这类恐怖事件的发生会使人类产生共同的悲恸之情，并对"随机事件发生器"产生影响，梳理随机应变量，化紊乱为有序。简单说来，人类意念的共同聚合能使世界产生翻天覆地的变化。这种人类意念上"合众为一"的大胆科学创思，恰好与共济会的格言"变混沌为有序"不谋而合。这里，意念科学与众多宗教教义共同为读者揭示了一个古老的真理，即神是人类无限潜能的象征，人有获得神力的潜能，人的心智才是真正的智慧财富所在。只要认识到这一点，人们就能获得无尽的力量,就会充满信心,坚定信念,看到改变未来的希望。

除了曲折动人的故事情节和丰富深刻的主题意蕴,《失落的秘符》一如丹·布朗的前几部小说,不仅保持了节奏紧张的叙事模式,同时还加入了诸多新颖的历史文化要素,提供了全新的阅读视角,给读者带来了酣畅淋漓、意犹未尽的审美效果。小说虽有五百余页,但整个冒险经历却只是发生在短短的12个小时之内,谜团的接连出现,场景的频繁更换及危机的逐渐逼近,使整个故事在变幻的时空交错中悬念迭出,令人难以释卷。《洛杉矶时报》说,这本书"惊悚、有趣,感觉就像是在坐过山车";纽约的《每日新闻报》也称赞说"非常惊悚,绝对地引人入胜"。引人入胜的还有别开生面的华盛顿神秘之旅。华盛顿虽然不像艺术之都巴黎和宗教圣地梵蒂冈那样有着悠久的历史,但也有其独具魅力的文化,尤其是透过符号学专家罗伯特·兰登那富有怀疑精神的眼光,平常所见的各处场所也都显现出了别具风味的崭新寓意。这一次的共济会朝圣之旅包括了华盛顿的众多著名建筑,如美国国会大厦、美国国会图书馆、美国国家植物园、华盛顿国家大教堂、华盛顿纪念碑和中央情报局总部等。读者除了能随着情节游历美国首府的各大旅游景点之外,同时还可借着兰登教授的独特视角重新审视美国的历史,并学会以另一种思维来理解我们身边习以为常的世界。这种对传统文化的解构与重建,对历史人物事件的全新诠释,正是丹·布朗小说让读者痴迷沉醉、欲罢不能的魅力所在。

丹·布朗小说的畅销说明了他绝对是个讲故事的好手,这与他的小说创作理念有着密不可分的关系。他认为小说就是故事机器,目的就是要把读者们包裹在故事里,然后让他们全部读完。丹·布朗在设计这一部新的故事机器时可谓是煞费苦心,一方面,他仍借鉴了许多通俗小说的流行元素,如侦探、恐怖、谋杀、悬疑等,对古代神秘主义的提及与探索更使全书充满了引人遐思的玄秘色彩;另一方面,他又灵活运用了后现代小说的多种创作手法,在对共济会的发展和华盛顿建都史的描述上采用了颠覆及改造的桥段,对众多宗教教义则运用了反传统的手法重新进行解读,在解密共济会金字塔时则借用了迷宫手法穿插密码图符和多学科知识,为故事的叙述增添了互文性、游戏性和多元性。丹·布朗的小说在很大限度上打破了通俗小说和严肃小说的界限,消除了通俗艺术和高雅艺术之间的对立,雅俗相融,为读者带来了广阔深远的审美体验。丹·布朗几部小说的畅销还带来了一系列其他艺术作品的衍生。《达·芬奇密码》和《天使与魔鬼》已由哥伦比亚电影公司改编成同名电影于2006年和2009年全球上映，并均取得了不俗的票房成绩。据美国《综艺》杂志报道，《失落的秘符》不日也将改编成电影。丹·布朗小说独有的艺术魅力和思想蕴含，使其脱离了通俗读物的范畴，逐渐转变成了一种文化潮流。

丹·布朗小说的成功也证明了他绝不是个只会讲故事的人。他的作品总是在曲折离奇的故事情节中表现出对文化问题的深层认识，探讨着当下社会中的诸多疑团，关心着后工业时代人们的生活现状，流露出了深厚的人文关怀。其处女作《数字城堡》就借与当今人们日常生活密切相关的高科技探讨了公民隐私与国家安全之间的矛盾；《天使与魔鬼》在反物质失窃和教皇选举的重大事件中对科学与宗教、人性与神性、善与恶这些二元对立的概念进行了哲学思辨；《骗局》以美国总统大选为背景，关注政治道德、国家安全与高科技之间的矛盾；《达·芬奇密码》则在艺术与宗教交织的谜团中探索古老的宗教悬案。而这一次，就在经济危机席卷全球的社会环境之中，就在人类因自身渺小而恐慌的历史时刻，《失落的秘符》借用了宗教和科学这两把智慧钥匙，在人类历史文明的长河之中找寻起了人类社会发展进步的力量之源，为沮丧的人们重新拾起了失落的信心。

六 对生态伦理的深切情怀

1. 作家的文学创作与读者的伦理需求

布朗将现实生活中的道德灰色地带置于创作之中，目的在于将读者领进这个灰色地带，让其感受并反思道德的两难之境。然而，他这一创作动机在其前期和后期作品中受到了两种截然相反的待见。究其原因，主要在于读者的现实伦理需求与小说中所体现的伦理立场与关怀是否相抵触。

布朗将伦理道德问题融于创作之中有其偶然性的一面。他的文学之路始于对身边偶然发生的伦理事件的思考。《数字城堡》就是其中一例。1995年，两名来自美国安全局的特工来到布朗任教的大学并逮捕了一名学生，原因是该学生可能对国家安全构成威胁。而事实上，这名学生只不过用学校的电脑发了封中伤美国政府的邮件。在邮件里，他对美国政局大发牢骚，还说容不下克林顿，恨不得马上干掉他。得知这一消息后，国安局不得不专门来学校调查一番。弄清真相后，布朗对美国政府干预个人隐私一事感到既震惊又愤怒，并决定以公民的隐私与国家安全为线索写作一部小说。

"西方文学和伦理思想的历史表明,远到古代希腊的文学,近到我们现在的时代,伦理学影响文学和文学表现道德都是文学的一个基本特征"①,因而,撇开现实中所遭遇的偶发伦理事件的启发,布朗也会按照自己的道德价值观念去表现自然、社会和历史,建构自己的文学想象。这就是布朗将伦理道德问题置于创作之中的必然性。布朗小说中伦理问题有两个显著特点,一是当下性,二是争议性。如《数字城堡》是关于信息时代下公民隐私与国家安全的讨论,《骗局》是从总统大选的角度探讨政治美德问题,《天使与魔鬼》是以反物质为线索探讨科学与宗教之争,新作《地狱》则是对当下人口过剩问题的道德思考……采用这些当下人们关心的且具有争议的伦理问题作为写作素材,布朗的用意在于激发读者对这些问题的反思,这一创作动机一开始并没有得到读者的认同。

接受美学理论认为,文本意义的建构离开不读者的阅读活动。文学作为"特定历史阶段伦理观念和道德生活的独特表达形式"②,那么,读者在建构文本意义时必然会和小说中所体现出的作者的价值理念产生碰撞。读者与作者之间的这种互动就有可能对作品的命运产生两种相反的结果。当读者的现实伦理需求在小说中得不到回应或者得到的是相反的价值观念时,读者就很难与作者达成共鸣,结果之一就是作品可能不受读者的欢迎。以《骗局》为例,该小说主要围绕一场精心策划的科学骗局,揭露了美国大选中的种种黑幕,诸如性丑闻、收受贿赂、政治谎言等。小说中,两位总统竞选人为了竞选成功,不惜使尽浑身解数,攻击彼此的不足之处。揭露政治黑暗腐败的小说比比皆是,这部小说算是其中之一,但市场不成功的原因在于小说中所反映的官场腐败与当时美国民众的现实伦理需求不符。该小说于 2001 年 8 月上市,次月便发生了"9·11"恐怖袭击。在一片恐慌之中,人们的爱国情绪高涨,他们想要看到的是美国政府及这个国家未来发展的积极一面,而非一个道德败坏的政府和前途未卜的国家。《数字城堡》由于涉及当时前卫的网络科技,因而,感兴趣的读者大多为电脑爱好者和黑客等。《天使与魔鬼》本意在于探讨科学与宗教的共存共生的关系,结果却被大多数读者当作旅游指南来读。受众面的狭窄和读者的误读与抵触使得布朗不得不深思,如何在引起读者阅读兴趣的同时

---

① 聂珍钊等:《英国文学的伦理学批评》,华中师范大学出版社 2007 年版,第 43—44 页。
② 聂珍钊:《文学伦理学批评:基本理论与术语》,《外国文学研究》2010 年第 1 期。

又能兼顾到他们的现实伦理需求。

可以说,布朗的后期三部小说大获成功的秘诀之一就在于向读者传递正能量,读者的现实伦理需求在其中得到了回应。《达·芬奇密码》就是其中一例。该小说成功的原因之一在于,它是对反抗父权制基督教统治的新时代运动的直接回应,迎合了不少读者的内心愿望,"借侦探小说的形式重新解读达·芬奇名画中潜藏的异教异端信息,从而在基督教传统压抑缝隙中发掘更加悠久的女神宗教的信仰和信念"①。《失落的秘符》出版时刚好碰到美国金融危机,但该书的销量却没有受到丝毫影响,原因之一在于这部小说中对于人性的肯定符合危机下人们需要重拾信念的伦理需求。

总之,读者现实的伦理需要影响着布朗的创作,使之在创作中对伦理元素的整合朝着积极的方向开展,尽力呈现人性中和生活中的美好一面。

2. 后现代的叙述手法与伦理观

"文学伦理学要求文学批评必须回到历史现场,即在既定的伦理环境中批评文学。"② 后现代伦理环境是布朗从事文学想象的背景板,他主要是通过采用一些后现代叙述手法,如戏仿、多视角及多线叙事等来呈现一个充满不确定性的后现代道德世界。在这些后现代的叙述手法背后,我们看到的是作家对于当下人们伦理境况的忧患意识。

后现代的道德世界首先是一个宏大叙事遭到质疑的世界。布朗主要通过对西方传统文化的互文性的运用来达到对宏大叙事的颠覆与消解。这种互文不仅给读者带来新奇的阅读体验,更重要的是质疑了支撑这些传统文化背后的权威信念。《达·芬奇密码》一作中充满了对经典文化的颠覆式使用,如提彬在给兰登和索菲亚讲解《最后的晚餐》时,将耶稣的十三个门徒解读为十二个男人与一个女人。更以此为切口,引发他对基督教历史的质疑,并称耶稣只是一个有着妻儿的凡人。作为一名虔诚的基督徒,布朗在处理此类素材时,也遭遇极大的困惑,但他渐渐明白"当人们阅读和阐释历史时,并不是在阐释历史的真实面目,只是在阐释这些历史事件的记录。说深点儿,只是在阐释他人的阐释。没有人能够回答如何保证历史真实性的问题,但它并不阻止人们对历史的询问"。因而,他的对耶稣神性所做的新历史主义的解读就可以视为对基督教所宣传的官方叙事的质疑。

---

① 叶舒宪:《谁破译了〈达·芬奇密码〉?》,《读书》2005年第1期。
② 聂珍钊:《文学伦理学批评:基本理论与术语》,《外国文学研究》2010年第1期。

鲍曼称:"我们的时代是一个强烈地感受到了道德模糊性的时代。"①有别于一般悬疑小说的惩恶扬善主题,布朗的文学悬疑小说重在呈现善与恶二元对立结构被消解后的道德模糊境况。他主要通过反讽策略,将一个人或事善与恶的同在性呈现出来,从而消解了善与恶之间清晰的界限。在《天使与魔鬼》中,作者通过全知视角和第三人称外视角与内视角的结合,塑造了教皇内侍这一几乎完美的英雄形象。通过全知视角叙述,读者可以看到教皇内侍的豁达与坚忍,他在兰登和维多利亚遇到困难的关键时刻化解了危机,且虽有伤痛但却镇定自若地指挥侍卫队。通过莫尔塔蒂主教的视角,读者可以感知教皇内侍在发表其著名的科学与宗教之间圣战的演讲时,那种对宗教的坚定信仰与处事不乱的睿智头脑。接着又通过全知视角叙述,在反物质即将爆炸时,教皇内侍是如何将之在高空引爆,然后通过莫尔塔蒂主教的视角称教皇内侍完成了一个只有上帝才可完成的奇迹。布朗采用多视角切换无疑是想在读者心目中营造一个高大全的教皇内侍形象,而读者也期待这样一个善良的人最终将会成为基督教未来的希望。但这样一个高大全的人却是这场危机的始作俑者,他将反物质带入梵蒂冈,指使黑煞星残忍杀害四名主教,并且投毒杀死自己的亲生父亲。通过这样的戏剧反讽,善的另一面——恶被呈现出来。但读者却没有对教皇内侍产生厌恶之情,反而越发同情他。他之所以会想到利用反物质来制作危机以及杀害主教,主要原因在于为了坚定信仰,这也可以看出恶中也有善的因子。通过反讽,布朗消解了善恶之间二元对立的结构,阐发了"善恶面对面地存在于人'最初场所'(primary scene)"②。

在后现代的道德世界里,由于人们所实行的是"没有伦理规范的道德",道德呼吁完全的个人化,道德是个人化的行为实践,这赋予了后现代伦理一种相对主义的色彩。布朗通过多线叙事展示多种并行的个人化道德实践,让其各抒己见,而开放式结尾则意味着作者将对这些个人化道德实践的评定留给了读者。以《地狱》为例,除了兰登的主线解密叙事线外,还有两个并行的叙事线,一是通过大量穿插在文本的回忆叙述生物学家伯特兰秘密研制名为"地狱"的病毒的前因后果;二是世界卫生组织主任伊丽莎白在佛罗伦萨寻找失忆的兰登与"地狱"藏匿地址。两条时而交

---

① 齐格蒙特·鲍曼:《后现代伦理学》,张成岗译,江苏人民出版社2003年版,第24页。
② 同上书,第12页。

会时而分开的叙事线的背后是两种截然相反的观点，尽管它们都有着相同的目的。两种观点都围绕着人口过剩问题展开，一是以伯特兰为代表的功利主义观点，主张为了一批人活着而杀死另一批人，这种观点看起来残忍，但也有其人道的一面，就如其支持者西恩纳所举的例子一样：伯特兰的方法就如医生为了救人而必须做截肢手术一样，杀人只是为了救更多的人；另一观点是以伊丽莎白为代表的义务论支持者，重视行为本身所具有的道德价值，因而，他们极力反对用非人道的方法来解决人口过剩问题。两派的观点都有可取与不可取之处，布朗让两派人在各自的叙事线上阐述各自观点，就连一向机智的兰登也陷入了深思之中。这样，道德个人化造成的道德判断难题就在多线叙事策略中得到了彰显。直到故事结束，布朗也没有偏向任何一方，而是将最终的裁判权交给了读者。

总之，后现代伦理世界是一个充满质疑、不确定性和困惑的世界，布朗在互文、反讽及多线叙事等叙述手法上找到了适合表现当下人们伦理境况的途径。

3. 伦理冲突与现实观照

在布朗小说的故事层面上存在着大量的伦理冲突，主要体现在个人与国家、个人与家庭以及个人与他人这三种伦理关系上。这些伦理冲突既是小说情节发展的有力助推器，更像一个三棱镜折射出美国当下社会存在的一些问题。

社会契约论认为，契约的目的在于"创造一个权威，以适当地保护我们的权利"[1]，这个权威就是国家。布朗的几部小说里都有涉及某种隐形权力机构，如《骗局》中的国侦局、《失落的秘符》中的国安局等。这些机构拥有至高无上的权力，以国家安全为理由肆意地介入公民的个人生活。进入后现代时期后，人们也开始质疑契约的合法性，国家究竟是在保护还是在侵害公民的自然权利？因而，在个人与国家关系上，冲突的原因主要在于对权威的质疑，主要体现为自由与安全之间的矛盾。此冲突在《数字城堡》里展露无遗。远诚友加曾是国家安全局里的密码解密员，但因在万能解码器使用权限上与国安局产生分歧而辞职。他认为，无限制地使用万能解码器是对公民隐私自由的任意践踏。他那句"谁来监管这些监管者"的座右铭是对政府不信任的最好表达。持这种质疑态度的不止远诚

---

[1] 阿拉斯代尔·麦金太尔：《伦理学简史》，龚群译，商务印书馆2004年版，第214页。

友加一人，国安局内部的黑尔也在密切监视副局长的一举一动，随时准备揭露他的阴谋。国安局外，民间组织电新会成为国安局最为头疼的对抗者。公民要求获得绝对的隐私自由，而国家为保护公民人身安全及国家安全则必须要侵害其自由。虽然布朗在其小说中更倾向于维护大多数人利益的国家一方，但他还是希望能在自由与安全之间找到一个恰当的平衡点。

家庭本是一个和谐融洽的地方，但布朗小说里的家庭几乎都是不完整的，家庭关系也总是处于剑拔弩张之际，如《骗局》中的塞克斯顿父女、《失落的秘符》中的所罗门父子及《达·芬奇密码》中的索尼埃和索菲祖孙女等。纵观这些矛盾着的家庭，母亲角色的缺失与隐退是其共同点之一。以《骗局》为例，雷切尔的母亲在世时，父亲已经偷偷摸摸地对她不忠有好几年了。尽管雷切尔敦促母亲考虑离婚，但她却恪守着婚礼上的承诺，即"只有死亡才能把我们分开"（51）。母亲在这个家庭中是传统家庭美德的化身，她成了维系貌合神离的父女的唯一纽带。父亲则是一个满口仁义道德却干着各种伤风败俗事情的人。所以，当母亲不幸去世后，雷切尔就与父亲彻底决裂，这也解释了为什么在小说开始时，当父亲以家庭为理由要求雷切尔为其工作时，雷切尔会在记者面前揭父亲短处的原因。从某种程度上说，母亲角色的缺失是导致个人与家庭伦理冲突的原因之一。在《达·芬奇密码》中，索菲对圣杯的追寻其实就可视为对抹大拉这一母亲形象的追寻。这种追寻就是对现实中父权制主导下价值观念的反抗。因此，女神崇拜从某种程度也可以解读为布朗对男权制家庭中母亲角色地位回归的要求。

在这个伦理关系上，冲突主要体现为个人信仰上的冲突。在当下这个多元时代，人们所面临的信仰问题和之前有所不同。两次世界大战给人类带来的伤痛之一便是"毁灭了人们的信仰与最后的精神支柱"[1]，于是有了"迷惘的一代"，也有了众多反映现实中信仰破灭的作品。当下的信仰危机，就如布朗在采访中所言："人们并不缺乏信仰，相反他们太过于执著各自的信仰以至于发生各种信仰间相互倾轧的现象。"布朗小说中的主要人物都是一些有着偏执信仰的人，如《达·芬奇密码》中的塞拉斯与提彬、《失落的秘符》中的迈拉克、《天使与魔鬼》中的教皇内侍与科勒等。在《天使与魔鬼》中，科学与宗教两种信仰间的冲突倾轧现象尤为突出。

---

[1] 黄铁池：《当代美国小说研究》，学林出版社2000年版，第7页。

教皇内侍为了维护信仰而不惜违反教义,而科勒从心里就憎恨着宗教,试图从科学的角度来打压宗教所宣扬的一切。小说中,布朗借女主角维多利亚之口道出自己的观点,"信仰是普遍的。我们理解信仰所采用的具体方法是随意的"(85),而相似的观点又可在《失落的秘符》中找到。因而,作者主张的是一种融合的信仰观,各种信仰都有其共同之处,应当彼此尊重和借鉴。

"到了后现代主义阶段,文化已经完全大众化了,高雅文化与通俗文化、纯文学与通俗文学的距离正在消失。"[①] 布朗的文学想象正迎合了当下文学发展的这一走向,他借流行文学的形式书写了一个严肃的故事。在一段段紧张刺激的冒险经历背后都有着一种发人深省的力量。这种力量就是作者用虚构的形式将现实中令人困扰的伦理问题真实地展露在读者面前,让其在阅读的狂欢之中获得一种体认和忧虑。

七 雅俗同炉的美学建构

布朗的作品不凭离奇情节取胜,而是以摄人魂魄、打动心灵见长,作者总是力争在心灵深处实现与读者的沟通,而在扣人心弦的情节背后又总是隐含着深味。作者灵活而又创造性地运用多种后现代小说的创作手法,但又完全摒弃了许多后现代小说令人难以卒读的痼疾,并成功地将谋杀、恐怖、侦探、解密、悬疑、言情等诸多畅销要素融入小说,雅俗融合,相得益彰。

许多人认为后现代主义小说与某些现代主义小说一样,都是晦涩难懂的艺术作品,而事实并非完全如此。"如果说后现代主义小说仅仅指前卫的实验主义小说,似乎有失偏颇,它同时也应包括情节引人入胜、雅俗共赏的作品。"[②] 尽管笔者无意在此为丹·布朗贴上"后现代派小说家"的标签,但《达·芬奇密码》这部后现代时期的作品无疑为这一观点提供了一个极好的佐证。该小说既具有"将'亦真亦幻'变得'真假难辨'"[③]带有强烈浪漫主义倾向的晚期后现代主义小说的某些鲜明特征,同时又具有通俗小说通常所具有的引人入胜的可读性。作家引进了一种全新的创作

[①] 詹姆逊:《后现代主义与文化理论》,唐小兵译,北京大学出版社1996年版,第162页。

[②] 王守仁:《谈后现代主义小说——兼评〈美国后现代主义小说艺术论〉和〈英美后现代主义小说叙述结构〉》,《外国文学评论》2003年第3期。

[③] 王松林:《论美国后现代主义小说的两大走向》,《外国文学研究》2004年第1期。

理念，从而打破了严肃小说与通俗小说的界限。他的空前成功，就在于他将高雅与通俗有机地结合起来，融俗入雅，雅俗同炉。

事实上，"美国小说走进后现代，出现了明显的变化：文学艺术的边界模糊了、衍化了"①。而高雅艺术与通俗艺术的结合，不过是美国后现代派小说的新模式之一。在美国文学史上，"严肃文学常常从通俗文学中汲取营养"②。这种倾向可追溯到被海明威奉为"美国现代文学之父"的马克·吐温身上。韦勒特别强调马克·吐温"将口头传说带入严肃文学传统"，并认为"我们能找到一条从边疆幽默通过马克·吐温到福克纳的发展线索"③。当代美国作家丹·布朗在此可说是他前辈们的高足。他的《达·芬奇密码》，就是消除了"高雅艺术"与"通俗艺术"对立的典范。在这部小说里，我们可看到诸多后现代主义小说所具有的特征，如反体裁、迷宫手法、反传统、颠覆及改造的运用，同时又明显打上了某些通俗小说的烙印。正如詹姆逊所说："到了后现代主义阶段，文化已经完全大众化了，高雅文化与通俗文化，纯文学与通俗文学的距离正在消失。"④

"许多后现代主义小说具有现实主义的特点，借用了大众传统叙述方式，如传奇、侦探、科幻小说的叙述模式，同时又不止于此，形式上有革新，意图或态度不同以往，其结果是成为兼具通俗性与后现代性的作品。"⑤ 从叙述框架上看，丹·布朗遵循的仍然是传统的叙述模式，《达·芬奇密码》集谋杀、恐怖、侦探、解密、悬疑、追捕、言情等常规的畅销要素于一身，然而又不是以某种显性的体裁为主，它突破了体裁的界限，实现了各种亚体裁的结合。这种反体裁的写作实践最初受益于爱伦·坡、波德莱尔及其他现代主义者，因此具有悠久的历史传统。"在消灭体裁的同时，后现代主义者又极力合并各种古老的和通俗的边缘体裁和亚体裁类型，如哥特小说、神秘小说、侦探小说和科幻小说等，但其作品的终端形态并不拘泥于其中任何一种。"⑥ 这种常规的打破，无疑为丹·布朗的小

---

① 杨仁敬：《论美国后现代派小说的新模式和新话语》，《外国文学研究》2003年第2期。
② 王守仁：《英美通俗小说概述·序》，上海大学出版社1997年版。
③ Louis D. Rubin, et al, eds., *The History of Southern Literature*, Baton Rouge: Louisiana State University Press, 1985, pp. 136—137.
④ 詹姆逊：《后现代主义与文化理论》，北京大学出版社1997年版，第162页。
⑤ 王守仁：《谈后现代主义小说——兼评〈美国后现代主义小说艺术论〉和〈英美后现代主义小说叙述结构〉》，《外国文学评论》2003年第3期。
⑥ 王钦峰：《后现代主义小说论略》，中国社会科学出版社2002年版，第86页。

说叙述带来极大的自由。丹·布朗小说的通俗性还在于作家在很大程度上沿用了通俗小说的叙事框架,并糅合了悬念、言情、凶杀、恐怖小说的元素,从而能够满足不同层次读者的需要。鉴于作家特殊的出身,"科学与宗教这两种在人类历史上看似截然不同却又存在着千丝万缕关联的信仰成为他的创作主题"。宗教是神圣的殿堂,而科学却是一条通向世俗之路。作者将这两者巧妙地结合起来,从而使高雅与通俗融合得天衣无缝。正是站在文化的高度上,他的小说才如此与众不同。某种程度上,我们可以说丹·布朗的《数字城堡》《天使与魔鬼》和《骗局》同《达·芬奇密码》一样,都在最大程度上打破了严肃小说和通俗小说的界限,都是雅俗同炉的产物,从而获得了广阔的生存空间,真正达到了曲虽高却和者众、雅俗共赏的美学效果。

其实,丹·布朗小说走俏的原因,是作者丹·布朗的每部小说面对的都是绝大多数人,也就是那些大众或"俗人"。不少小说家都向丹·布朗求教成功之道,丹·布朗也做了"强文七法"以敷衍之。其实,认真想来,丹·布朗的创作只是恢复了小说的本来面目,尊重了小说的向有传统而已。中国读者能够如此全方位地接受丹·布朗的文学作品,很大程度上正是由于这一点。我们都知道,许多在国外走红的文学作品在中国却是泥牛入海,尽管个中因素颇多,但丹·布朗的小说更符合中国人的阅读习惯和小说传统则是重要原因。六朝小说家所说的记录"传闻"、追求"奇异"和"游心寓目"等很好地概括了小说的这一特征,后世小说都是沿着这条线往下走,最多是加上"教化"或故意强调起这一功能而已。鲁迅一眼就注意到唐传奇"叙事婉转,文辞华艳"且"有意为小说"的特点。西方现代小说的代表笛福、理查逊、菲尔丁创作的小说主要就是情节曲折的寓言故事。同中国小说家们一样,他们写作面向的也是"大众",目的就是讲故事,所以,他们的作品在中国也就有较广阔的市场。许多以心理描写见长的作品、意识流小说和后现代文学在中国没有市场,也从另一个方面证明了这一点。鲁迅在《中国小说的历史的变迁》一文中早就注意到了这一点,"一般人民,是仍要娱乐的;平民小说的兴起,正是无足怪讶的事情"。

小说的这种娱乐功能正是小说这种文学样式得以兴起和光大的原因之一。从丹·布朗的五部小说来看,他首先是个极其成功的"story-teller",他的创作在自娱的同时也娱乐着读者,其创作首要目的就是给读者以愉悦和享受,然后人们掩卷沉思,从中又能悟出一些道理,这正是作者试图达到的阅读效果。在这个文化渐欲迷人眼但又文化缺席的时代,丹·布朗在其作品中不留斧凿痕迹地注入了丰厚的文化元素,其作品的知识性在五部长篇小说里都是一以贯之的。他显然深谙大众的文化消费心理,不想劳神费心又想有所斩获,既收获快感,又收获知识,同时也赶了时髦。人们好像现在才吃惊地发现,正是其作品的这种娱乐性、普世性与入时性满足了多层读者的阅读需求。说不上嬉笑怒骂成文章,但画眉深浅皆入时,这一点就是绝大多数文学家所做不到的。这样的创作态度和方式使丹·布朗从来面向的就都是最广大的读者。从这个意义上说,就像小沈阳深知自己的观众需要什么样的小品一样,丹·布朗也十分清楚小说的定义和内涵,所以他很尊重小说的读者,尊重读者的智商。当然,经典化了的作品例外,经典总是能够与时俱进的,这也是其所以成为经典的原因之一。

但是,不论是小沈阳还是丹·布朗,他们做的工作绝不是浅层次地"媚俗",而是更深层次的"媚俗"。试想,小沈阳的演出如果不是在心灵深处"迎合"了观众,丹·布朗的作品不是在心灵深处打动了读者,光靠哗众取宠的皮相功夫或危言耸听的奇闻逸事就想弄得个四海翻腾、五洲震荡,那我们也太小瞧五六千年的文明进化对当下人的教化作用和审美能力的培养了。其实,文化消费是一种社会行为,永远都受到社会脉络与社会关系的影响,人们在文本与实践的消费中,也在创造文化。因此,由于"媚俗"一定程度上的因循守旧,因此它可以产生超越知识的美学,丹·布朗小说在具有浓厚的当下性的同时也具有了延续性和历时性。

丹·布朗的小说确实"好看",用"引人入胜"一词已远不能表达读者的阅读感受,其情节也远不能用"一波三折"或"跌宕起伏"去描述。在移步换景式的阅读体验中,读者往往在山重水复之际逢柳暗花明,在层云翻卷之时洞见旭日,完全为作者那精湛的创作技艺所折服,身不由己地在他制造出的虚幻空间释放自己的情感能量,时而凝神静气,密切关注主人公如何绝处逢生,时而冥思苦想,为揭开古老的谜底绞尽脑汁,时而又会心微笑,为男女主人公互萌情愫备感温馨甜蜜。而读罢全书、掩卷沉思之际,读者或心旷神怡,或回肠荡气,或扼腕叹息,或又拍案称奇,都禁不住大发"美哉,快哉"之慨,着实感佩作者的匠心独运。作者似乎深谙读者的阅读心理,并不是仅以一个贯穿小说始终的悬念吸引读者,而是随着情节的开展,魔术般地生出一个又一个悬念,关目迭出,包袱频抖,有如草蛇灰线，抛出一个又一个谜团，让读者不得不屏住呼吸来追逐他那多变的节奏。然而这种节奏又疏密有致，张弛有度，不时给读者一点小憩的时间和想象的空间。在一连串紧张的动作和场面描写之后，作品往往又穿插着对哲学和史学的思考，对当下与过去的关怀，虚实相生，动静结合，层峦叠嶂，峰回路转，真是美不胜收。丹·布朗的每一部小说都像作者自编自导自演的一出戏，观众全神贯注、目不转睛地注视着他那看似无意、实则精心设计的每一个动作，注视着他手上不断翻新的每一个道具，而当演出结束，大幕落下，观众尚惊魂未定或还在托颐沉思，担当编导兼表演者的小说家丹·布朗已心满意足地颔首谢幕，留下一个神秘的微笑拂袖而去，把观众又抛回到喧嚣、烦躁、孤寂、无奈、尴尬、颓唐、怅惘、彷徨的现实之中。丹·布朗的作品让每一个读者在拍案称奇、惊呼好看之余，都能抒发一番对世事的慨叹，对人生的反思，对当下的关怀，对历史和文化的重新理解，对科学和宗教的重新审视，对生态与伦理的问题的深刻反省，这可能就是其作品引起空前轰动的美学上的原因。

米兰·昆德拉作品在中国的传播和接受

高 兴

一 米兰·昆德拉:一位特殊的畅销作家

米兰·昆德拉（Milan Kundera，1929— ）并不是一位通俗作家，却显然是一位畅销作家，尤其在中国。如今，学界已有人将他称作法籍捷裔作家。他本人出于种种微妙的原因，也更愿意被视为法国作家。可我们依然将他归入捷克作家的行列，主要基于两个理由：第一，他生于捷克，长于捷克，在捷克度过了人生最关键的岁月；第二，他的主要作品均为捷克题材，且均用捷克文完成。

昆德拉1929年4月1日出生于捷克斯洛伐克布尔诺市的一个钢琴家家庭。生长于一个小国，在他看来，实在是一种优势，因为身处小国，你"要么做一个可怜的、眼光狭窄的人，要么成为一个广闻博识的世界性的人"。别无选择，有时恰恰是最好的选择。昆德拉从小就立志要当一个"世界性的人"。童年时代，他便受到良好的音乐熏陶和艺术教育。少年时代，常常滞留于父亲的书房，开始广泛阅读世界文艺名著。青年时代，写过诗，画过画，从事过音乐创作和电影教学。总之，用他自己的话说，"我曾在艺术领域里四处摸索，试图找到我的方向"。最后，当他在三十岁左右写出第一部短篇小说时，他确信终于找到了自己的方向，从此踏上了小说创作之路。1967年，他的第一部长篇小说《玩笑》在捷克出版，轰动捷克文坛，也奠定了他在捷克文坛的重要地位。

然而，"布拉格之春"偏偏就在那时发生，苏联的坦克偏偏就在那时驶入了捷克的土地，而昆德拉偏偏又是"布拉格之春"的急先锋。在此背景下，昆德拉的小说《玩笑》很快被译成许多西方文字，他本人也似乎在一夜之间就获得了巨大的声名。只不过，这种声名建立在一种误解和代价之上：他被当作了"纯粹出于义愤或在暴行的刺激下愤而执笔写作的社会反抗作家"。他的小说也自然而然地被许多人简单地划入政治小说类。作为一个真正有文学野心和艺术追求的小说家，昆德拉感到了其中的危险和尴尬。"布拉格之春"被镇压后，昆德拉在捷克被禁止出版任何作品，处境艰难。他对祖国的前景悲观至极，觉得在大国的坦克面前，捷克这一弱小国家随时都可能消亡，从而完全丧失了政治热情，决定"永远地退到一旁"，当一个纯粹的小说家。在1969年至1973年这短短的几年里，他接连写出了长篇小说《生活在别处》《告别圆舞曲》和剧本《雅克和他的主人》。

1975年，在法国议会主席埃德加·伏奥雷的亲自请求下，捷克政府特准昆德拉和他的妻子维拉前往法国。一场捍卫自己艺术性的战役终于在他移居法国后打响。昆德拉几乎使出了浑身解数，发表文章，接受采访，花费大量时间亲自校订自己作品的译本，并利用各种机会千方百计地表明自己的艺术功底和艺术渊源。他反反复复强调，他的祖国属于中欧，而非人们所说东欧。他强调这一点，起码有两个基本意图：首先，尽可能地躲避政治阴影，因为，严格来说，"东欧"这一概念确实是世界政治的产物。在他看来，东欧是个高度政治化、笼统化的概念，对文学定位和评判，不太有利。这是一种微妙的姿态。在这种姿态中，民族自尊心也发挥着不可估量的作用。其次，表明他的文学渊源。如此，他便把自己纳入了欧洲小说传统。他在不厌其烦地谈论和推举穆齐尔、布罗赫、卡夫卡、贡布罗维奇等伟大的中欧文学大师时，也就在暗示读者，他和他们处于同一片文学星空下。他给幽默明确定义："幽默是一道神圣的闪光，它在它的道德含糊之中发现了世界，它在它无法评判他人的无能之中发现了人；幽默是对人世之事相对性的自觉地迷醉，是来自于确信世上没有确信之事的奇妙的欢悦。"他甚至认为幽默是他和读者之间产生误会的最常见的原因。

最最重要的是要让作品说话，昆德拉深知这一点。在《生活在别处》《告别圆舞曲》《雅克和他的主人》先后被译成法文，并在法国出版后，昆德拉又以一种相当稳定的节奏推出了《笑忘录》《难以承受的存在之轻》《不朽》等一部又一部小说。此外，还先后出版了《小说的艺术》《被叛卖的遗嘱》《相遇》等谈论小说艺术的随笔集。就这样，身居法国，并通过法国，昆德拉凭借其独具风格的小说创作和小说理论开始为世人所瞩目，并逐步在世界文坛占有了显著地位，甚至被西方某些评论家誉为

"20世纪最伟大的在世作家之一"。

二 米兰·昆德拉如何进入中国

由于特殊历史的缘故,中国学界直到20世纪70年代才注意到昆德拉。时任《世界文学》编辑、捷克文学的研究者杨乐云以"乐云"之名,在1977年第2期《外国文学动态》上发表题为"美刊介绍捷作家伐措立克和昆德拉"的文章,率先向中国读者介绍了两位捷克小说家伐措立克和昆德拉。文章重点提到了昆德拉的短篇小说集《可笑的爱》。由于《外国文学动态》当时尚属内部刊物,社会影响自然有限。时隔多年,美籍华人学者李欧梵在1985年第4期《外国文学研究》上发表题为"世界文学的两个见证:南美和东欧文学对中国现代文学的启发"的文章,郑重向中国读者介绍了两位小说家:加西亚·马尔克斯和米兰·昆德拉。作者认为:"昆德拉的作品,哲理性很重,但他的笔触却是很轻的。许多人生的重大问题,他往往一笔带过,而几个轻微的细节,他却不厌其烦地重复叙述,所以轻与重也是他的作风与思想,内容和形式的对比象征。"作者称赞昆德拉"写的是小人物,但运用的却是大手笔,不愧为世界文学的一位大家"。作者还敏锐地注意到了昆德拉小说中的音乐因素和反讽手法。客观地说,这是中国国内发表的第一篇有一定学术分量和审美价值的介绍昆德拉的文章。因此,可以说,中国的昆德拉介绍、传播和接受从1985年拉开了帷幕。

李文发表两年后,作家出版社以"作家参考丛书"的名义,接连出版了昆德拉的《为了告别的聚会》[①](景凯旋、徐乃健译,1987)、《生命中不能承受之轻》[②](韩少功、韩刚译,1987)、《生活在别处》(景凯旋、景黎明译,1989)等长篇小说。《中国新闻周刊》记者杨敏在采访了白冰、韩少功等相关人员后,写出《生命中不能承受之轻:米兰·昆德拉如何进入中国》,介绍了当时翻译出版昆德拉的一些颇有戏剧色彩的细节。我们不妨摘录几段:

> 白冰第一次听说米兰·昆德拉这个名字,还是近20年前,那时

---

① 即《告别圆舞曲》,昆德拉小说原标题如此。而"为了告别的聚会"只是英译者起的标题。
② 即《难以承受的存在之轻》。笔者认为这一译法更为准确,因为昆德拉始终强调的是存在,而非仅仅是生命。

他是作家出版社的编辑。1985年，在国家出版局于西双版纳召开的一次青年编辑培训班上，有专家提到，东欧文学的代表性人物是米兰·昆德拉。

"当时我想，东欧跟我们有历史性的相似，知识分子命运、社会精神一致，所以我们肯定早晚要引进他的作品。但不知道谁对他比较了解。"白冰告诉《中国新闻周刊》。回北京后，白冰四处打听，得知确实有人正在翻译昆德拉的代表作《生命中不能承受之轻》，并且正是他熟悉的作家韩少功。在白冰找到韩少功之前，昆德拉作为一个有争议的捷克流亡作家，在中国只被极少数文学圈内人知晓。

1986年，在武汉大学英文系进修了一年之后，韩少功以湖南作协专业作家的身份赴美公干，偶然从一位美国作家那里得到一本英文版的《生命中不能承受之轻》。他看过之后，立刻产生了介绍给中国读者的冲动。"不仅在于它表现的历史和思想对中国人有一定的启发性，而且作者那种轻巧的'片断体'，夹叙夹议的手法，拓展了文学技巧的空间。"他告诉《中国新闻周刊》。韩少功的二姐韩刚在湖南一所高职学校任英语老师，也是文学爱好者，于是两人决定合作翻译。大概半年之后，译稿初成，由韩少功统稿完成。他联系了几家出版社，都遭遇退稿，不过他并不认为是出于政治原因。"1986年的中国已经逐步打开国门，气氛相对宽松。出版社拒绝这本书，可能只是觉得这个作者没什么名气。"韩少功回忆。

其时，从西双版纳回来的白冰打听到韩少功已翻译了一部米兰·昆德拉作品，立刻与他联系。"看完韩少功的译稿后，觉得非常好。我感觉昆德拉的写作有一个庞大的哲学理论系统支撑，比如对'轻与重'的思考。同时，他把故事写得很吸引你。你感觉，他的那些故事都是冰山之一角，留给你品味琢磨思考的，是水面下没法看到的部分。而且，他很注重人物的情感纠葛、碰撞和命运的描写。"白冰说。

白冰所在的作家出版社第三编辑部，负责文化类作品出版，当时除了出版销量火爆的琼瑶、岑凯伦的言情小说之外，还在出一套"作家参考丛书"，介绍各种流派的代表著作，作为透视世界思潮和文学潮流的一个窗口。昆德拉的作品也被安排在这个丛书之列。但昆德拉身为捷克的异见者，被东欧学术界贴上"反共"的标签，引进他的作品，毕竟具有一定的政治风险。当时第三编辑部的副主编亚芳（中国作协书记处常务书记鲍昌的夫人），也看到了昆德拉小说的价值。她与白冰一起，跑了一趟新闻出版署（1987年1月由国家出版局改组而来），询问出版的可能性。对方建议他们，最好先去中国社科院咨询专家。

他们去社科院，找到了外国文学所东欧文学研究室的专家。专家看后称，就文学价值本身来说，没有任何问题。但专家建议他们，政治方面最好去问问外交部。因为当时捷克总理要访华，昆德拉是捷克持不同政见者，如果在他访华前出那么一本书，恐怕对外交工作不利。他们又去了外交部。外交部的态度很坚决：此书现在不能出版。

1987年4月，捷总理什特劳加尔访问中国，这是30年来捷克斯洛伐克总理首次正式访华。同年6月，中国领导人访问了捷克斯洛伐克。捷总理的访华结束之后，白冰再次尝试与外交部沟通，并表示可对小说作一些删改。

最后，删了三千来字，主要是托马斯和特丽萨之间的性描写，还有一些敏感词汇，比如"当局""主义"等。韩少功也认为，删掉的只是一点点，书的原貌大体得以保全，还算好。对于"生命中不能承受之轻"这一书名，白冰与韩少功讨论来讨论去，觉得有点绕，不太利于传播，但也没有更好的名字蹦出来，只好用它。"他引用的是古希腊哲学家巴门尼德的观点。事物都有两极，黑暗与光明，轻与重，温暖与寒冷等。从我们的习惯来说，重是不能承受的，但其实轻也是不能承受的。"白冰说。最后，新闻出版署批准，此书以内部发行的方式面世。凭司局级以上的证件，可以在新华书店的内部书柜台买到（《金瓶梅》也是如此）。

1987年9月，《生命中不能承受之轻》首印24000册。1989年，此书获准公开发行，第一年发行了70万册。这一发行量，虽然比不上琼瑶，但在文学作品中也算翘楚了。"'布拉格之春'后，捷克传统的价值观被摧毁，新的价值观还没建立，人在精神上非常空虚。这与中国当时的国情非常相似，所以容易引起读者的共鸣。"白冰说。

就在韩少功翻译《生命中不能承受之轻》时，刚刚从南京大学中文系硕士毕业、留校任教的景凯旋偶然看到了昆德拉的另一部作品。由于比较关注当代文学，景凯旋较早知道了西方现代派的代表人物卡夫卡、萨特等。刚好有位认识的美国学者来南大访问，随身带了一本

《为了告别的聚会》，就将书送给了景凯旋。

看完之后他感觉，此书既不同于卡夫卡的荒诞小说，亦不同于中国当代的反思、寻根小说。"我们受的审美教育是由西方19世纪浪漫主义思潮定义的一种精英文学观，追求崇高的事物。昆德拉表现的却是价值的反讽，同时又不乏批判的力度，对我来说，就好像是打开了另一道思维之门。"景凯旋后来回忆。在朋友的鼓励下，他着手开始翻译。大概四个月之后小说一稿完成。

景凯旋先与上海译文出版社联系，但编辑没有听说过昆德拉。与韩少功的经历一样，他被委婉地回绝了。景凯旋的太太徐乃建认识韩少功，当时正与他商谈筹办一本同人杂志（即后来的《海南纪实》），得知韩少功也翻译了昆德拉的书，并正在跟作家出版社谈合作。经韩少功介绍，1987年4月，景凯旋在作家出版社的办公室里见到了编辑白冰和崔艾真。景凯旋后来回忆，自己当时的样子很可疑，"土里土气的，手里提着一个提箱，里面装着一本全是写性爱与政治的书"。崔艾真说他"看上去挺学生气的"，让他多少有些沮丧。但第二天，崔艾真就给他打来电话，说决定出版这本书，她来做责编。跟《生命中不能承受之轻》一样，作为"作家参考丛书"，内部发行。编辑工作进行得很顺利，几乎没有作任何删改。8月，《为了告别的聚会》出版。此后，作家出版社继续和景凯旋合作，于1989年1月出版了《生活在别处》中译本。本来《玩笑》也将紧接着出版，但就在即将出版之际，捷克使馆提出抗议。因为牵扯到外事，作家出版社不得不暂停《玩笑》的出版发行工作。一直到1991年1月，《玩笑》才在国内公开出版。

最初定为内部发行，后来实际上完全公开了，而且打上"作家参考丛书"的标签，主观上可能是为了应对一些禁忌，客观上却更能吊起读者的胃口，吸引读者的眼球。

《生命中不能承受之轻》的译文虽然充满了硬伤和理解错误,[1] 但却以地道的汉语表达和文学语言，以及小说本身的独特魅力，在中国读书界

---

[1] 台湾学者萧宝森、林茂松曾撰文《The Unbearable Lightness of Being 两个中译本的比较分析》，集中谈论韩少功译本和吕嘉行译本中的得与失。

引起轰动。与此同时,《中外文学》等杂志也在连续发表昆德拉的短篇小说、谈话录和一些有关小说艺术的随笔。很快,中国读者便牢牢记住了米兰·昆德拉这个名字。"轻与重""永劫回归""媚俗"等昆德拉小说中的词汇,作为时髦词汇,开始出现在中国评论者的各类文章中。读书界,似乎人人都在阅读昆德拉,人人都在谈论昆德拉。那一段时间,你若不读昆德拉,就有闭塞和落伍之嫌。昆德拉在中国迅速走红。一股名副其实的"昆德拉热"也随之出现,并且持续了几十年。迄今为止,昆德拉的几乎所有作品(包括他本人已经否定的一些作品)均已被译成中文。昆德拉研究者李凤亮介绍说:中国翻译界先后译介了昆德拉二百多万字作品,就海峡两岸以及香港三地总体而言,几乎所有作品都有重译,有些甚至有多个译本。每个译本,印数少则几万,多则十几万。据不完全统计,在 1985 年中国加入《伯尔尼保护文学和艺术作品公约》和《世界版权公约》前,昆德拉作品在中国大陆的发行量就已超过 50 万册,若再加上港台印行的版本,则不低于百万之巨(还不包括当时及后来大量的盗版盗印本)。① 昆德拉同加西亚·马尔克斯、博尔赫斯、福克纳等外国作家一样,吸引并影响了一大批中国读者、作家和学者。这显然已是种值得分析和研究的现象。

三 阅读、研究和接受米兰·昆德拉

米兰·昆德拉作品在中国的传播和接受仅有不到三十年的历史,大致可以分两个阶段:第一阶段(1985—2003)、第二阶段(2003 至今)。

第一阶段(1985—2003)

由于昆德拉小说的特殊背景及昆德拉本人的特殊经历,在最初译介和研究昆德拉时,中国学术界曾响起过几种不同的声音。在 1988 年举行的首届"东欧当代文学研讨会"上,就出现了两种针锋相对的意见。一种比较保守的意见认为,昆德拉的作品带有明显的政治倾向,我们在译介时应该持谨慎态度。另一种相对开明的意见则认为,昆德拉是个很有特色的作家,他的作品从哲学的高度思索和揭示复杂的人生,具有相当的艺术深度,很值得我们广泛介绍。当时,甚至还有人直接将昆德拉称为"反动作

---

① 李凤亮的这一数字可能很不确切。事实上,发行量要远远大于这一数字。由于大量的盗版盗印,这一数字很难准确统计。

家"。这实际上涉及对昆德拉作家身份和昆德拉小说性质的定位问题。这一问题一直纠缠着昆德拉。

如前所述,"布拉格之春"的缘故,昆德拉很容易被当作"纯粹出于义愤或在暴行的刺激下愤而执笔写作的社会反抗作家"。他的小说也很容易被简单地划入政治小说类。这既是昆德拉的尴尬,也是小说艺术的尴尬。这样的尴尬,昆德拉在中国同样遭遇到了。韩少功在《生命中不能承受之轻》的译序中就明确地将昆德拉的这部小说归入"伤痕文学"。而当时,"伤痕文学"正风靡中国大陆。中国读者阅读"伤痕文学"时,既有一种文学兴致,更有一种政治热情。"伤痕文学"适时地满足了刚刚经历"文化大革命"的一代中国读者的心理需求。就连李欧梵也间接地称昆德拉的小说为"抗议文学"。"抗议文学"无疑是"伤痕文学"的另一说法。另一方面,昆德拉小说中大量的情色描写,在吸引读者眼球的同时,也很容易让人们将他的小说简单划入"情色小说"之列。而"情色小说"在任何时候任何国家恐怕都会有巨大的市场,更不用说在刚刚经历了"禁欲时代"的中国大陆。这也成了昆德拉小说热销,且大量盗版盗印频频发生的主要原因之一。所有这一切显然低估和遮蔽了昆德拉小说的艺术价值,但阴差阳错,却激发起了中国读者极大的兴致、共鸣和好奇心。于是,不同的读者,怀着各自不同的心理和目的,热衷于阅读昆德拉。一时间,在中国,昆德拉似乎成了不折不扣的雅俗共赏的小说家。

在此背景下,捷克文学专家杨乐云的《他开始为世界所瞩目——米兰·昆德拉小说初析》一文便显得难能可贵。作者以冷静、客观的笔调、专业的知识背景介绍了昆德拉和昆德拉小说。文章指出昆德拉的思想特点是失望和怀疑,而他的小说的重要主题就是展示人类生活的悲惨性和荒谬性。"昆德拉从自己特定环境出发,把世界看成罗网,小说家的作用就是对陷入罗网的人类生活进行调查。因此,怀疑和背叛一切传统价值,展示罗网中人类生活的悲惨性和荒谬性,就成为昆德拉小说的重要主题。"① 这就一下子抓住了昆德拉小说的实质,找到了恰当的路径,对于深入研究昆德拉至关重要。文章还对"媚俗""忘却"、昆德拉小说和政治的关系、"小说诗歌化"等关键问题进行了必要的阐述。学者李凤亮认

---

① 《文艺报》1989 年 1 月 7 日。

为此文是中国内地"第一篇较为全面地介绍昆德拉系列作品的文字"。在"昆德拉热"刚刚掀起,人们的阅读还带有各种盲目性的时刻,这篇文章起到了一定的引领作用。

乐黛云在《复杂的交响乐》一文中更进一步强调指出:"昆德拉小说之所以与众不同,这和他对于小说这种问题的,与过去完全不同的理解密切相关。昆德拉认为'小说唯一存在的理由就是去发现唯有小说才能发现的东西'。这个东西就是人的'具体存在'。昆德拉认为:'小说不研究现实,而是研究存在。'"这样的认识更加明确,十分精当,直抵昆德拉小说的实质。因为,昆德拉就一再说过:"小说家既不是历史学家,也不是政治家,而是'存在'的勘探者。"[1] 此外,文章还具体而深入地探讨了昆德拉小说的手法和风格,介绍了他的小说诗学以及复调小说特征。作者显然深入研究过昆德拉的小说诗学,也仔细研读过他的小说文本,对昆德拉小说有着深刻的领悟。

盛宁是西方文论专家,又译过昆德拉的长篇小说《不朽》。一定的文学视野和具体的翻译实践,让他写出了《关于米兰·昆德拉的思考》。作者强调这一题目包含两层意思:一层是米兰·昆德拉本人对世界、人生、文学等问题的思考;另一层是米兰·昆德拉及其作品所引发的思考。作者将昆德拉的思考归纳为三个话题:一是关于文学的地位和作用;二是对人的存在的拷问;三是小说艺术形式的出路。作者正是从这三个话题介入,提出了不少个人的看法。比如,对"媚俗"一词,作者通过文本细读认识到,在昆德拉的思想中,"媚俗"有着更复杂的含义,不仅指矫揉造作、趣味庸俗的艺术品,还指骗人的谎言,及编织谎言、自欺欺人的行为和态度。这就比较深刻地理解了昆德拉。文章对《不朽》中"意象形态"这一概念的思考也耐人寻味。作者强调指出,昆德拉揭露"媚俗"和"意象形态"的欺骗,并不仅仅限于某一种社会和政治制度,而是在进行一种超意识形态的思考。这一点,对中国读者阅读和理解昆德拉,尤为重要。作者还通过比较和分析得出结论:在"文化杂交的大气候中,以米兰·昆德拉为代表的来自东欧的新型小说,也给了欧美文坛以不小的冲击。人们看到,相对于那些不堪卒读的文字游戏式的'实验小说',倒是这后一类文学展示了更广阔的叙事可能性,提供了更为凝重、更加实在的审美意

---

[1] 《读书》1992年第1期。

识,虽然这后一种小说也充满了奇想,也不乏'超现实'的表现,但它们与历史和社会实际有着明显的联系,甚至表现出一种社会和道德的责任感"①。在20世纪90年代初,盛宁的这篇论文冷静、客观、开阔、深入,有自己的独立思考和崭新见解,对于人们阅读和研究昆德拉有一定的启示意义。

众所周知,移居法国后,昆德拉十分注重维护自己作为小说家的形象。《小说的艺术》便是昆德拉竭力捍卫自己艺术性的种种努力的结果。1992年,《小说的艺术》的两个中文译本先后由作家出版社和三联书店出版。人们很快便在此书中发现了无数把打开昆德拉小说之门的钥匙。此书也自然而然地成了某种"昆德拉小说指南"。不少论文显然深受此书的影响和启发。应该看到,《小说的艺术》在相当程度上是昆德拉提供给人们的"阅读指南",但在一定程度上也是他为读者套上的"阅读桎梏"。如何在深入阅读和理解的同时摆脱某些"桎梏",或者换句话说,如何真正用自己的眼光来阅读和理解,便显得尤为重要。仵从巨、周国平、崔卫平等学者在此方面做出了一定的贡献。

尽管昆德拉一再试图撇清自己与政治的关系,仵从巨还是在《存在:昆德拉的出发与归宿》一文中指出:政治与性爱可以看作昆德拉小说世界的两个入口。作者认为,在宽泛的意义上,政治可被视为公众生活,性爱则可被视为隐私生活。而这两者就已基本包含人的"存在"的基本事实和可能。昆德拉正是由此二门而入,对人的"存在"进行了深入而有价值的探索。周国平在细读《小说的艺术》后得出结论:昆德拉所谓的"存在的不可承受之轻"其含义与尼采的"上帝死了"命题一脉相承,即指人生根本价值的失落。在谈及媚俗时,作者认为"当昆德拉谴责媚俗时,他主要还不是指那种制造大众文化消费品的畅销作家,而是指诸如阿波利奈尔、兰波、马雅可夫斯基、未来派、前卫派这样的响当当的现代派"②。尽管我们不一定完全同意,但这不失为一种看法。崔卫平在《驳昆德拉》一文中尖锐指出:昆德拉一再倡扬相对主义立场,但他的小说观念是否也有某种程度上的绝对主义之嫌?③ 在几乎一边倒的"昆德拉热"中,这样

---

① 《世界文学》1993年第6期。
② 《读 书》1993年第2期。
③ 《文论报》1997年4月15日。

的质问对于读书界有着警醒的意义。

昆德拉之所以吸引读者，除了他的思想智慧和评判锋芒，还有他独特的小说风格和魅力，而他的小说风格和魅力又和他的小说诗学有着直接的关联。于是，对昆德拉小说风格和小说诗学的研究始终是中国学人乐此不疲的事情。在另一篇论文《"存在"之思铸就的形式》[①] 中，仵从巨充分肯定了昆德拉小说形式的独特性，认为"基本词的使用""复调式结构""小说的音乐性""幽默或喜剧色彩"等是昆德拉小说形式独特性的具体体现。李凤亮依据作家本人的认定，就昆德拉小说中的"复调"和"幽默"进行专题研究，先后发表了《别无选择：诠释"昆德拉式的幽默"》[②]《大复调：理论与创作抉择超越的双重轨迹——论米兰·昆德拉对复调小说的承继与发展》[③] 等系列论文，试图从系统分析昆德拉小说的形式原型入手把握昆德拉创作的实验性特征与复杂美学观念。作者认为："幽默及笑剧特质显示出昆德拉小说的风格原型、语言特色，而复调特征则昭显了昆氏小说的架构原型、叙事模式，二者在昆德拉的诸部作品中各有表现，并以多种方式综合起来反映出小说形式表征的复杂性。"此外，邹建的《人的可能性与文的可能性》、[④] 俞吾金和戴志祥的《铸造新的时代精神——米兰·昆德拉的话语世界》、[⑤] 敬文东的《小说：对存在的勘探和对存在的编码——昆德拉小说理论管窥》[⑥]、涂险峰的《对话的可能性与不可能及复调小说》[⑦] 等论文也为在整体上把握昆德拉小说提出了不少有价值的观点。

1999 年，李凤亮、李艳编辑的《对话的灵光》（米兰·昆德拉研究资料辑要）由中国友谊出版公司出版。编者在长期跟踪和研究的基础上，对 1986—1996 年这十余年间的昆德拉研究作了细致的梳理和恰当的总结。昆德拉研究中涌现出的重要文章和资料基本上都被收入书中。此外，书中还附有详尽的昆德拉研究资料目录。无疑，此书既是十年昆德拉研究的总

[①] 《文艺研究》1996 年第 3 期。
[②] 《徐州师范学院学报》（哲学社会科学版）1994 年第 1 期。
[③] 《国外文学》1995 年第 3 期。
[④] 《文艺研究》1994 年第 6 期。
[⑤] 《复旦学报》（哲学社会科学版）1996 年第 3 期。
[⑥] 《小说评论》1997 年第 2 期。
[⑦] 《外国文学评论》1999 年第 2 期。

结，也为未来昆德拉研究提供了必要的帮助和有益的参考。在此意义上，两位年轻学子为昆德拉作品的接受和研究做了一件功德无量的事情。

第二阶段（2003 至今）

从 20 世纪 80 年代后期到 21 世纪初，昆德拉的作品在中国不停地出版，基本都没有购得版权，大多数从英文转译，个别从法文翻译，一直十分畅销，既为出版社带来了显著的社会效益，也为出版社带来了诱人的经济效益。正因如此，市场上出现了不少盗版书。同时也出现了译本混乱、译文质量参差不齐、甚至抄袭和剽窃等不良现象。在昆德拉作品翻译和出版上，中国翻译领域和出版领域的乱象表现得淋漓尽致。昆德拉本人通过某种途径对此有所了解，并表达了极大的不满。期间，不少大学、研究机构、出版公司和文学节出于各种意图，还想方设法试图邀请昆德拉访问中国，均遭到了他的拒绝。看得出，同 2009 年诺贝尔文学奖得主赫尔塔·米勒一样，昆德拉对中国也有着某种"保留态度"。21 世纪初，上海译文出版社同米兰·昆德拉达成协议，买下了昆德拉认可的所有作品的版权，并根据昆德拉本人的要求，组织人马，依据法国伽里玛出版社的法文版，重新翻译出版了昆德拉认可的所有作品。郭宏安等众多法语文学翻译家的参与，保证了译文的质量。就连装帧和版面设计都充分征求和吸纳了昆德拉本人的意见。2003 年起，当这套"昆德拉作品系列"陆续出现在书店时，照样受到了热情的欢迎，印数惊人，开印总数达 85 万之多，而且大多数作品在面世不久后便售罄，多次加印。这在某种程度上，引发了新一轮阅读和研究昆德拉的热潮。可见中国读者对昆德拉的兴趣始终不减。

进入 21 世纪，昆德拉研究呈现出一些新的气象：研究队伍不断扩大；方法和角度更加丰富多样；研究课题进一步细化和深入；个人观点和见解更加鲜明；一些专著开始同读者见面。由于文本的广泛传播，一些作家、老师和学生，及其他领域的学者都对昆德拉表现出了研究的兴趣。不少学士、硕士和博士论文都是写昆德拉的。不少课题都以昆德拉为研究对象。这里当然不排除某些追赶潮流、追逐名利的成分。但我们还是读到了不少有见地、有分量的文章和著作。

当昆德拉研究进行到一定程度时，读者显然已不再满足于一般性介绍和解读，而更加看重独特的思想和见解。董强在《昆德拉的欧洲视野》一文中认为："在人们处于经济目的，纷纷开始致力于建设统一的欧洲之前，在今日的欧盟不断扩大，不得不将一些经济实力远不如自己，但文化上却不可置疑地属于同一血脉的国家纳入自身之前，米兰·昆德拉是前瞻性地为欧洲文化提供整体视野的重要人物之一。而能以小说这一独特的文学体裁为经脉，将之与欧洲精神，乃至欧洲的'存在'紧紧地联系在一起的，惟有昆德拉一人。"作者还特别强调，昆德拉提供的是观点，是视野，而非理论。①

涂险峰的《从昆德拉的"第二滴眼泪"到现代人的信仰姿态》是新世纪昆德拉研究中一篇难得的优秀论文。作者从昆德拉笔下的"第二滴眼泪"现象说起，通过缜密的论证，得出结论：姿态性构成了现代信仰的基本逻辑和支撑策略。现代神学摈弃对于信仰对象的理性求证，仅以信仰者自身的信仰状态为依据，这不过是以信仰论证信仰、以姿态论证姿态的同义反复。因此，作者认为：现代信仰"本质上也是姿态性的，与昆德拉不无嘲讽地刻画出的形象具有内在精神上的一致性。因为在这种信仰话语中，不是由于信仰对象得到验证的存在属性值得我们信仰，而是我愿意信仰、已然无条件、全身心地投入这种信仰，这本身被当作这一对象值得信仰的见证。这种'为信仰而信仰'的追求与昆德拉笔下那为激情而激情、为了爱而爱、被自己的感动所感动的情感姿态如出一辙。现代信仰的策略及其姿态性大抵可以从昆德拉的'第二滴眼泪'现象所暗含的逻辑得到描述，从这一基本意识结构得以说明"②。若没有开阔的视野、深厚的理论功底及缜密的逻辑思维能力，是写不出这样的论文的。

任洪渊在《米兰·昆德拉的不朽：时间外的脸与超时间的姿势》中以诗意的笔调阐释和解读了《不朽》中的几个关键形象，其中包括姿势。作者如此写道："姿势。这是一个在告别中召唤和预约的姿势，一个转过身去眺望前面的姿势。她们挥手、触摸、抱吻、交媾、分娩、瞑目……一个姿势就是人体的一组词语。你不妨累计一下，迄今为止的世界，词语比人少，姿势比人更少，换句话说，不是我们在使用姿势，而是姿势在使用我们，正像不是我们在使用语言，而是语言在使用我们一样。从安娜·卡列尼娜卧轨的姿势与包法利夫人服毒的姿势，娜塔莎飞月凌空的姿势与玛特儿吻别于连断头的姿势，查泰莱夫人丰乳的姿势与拉拉美臀的姿势，直到

---

① 《读书》2003 年第 8 期。
② 《外国文学评论》2004 年第 4 期。

最近阿格尼丝转身挥手的姿势与她妹妹劳拉两手从胸前一翻推向不可见的远方的姿势……姿势上演的人生。"① 显然，这已不仅仅是一种研究，更是一种诗意的对话和激发，充分显示出文学作品的力量。

　　任洪渊的文学随笔自然而然地让我们想到了加拿大文学评论家弗朗索瓦·里卡尔的著作《阿涅丝的最后一个下午》（袁筱一译，上海译文出版社2005年版）。这是一本文学评论作品，评论的是米兰·昆德拉的所有小说作品。作者一开始就宣称："这不是研究，甚至也许不是评论，而是一种思考——大概这才是这种不为人理解的艺术的名字。"作者还特别强调"内在的阅读"："一种在作品内部展开的阅读，这种阅读不会把作品看作它的'对象'，而是将作品视为它的'所在'，也就是说阅读作品的意识与作品已经不分彼此了。"我们之所以在此提及这本书，是因为里卡尔的不少思考，对我们阅读和研究昆德拉，绝对富有启发意义。比如他说：在某种意义上，"我们可以说昆德拉的小说是对荒芜的世界，或者更确切地说是对被遗弃的世界，也就是说对不断出现于流亡意识的世界的探索"。再比如，他说："昆德拉的叙事非常欢迎'偶然''巧合'，也就是因果关系的破裂和中断，同样，比起精心准备的'大场面'，昆德拉的叙事更喜欢细节和插曲。"整部书中，这样的精彩论述比比皆是，而且都用特别文学的语言加以表述。因此，我们可以进一步说，这甚至不仅仅是思考，而是一位作家和另一位作家的对话。这样的对话当然需要对应的修养、境界和才华。此外，上海译文出版的不少昆德拉作品中还附有里卡尔的单篇评论，起导读作用。因此，在中国昆德拉研究中，弗朗索瓦·里卡尔是个绕不过去的名字。

　　几乎一进入21世纪，中国学者们也开始先后推出自己有关昆德拉的专著或图书：李平、杨启宁的《米兰·昆德拉：错位人生》（四川人民出版社2000年版），彭少健的《诗意的冥思——米兰·昆德拉小说解读》（西泠出版社2003年版），高兴的《米兰·昆德拉传》（新世界出版社2005年版），仵从巨主编的《叩问存在》（华夏出版社2005年版），李凤亮的《诗·思·史：冲突与融合——米兰·昆德拉小说诗学引论》（商务印书馆2006年版），张红翠的《"流亡"与"回归"——论米兰·昆德拉小说叙事的内在结构与精神走向》（北京师范大学出版社2011年版）等。

---

①《世界文学》2007年第5期。

其中,《米兰·昆德拉传》《诗·思·史:冲突与融合——米兰·昆德拉小说诗学引论》《叩问存在》和《"流亡"与"回归"——米兰·昆德拉小说叙事的内在结构与精神走向》具有一定的代表性,也受到了更多的关注。

《米兰·昆德拉传》并不是严格意义上的传记,更多地算是一种文学评传。由于昆德拉严密封锁个人生活,因此,写昆德拉传几乎是件不可能的事。作者凭借多年积累,通过种种迂回路径,尽可能地贴近昆德拉的世界,大致勾勒出了他的人生轨迹,提出了一些自己的看法,同时还对西方语境中的昆德拉进行了一定的批判,力图让读者看到一个比较真实的昆德拉。书中有大量对昆德拉作品的分析和解读,兴许对读者理解昆德拉有一定的参考意义。

《叩问存在》会集了十几位作家和学者的文章,全都围绕着昆德拉的世界。基本上都是文本解读,采用的都是随笔笔调,读来感性而亲切。昆德拉的几乎每部作品都有人论述。每位作者都有自己的理解和角度。一些作者还能结合中国现实来读昆德拉。这让我们看到了对昆德拉理解的多样性和丰富性。主编仵从巨特意说明:"这本书并不是编辑'成品'的集子,除其中一篇外,其他的文字都是围绕本书的主题专门撰写的。"因此,这本书有鲜明的编辑意图,可读性和整体感均很强。

《"流亡"与"回归":论米兰·昆德拉小说叙事的内在结构与精神走向》是笔者的博士论文,探讨昆德拉叙事的内在结构与精神走向。笔者选择"流亡"与"回归""断裂""肉身化"作为相互关联又相互独立的三条路线进入昆德拉的小说世界,试图梳理昆德拉小说世界的内在解构与整体形象,呈现"流亡"与"回归"、二元性与复杂性矛盾对昆德拉精神走向的内在限制,及昆德拉叙事的最终走向。尽管书中的一些观点尚可商榷,但笔者的探索精神十分可贵。

学术专著中,相对而言,《诗·思·史:冲突与融合——米兰·昆德拉小说诗学引论》最为引人注目,也最具有学术含量。作者李凤亮早在学生期间就将昆德拉确定为自己的研究对象,十多年坚持不懈,注重文本细读和资料积累,注重扩大自己的学术视野,注重系统性和规划性,取得了一系列的成果,目前已成为难得的昆德拉专家。蒋述卓称他为"关注昆德拉较早、追踪研究时间最长、研究成果最丰的青年学者之一",是十分恰当的评语。《诗·思·史:冲突与融合——米兰·昆德拉小说诗学引论》

正是他十多年阅读和研究积累的产物。其中不少篇章在成书之前，已散见于各类报刊。不少观点和看法也经过作者不断的打磨、扩充和深化。作者明确表示："由'诗'（形式分析）到'思'（意蕴分析）再入'史'（语境分析），这一'剥笋式'的解读潜藏着一种必然性的渐进式研究思路：先把握了昆德拉小说诗学的形式创造与审美结构，才能为其意蕴分析与思想透视提供一个稳固的艺术框架，由此更进一步去揭示现象背后的历史线索，并为昆德拉在小说史上定位，才显得更为必要而可能。"而要实现这样的研究思路和意图，就需要开阔的学术视野，扎实的理论功底，丰富的资料积累，和缜密的论述能力。客观地说，作者基本上实现了自己的研究意图，但总体而言，依然显得有点宏大与空泛。

　　二十多年来，中国昆德拉研究取得了不小的进步，为昆德拉作品在中国的传播和接受做出了一定的贡献，但也依然存在不少问题和缺憾。归纳起来，大约有以下几点：第一，研究队伍极不稳定，长期关注和研究者寥若晨星；第二，论文和著作中，一般性和空泛性评述和低层次重复过多，有不少盲目跟随欧美语境，创见极少，深入不够，有些甚至存在有意或无意抄袭现象；第三，由于昆德拉是热门作家，加上有段时间不断传言他极有希望获得诺贝尔文学奖，一些评论文章和研究课题有盲目跟风和功利主义现象，有些图书甚至有明显的逐利倾向，并非出于真正的学术热情；第四，随着昆德拉《小说的艺术》《被叛卖的遗嘱》《邂逅》等几部文学随笔集的被译介，出现了不少用昆德拉来解读昆德拉，也就是被昆德拉牵着走的所谓学术文章；第五，总体上来看，绝大多数研究者还缺乏必要的学术视野、文学敏感和理论功底。而这恐怕正是中国昆德拉研究中普遍存在的最严峻的问题。还有一些所谓的论文和著作存在着严重的拼凑和剽窃现象。这是中国昆德拉研究领域的不正之风，应该予以严厉谴责。

　　昆德拉研究依然在继续，而且研究队伍越来越大。但愿学术含量也会越来越高。如今，我们终于可以不受意识形态的牵制和干扰，能冷静地、客观地、完全从文学、艺术、学术的角度来研究和看待一个作家了。文学研究回到了它的根本，这是时代的进步。

四　欧美语境下的米兰·昆德拉

　　回顾米兰·昆德拉作品在中国传播和接受的历史，我们会发现，昆德拉似乎能吸引各种类型、各种层次的读者，真正做到了雅俗共赏。仔细考察和分析，我们觉得主要有几个原因：一是相同的经历。昆德拉作品的时代背景中国读者太熟悉了，人物的经历我们也同样经历过。这极能引发我们的共鸣。二是作品的主题。昆德拉谈论的都是些人类生存的重大主题，比如永恒，比如轻与重，比如记忆和遗忘。这些主题实际上是人类共同的话题，中国读者也不例外。三是文学、政治和性的巧妙融合。性永远都是畅销法宝。昆德拉是位有智慧的作家，他将文学、政治和性融为一体，而重心又落在了文学。这样就有可能让不同的读者从不同的角度去读他的作品。而中国作家对昆德拉表现出异乎寻常的兴致，是因为昆德拉将现实提升到文学和哲学高度的智慧，实在值得学习和借鉴。

但我们不得不强调的是，我们所读到的米兰·昆德拉常常是欧美语境下的米兰·昆德拉，我们所读到的东欧文学也常常是欧美语境下的东欧文学。而欧美语境下的东欧文学，常常带有浓郁的意识形态色彩。这似乎是件自然而然的事。因为，东欧文学，根本上更多的是个政治概念。当然，它也是个历史概念。不得不承认，恰恰是意识形态色彩成全了不少作家的声名。赫尔塔·米勒如此，卡达莱如此，昆德拉亦如此。

2009年10月，德国女作家赫尔塔·米勒获得诺贝尔文学奖，成为人们关注的焦点。赫尔塔·米勒生于罗马尼亚，长于罗马尼亚，前前后后在罗马尼亚生活了三十四个年头，同罗马尼亚有着千丝万缕的关系。翻开赫尔塔·米勒的作品，我们几乎处处可以感受到罗马尼亚的存在。尽管她后来生活在德国，并享有不小的声名，但赫尔塔·米勒坚持书写罗马尼亚题材，更确切地说，书写齐奥塞斯库专制下的罗马尼亚生活。这是她的策略，也是她的聪明之处。用德语写作，写的却是专制下"那些被剥夺者"的境遇，赫尔塔·米勒顿时有了得天独厚的主题和题材上的优势，还为自己增添了一道迷人的道德光环，同时也明确了自己的身份："被剥夺者"中的一员。小说家赫尔塔·米勒于是又成了控诉者赫尔塔·米勒。

阿尔巴尼亚小说家伊斯梅尔·卡达莱一直是个分裂的形象。仿佛有好几个卡达莱：生活在地拉那的卡达莱，歌颂恩维尔·霍查的卡达莱，写出《亡军的将领》的卡达莱，发布政治避难声明的卡达莱，定居巴黎的卡达莱，获得布克国际文学奖的卡达莱……他们有时相似，有时又反差极大，甚至相互矛盾，相互抵触。因此，在阿尔巴尼亚，在欧美，围绕着他始终有种种截然相左的看法，指责和赞誉几乎同时响起。指责，是从人格方面；赞誉，则从文学视角。他的声名恰恰就在这一片争议中不断上升。以至于提到阿尔巴尼亚，许多人往往会随口说出两个名字：恩维尔·霍查和伊斯梅尔·卡达莱。想想，这已有点黑色幽默的味道了。但欧美却有评论者认为，凭借《梦幻宫殿》这部小说，卡达莱完全可以在世界文坛占一席之地。《梦幻宫殿》中的人物几乎只有一个，那就是马克—阿莱姆，所有故事基本上都围绕着他进行，线索单纯，时间和空间也很紧凑。可它涉及的主题却广阔、深厚、敏感、有着丰富的外延和内涵。卡达莱于1981年在他的祖国发表这部小说。作为文本策略和政治策略，他将背景隐隐约约地设置在奥斯曼帝国，似乎在讲述过去，挖掘历史，但任何细心的读者都不难觉察到字里行间弥散出的讽喻气息。因此，人们也就很容易把它同卡夫卡的《城堡》、奥威尔的《动物农场》等寓言体小说联系在一起，将它当作对专制的揭露和讨伐。难怪出版后不久，《梦幻宫殿》便被当局列为禁书，打入了冷宫。卡达莱本人在谈到此书时，也意味深长地强调："我试图描写地狱的情形。"他在移居法国后曾再三说过："我每次写一本书，都感觉是在将匕首刺向专制。"尽管他说此话有讨好和迎合西方读者之嫌，真诚中夹杂着一些虚伪和狡黠，但起码《梦幻宫殿》可以成为他这番言论的有力证明。倘若说走向西方，需要亮出某种通行证的话，卡达莱肯定最愿意亮出《梦幻宫殿》了。事实上，他也这么做了，而且效果极好。欧美已有评论家呼吁：单凭《梦幻宫殿》一书，伊斯梅尔·卡达莱就完全有资格获得诺贝尔文学奖。

　　米兰·昆德拉就更为典型了。这一点，我们从米兰·昆德拉作品在中国的传播和接受中已可充分地意识到。由此，我们可以看到，文学和政治的某种微妙平衡成就了不少作家，尤其是从东欧阵营中走出来的作家，包括米兰·昆德拉。我们在阅读和研究这些作家时，需要格外地警惕。过分地强调政治性，有可能会忽略他们的艺术性和丰富性。而过分地强调艺术性，又有可能会看不到他们的政治性和复杂性。如何客观地、准确地阅读、认识和评价他们，同样需要我们的敏感和平衡。

一部外国文学经典如何成为"畅销书"
——以《百年孤独》在中国的传播和接受为例

苏 玲

一个来自域外的文学文本要迁移、旅行到其他民族时，除了表面上的语言、情节等能借助翻译得到准确传达外，语言背后所具有的丰富历史文化内涵和观念体系，大多难以进行表层的直接迁移，而需要借助本土观念体系的深层碰撞，最终以文化误读的方式得以曲折呈现。也就是说，文学文本在异域的迁移及经典化过程是一个非常复杂的过程，经过这个过程，外国文学经典才能得到"二度确认"，才能成为一种"本土化"的经典。一般来说，我们考察一个文学文本在异域的经典化过程，需要考察的不仅有源语文本、译语文本等内部因素，也还需要考察外部因素及中介因素等环节。

2011年5月30日，加西亚·马尔克斯的长篇名著《百年孤独》新译中文版正式发布，成为这部当代世界文学经典的首个得到授权的中文版本。此时，距离该作品在阿根廷的首发已经过去四十四年，距离第一个中文版本的出现已将近三十年。三十年来，在中国还没有哪一部外国名著可以像《百年孤独》一样影响中国整整一代甚至几代作家，也没有哪一部译著会像《百年孤独》一样，拥有那么多不合法的版本。2011年，马尔克斯打破自己死后一百五十年内将不授权中国的誓言，及《百年孤独》第一个得到正式授权的中文版的面世，成了轰动一时的文化事件。直至目前，据称百万美元的版权费和短期突破百万册的销售量，成了中国文坛无人能敌的"神话"。

本文将以《百年孤独》的经典"本土化"为例，探讨一本外国名著在中国的传播、影响及成为"畅销书"的过程，以期对外国文学在中国的影响和外国文学经典在中国的"本土化"等问题进行一些深层思考。

经典的诞生及其冲击波

1967 年，就在加西亚·马尔克斯独居一室创作《百年孤独》时，拉丁美洲的"文学爆炸"已蔚然成风，逐渐演变成世界现象。

彼时，马里奥·巴尔加斯·略萨已经发表小说集《首领们》（1959），此后他又推出了两部长篇小说《英雄时刻》（1963）和《绿房子》（1966），奠定了他在西班牙语世界重要作家的地位。1967 年，卡洛斯·富恩特斯出版了一部重要的长篇小说《换皮》，引起西班牙读者的兴趣。这批作家的领军人物——正在国外流浪的阿根廷作家胡里奥·科塔萨尔还不曾与加西亚·马尔克斯谋面。科塔萨尔的小说集《爆炸》《游戏的结局》和《我们无比热爱格琳达》等作品已使他成了极有影响的作家，尤其是他在 1963 年出版的长篇小说《跳房子》，更是成了文学爆炸初期的一块基石，而且比《百年孤独》还早了四年。巴尔加斯·略萨、富恩特斯、科塔萨尔、胡安·卡洛斯·奥内蒂（乌拉圭）、胡亚奥·卢萨（巴西）、何塞·利马（古巴）、阿道尔夫·卡萨莱斯（阿根廷）、奥古斯托·巴斯特斯（巴拉圭）、何塞·多诺索（智利）、格尔利摩·因方特（古巴）、曼纽伊尔·普伊格（阿根廷）、女作家路易莎·瓦兰斯伊拉（阿根廷）、伊莎贝尔·阿连德（智利）等，都创作出了描写拉丁美洲的先锋作品，唤起人们对进入现代几个世纪而殖民幽灵却依然不散的拉美大陆的政治、社会、经济、宗教和文化的注视。

1967 年，闪烁着加西亚·马尔克斯早期文学创作灵感，同时也体现着他与以上拉美作家相互呼应的《百年孤独》在阿根廷面世了。小说出版之匆忙，连马尔克斯请画家朋友文森特·卢霍设计的封面都没能用上。据依兰·斯塔文斯回忆，阿根廷杂志《第一版》在当年 6 月号的封面上刊发了《百年孤独》出版的消息，并称其为"美洲的一部伟大小说"（而不是"拉丁美洲的一部伟大小说"）。著名批评家马蒂尼斯亲自操刀，最早写下了热情洋溢的评论。在小说的最后一页，印着"1967 年 5 月 30 日第一次印刷"的字样。数日之后，小说出现在城内的书店和各个报亭里。在小说出版的第三天清晨，当加西亚·马尔克斯夫妇在圣达菲大道旁吃早饭时，无意瞥见了路过身旁一位买菜购物的家庭主妇，她手里除了蔬菜，还拿着一本《百年孤独》。当时，出版社并没有进行任何宣传，这部小说的顿时成功不仅令马尔克斯本人，更令许多人感到震惊。

1967年6月,加西亚·马尔克斯的布宜诺斯艾利斯之旅为他的生活翻开了新的一页。就在这一年,著名诗人聂鲁达来到巴塞罗那,见到了加西亚·马尔克斯。在诗歌集《世界之角》中,聂鲁达借诗歌称赞了科塔萨尔、瓦列霍、略萨、鲁尔福、奥蒂洛、巴斯托斯、富恩特斯等其他作家,而诗歌《加西亚·马尔克斯》使马尔克斯成了这群作家中唯一得到这种特别礼遇的一位。在当时拉美最具世界影响力的聂鲁达眼里,《百年孤独》已是"继塞万提斯的《堂吉诃德》之后最伟大的西班牙语作品"。

值得一提的是《百年孤独》在美国的迁移。在1968年10月号的《大西洋月刊》上,美国著名文学批评家、哥伦比亚大学教授利奥尼尔·特里林在接受采访时对这部作品的态度还有些轻慢,认为它更多地引起了读者的"人类学兴趣"。这种态度在当时有文化的读者中并不少见,尽管当时已有好几部颇有影响的拉美文学作品英译本,但是对特里林这样的读者来说,拉丁美洲还是原始与落后的代名词。1970年,局面发生了大扭转。加西亚·马尔克斯的小说在纽约引起轰动。1970年3月3日,约翰·列昂纳德在《纽约时报》上发表文章,这大概是英文版《百年孤独》最重要的书评。文章中,列昂纳德称:"一个黑暗的永恒的人物站在中央,半是史学家,半是巫师,其声音或是天使般的,或是疯子般的,将把你从可控的现实推入梦境,之后把你紧紧地锁在传奇和神话里。"

列昂纳德的书评虽是《百年孤独》在美国迁移过程中一个重大的事件,但20世纪60年代的美国的社会气候更是不能忽略的重要原因。20世纪60年代末,"垮掉一代"的革命达到高潮。人们不仅认为左右美国数个世纪的刻板教育体系需要改变,且对种族问题更为关注,并常以游行、罢工和占领大楼的形式表示对黑人争取权利的支持。文坛重量级人物如凯鲁亚克和金斯伯格等,纷纷倡导以新角度看世界,并表现出对哥伦布之前和东方宗教的强烈兴趣。对很多人来说,拉丁美洲文学仿佛是一片新大陆,这个大陆展现了另一个现实,一个被知识精英和政治家忽视的现实。而加西亚·马尔克斯的《百年孤独》告诉了美国读者,位于美洲南部、说着西班牙语的国家是如何与世界同行的。"马孔多"被看作微缩的拉丁美洲:地方自治不能违抗国家,反教会倾向,党派政治,跨国资本的出现,失败的革命,历史对纯真的嘲讽,等等。而英文本与西语版的封面设计也大不相同,这些英文版封面不是大绿大黄就是五花八门的鹦鹉、妓女和将军。这种设计既符合欧美读者的口味,又体现了文学爆炸的主题,更重要的是为小说赢得了市场。

应该说，拉美的"文学爆炸"不仅是一个文学和美学现象，也是一次商业上的成功。它从西语世界的文学之都巴塞罗那开始蔓延，以其对高商业价值图书的猎取、出版、发行为手段，以令人耳目一新、激发灵感的思想感染如饥似渴的广大读者，并将这种影响辐射到广袤的拉丁美洲、北美以及世界各地。70年代伊始，《百年孤独》打开了美国市场，经由美国，"文学爆炸"的冲击波更强有力地扩展到了世界各个角落，而《百年孤独》也历史性地成了这场"文学爆炸"最耀眼的果实。

1978年，中国最早开始译介外国文学作品的杂志《世界文学》复刊。1982年，正当杂志筹备和组织翻译《百年孤独》之际，传来了马尔克斯获得该年度诺贝尔奖的消息。于是，《百年孤独》的选译恰逢其时地出现在了《世界文学》1982年第6期上。这个选译，也成了《百年孤独》的第一个中文版本。从此，《百年孤独》开始了它在中国的"奇幻"之旅。

《百年孤独》的"本土化"进程

前文所言，1982年12月，《世界文学》第6期率先发表了《百年孤独》中的六章。《百年孤独》全书共二十章（原书各章并不编号，译介时按原书次序进行了编号），《世界文学》所选六章分别是：第一章、第四章、第六章、第十章、第十二章和第二十章，并将未选译的部分以内容提要的形式串联起来，使其前后贯通，给人以一个完整的印象。这六章由沈国正、黄锦炎、陈泉三人共同译出。关于作品所引起的轰动，何榕在"前言"中介绍道："《百年孤独》自问世迄今，已被译成三十二种文字，总发行量逾一千万册。"《世界文学》在中国文学创作和研究界素来享有很高的声望，而长篇选译又是《世界文学》的重点栏目，在这个栏目推出的作家作品都经过杂志的反复推敲与论证，并会加上详尽的说明与评介。时逢马尔克斯10月成为诺贝尔文学奖新一届得主，《世界文学》不仅大大地满足了读者的好奇、兴奋与阅读期待，也成为《百年孤独》迁移中国的第一个推手。

乘着1982年马尔克斯获得诺奖的绝佳时机，国内在1984年的8月和9月先后出现了《百年孤独》的两个译本，一个由上海译文出版社在8月份推出，黄锦炎、沈国正、陈泉等据西班牙语版译出；另一个由北京十月文艺出版社在9月份推出，由高长荣参照英、俄译本译出。不过，这两个版本并不是全译本，主要是在性描写上进行了较大删节。至 1993 年，云南人民出版社出版了吴健恒的译本。作为老一辈翻译家，高长荣的译本"译文忠实，优美，富于情味"，而吴健恒的译本与前两个译本相比，则被视为一个"全译本"，出版时编辑曾说明该译本"未做任何删节，因此可视为一个全译本。通过它，读者可窥见这部名著的全貌"。

在获得正式版权授权之前，《百年孤独》总共出现过十几个不同的译本，但较为重要并得到公认的就只以上这三个译本。而三个译本中，黄锦炎等人的译本是后来重版最多的译本。其他诸多译本从翻译到出版都较为粗糙。

《百年孤独》在获得话语权力经典化的同时，人们也通过市场接受状况的数据描述来强化其在中国语境中的经典地位。除了《世界文学》在选译《百年孤独》的"前言"中对国外发行的数据有所介绍，于凤川在 2007 年 6 月 13 日的《中华读书报》上又推出了《百年孤独》在国外销售的最新数字统计："《百年孤独》自 1967 年 5 月在阿根廷出版以来，销量已达三千万册，仅今年（即 2007 年）3 月推出的《百年孤独》四十周年纪念版就售出了一百万册。"庞大的数字足以说明《百年孤独》被广泛接受的事实。另外，各国文学评论界所发表的高度评价或赞扬《百年孤独》的文章和言论，也时常见诸于各类报刊和著作中。

而在 1999 年的中国，《中华读书报》"国际文化"专刊组织了一次读者调查活动，评选"我心目中的 20 世纪文学"，调查结果显示，鲁迅的《阿 Q 正传》和加西亚·马尔克斯的《百年孤独》分别列为百部入选作品的第一位和第二位，投票人数过半。《百年孤独》对八九十年代中国文学的影响可见一斑。正如李洁非所言："当时，可以说《百年孤独》几乎出现在每一个中国作家的书桌上，而在大大小小的文学聚会上发言者们口中屡屡会念叨着'马尔克斯'这四个字，他确实给 80 年代中期的中国文坛带来了巨大震动和启示。"时过十三年，在 2013 年中国社会科学院外国文学研究所完成的国情调研项目"中外畅销书的传播与研究"问卷调查中，《百年孤独》仍居文学作品之首，在一百二十五份大中学生问卷中，有六十七人认为《百年孤独》是最喜欢的文学作品，占被调查人数的半数以上。

国内和国外的种种数据和资料表明，《百年孤独》显然是在西语界和其他国家的文坛上被人们广泛阅读，并受到文学批评家大加赞誉和推荐的作品，其经典价值和畅销价值都是不容置疑的。而这样的价值认定，反过来又必然会对人们的接受心理产生至关重要的影响和作用。其中，中国文学创作界对《百年孤独》的推崇与接收可以说是八九十年代（也就是泛称的新时期）中国文学的重大景观，其规模与影响程度，恐怕只有50年代的苏联文学之于中国作家的影响可比（关于此问题，下文还有专门的论述）。

在《百年孤独》确立经典地位的过程中，中国现有的学术制度与建立经典的规范秩序也起到了强化作用。学术制度与建立经典的规范秩序，促使和培养了人们对经典的敏感，而对经典的敏感与推崇，反过来促使人们用制度手段去推动作为经典的《百年孤独》的阅读与接受。

在中国的大学（甚至是中学），为辅助教学和培养学生的学术与人文修养，都会开列"必读书目"与"参考书目"，而进入"必读书目"序列的都是中外经典著作，这不仅是我国，也是世界通行的大学教育规范性标准。《百年孤独》从20世纪80年代开始便被许多大学纳入"必读"之列。从这一事实来看，学术的制度化和建立经典的规范秩序的确对《百年孤独》的中国接受与传播提供了强有力的保障。

20世纪的八九十年代，在这个中国的特定时代语境中，《百年孤独》在意识形态、审美观念与功利价值等方面完成了对中国的"迁移"，成功实现了经典的"本土化"过程。

经典"本土化"的深层原因

1. 应运而来的经典

《百年孤独》诞生于20世纪60年代，传播于70年代，当它来到中国的门槛上，正值中国新时代的开端，可谓是一部应运而来的经典。

从社会层面来看，20世纪80年代中后期思想界的"文化热"也显然与以《百年孤独》为代表的拉美文学的冲击有关，《百年孤独》引发了我们在"现代化"与"全球化"的浪潮中对本土文化的反思与忧思，当时"文化热"中的各种议题，归根到底倒可归结于此。当然，文学的发展道路不一定适用于社会、文化的发展，它更为复杂，也需要更为审慎的辨别，但是，毋庸置疑，从文学领域到文化领域，《百年孤独》和拉美文学的影响已深化到了社会文化和思想层面。

相比较《百年孤独》的艺术价值而言，对新时期的文学现代性想象来说，更主要的还是它所代表的某种可资借鉴的文学现代性途径，才使得其迅速被经典化的。拉丁美洲与新时期的中国面临着同样的"现代化"和"民族化"的困惑，这种源于文本产生的具体语境与异域接受语境的契合使得新时期中国作家的接受更加容易，而拉美文学将"拿来"的欧美文学经验与本土的文化传统相结合所取得的惊人的成果无疑为处于"影响的焦虑"中的新时期中国文坛提供了一个可能的文学发展模式。

回顾20世纪80年代的中国文学历史，《百年孤独》获奖与其传播正值中国文学迅速发展、激烈变动的年代：一方面，对现代派的讨论以及对"拟现代派"创作的不满，使一批年轻而有抱负的作家急需某种创作方式来超越模仿或照搬西方文学的现状；另一方面，日后成为"寻根派"的作家并非现代派的反对者，相反，他们从未掩饰过对西方文学和文化的兴趣，在"寻找自我"、重新面对本民族历史与现实的过程中，从"西方"转向"本土"成为一种必然。从世界范围来看，"寻根"是对盲目追随西方现代派的反拨，也顺应了世界各民族文学向本民族文化传统回归的趋势。而这种顺应，正好体现在对拉美魔幻现实主义文学的倾倒上。

20世纪80年代，也是中国文学在文学观念上发生巨变的时期。《百年孤独》的传入，对中国文学的文学观嬗变发生了重大影响。比如"性格中心论"的坍塌，小说以特征代性格，主题的消解，马尔克斯小说中的现实感、历史感以及对民族命运的关注等，都使中国作家感到亲切和容易把握。相比之下，西方小说重视个人命运，人物内心的非理性化，及偏重文学形式技巧的特点，中国作家总是会感到与此隔膜和难以把握。

中国文学重视西方文学已有上百年的历史了，但是并没有产生一个成功的具有西方现代派特征的作家。这从反面也印证了中国作家与西方现代派文学的距离感，同时恐怕也是中国作家青睐拉美文学的重要原因之一。从接受心态上看，中国和拉美国家都有过相近的近代史，西方大国不时地为难我们，使我们充满屈辱，直至今日，中国仍然是处于经济不发达的第三世界国家。20世纪80年代，中国刚刚从"文革"的噩梦中醒来，而拉美许多国家也依然充满动乱、暴力和毒品。而马尔克斯的获奖和成功，也许能够使中国作家感到些许宽慰，因为经济上落后并不妨碍文学上的成功，而当中国作家面对拉美文学时，内心也许会更加坦荡踏实。

而从历史文化语境和现实文化语境来看，《百年孤独》的出现与中国文学也有着极大的相似性。首先，拉美魔幻现实主义在主题内容上多涉及家族和历史，创作手法上呈现出变形、夸张、象征和神秘等特征，这恰与中国丰厚而深远的史传、志异、传奇式的文学传统相应，而且中国幅员辽阔，地域文化复杂多样，也为《百年孤独》的传播提供了巨大的空间。所以，无论是扎西达娃、马原笔下的西藏，还是"寻根派"所展现的姿态各异的地域风情与文化景观，我们都不难从中发现：现实与神话、真实与魔幻其实并不存在不可逾越的距离，它们或许就是身边活生生的现实抑或历史记忆。

除了以上原因，《百年孤独》在中国大受欢迎当然与1982年马尔克斯获得诺贝尔奖直接相关。自现代文学发端，"诺贝尔情结"就一直困扰着中国文坛，语言翻译和文化原因使中国作家对汉语写作能够获此殊荣失去热情，也许同为第三世界的拉美作家获奖也给了中国作家以极大的震撼与鼓励。

总之，从历史语境与文学文化语境两个方面可见，马尔克斯和《百年孤独》的出现，于世界言是另类而独特的，于中国言则是久旱逢甘霖般的亲切与及时，所以，《百年孤独》在中国引发了持久而强烈的冲击波这一现象的出现是必然的，而许多中国作家将马尔克斯视为知音、引路人，或者说是偶像也就一点也不奇怪了。

2. 作家与作家的对接

应该说，在《百年孤独》的中国迁移中，中国作家始终是一支热情而忠实的啦啦队。他们以文学创作者的敏感度和深厚的美学修养，聚焦于《百年孤独》，钟情于《百年孤独》。而他们的这种热情，在客观上也感染和引领了中国的整个读书界，为《百年孤独》长久的畅销起到了推波助澜的作用。

20世纪80年代开始写作的中国作家，每个人都能讲出自己与《百年孤独》之间的渊源，而中国文坛如今炙手可热的许多作家，都有着令人们津津乐道的例子。难怪坊间流传这样一个故事，一位网友在整理一些中国当代重要作家的小说开头时，再一次戏仿了马尔克斯的句式："多少年之后，当中国作家写下自己小说开头的时候，将会回想起第一次看到《百年孤独》的那个遥远的下午。"

就说说这《百年孤独》的开头："许多年之后，面对行刑队，奥雷良诺·布恩迪亚上校将会回想起，他父亲带他去见识冰块的那个遥远的下午。"这个曾被称为多年来最好的小说开头，其将过去、现在、将来的时间融为一体的叙述模式，震撼了许多新时期的中国作家，也引来了不少的模仿，例如莫言中篇小说《红高粱》的开篇就很容易令人联想到《百年孤独》这个开头；李锐《旧址》的第一句话也有较为明显的模仿痕迹，他这样写道："事后有人想起来，那年公历 10 月 24 日，旧历九月廿四那天恰好是霜降。"李锐自己在论述《旧址》时也曾说："大家都知道，十几年前正是拉丁美洲的文学爆炸传到中国来的时候。马尔克斯的《百年孤独》正风靡中国内地。这部小说对新时期文学的影响可谓巨大深远……两相对照，一眼就可看出我的那一句话是仿照马尔克斯的，这并非我一个人的刻意模仿，这是当时的流行腔。"王安忆的《小鲍庄》中那七七四十九天的大雨，那侄儿和大姑不安分的情欲，明显是受到《百年孤独》的启迪。韩少功的《爸爸爸》虚构了一个远离现代文明的荆楚蛮荒之地，在那个几乎与世隔绝的鸡头寨，人与自然存在交互感应的关系，鸡公岭成了鸡精吃尽了谷子，丙崽娘弄死一只蜘蛛遭到了报应，蛇见了妇女会动情……魔幻的因素随处可见。对一些西藏作家而言，西藏独特的历史，奇异的地貌，神秘的宗教习俗以及特有的伦理文化等，都很适于魔幻现实主义的表现手法。写西藏的作品，如何能传达其形态神韵呢？生活在西藏的藏汉族作家们苦恼了若干年，终于，他们从《百年孤独》以及拉丁美洲的"爆炸文学"——魔幻现实主义中悟到了一点什么。马原在其西藏题材小说中，似乎在拼凑着几个支离破碎的神秘故事：观看天葬、探寻野人、顿珠与顿目的传奇、两个年轻画家与西藏女人的爱情……不可言说的神秘与某种暧昧给小说增添了一层魔幻色彩。扎西达娃在《西藏，系在皮绳扣上的魂》等作品中，用不断旋转的车轮、记事的皮绳扣、供奉于洞中的活佛等一幅幅富有原始色彩与魔幻魅力的藏民生活图画，将神话与现实，宗教与民俗糅合在一起，描绘出藏民族遥远而神秘的生存世界以及似真似幻颇具魔幻色彩的生活场景。当然，这些魔幻的因素只是表层，只是最初步的接受，它在多大程度上与小说表现的现实相契合，还有待于学术上的深入探讨。

作家莫言说，自己读到这本书时是 1984 年年底，当时他是解放军艺术学院的学生，从同学口中听说这本书后，当即奔往王府井书店买了下来。翻开书页，莫言立刻感觉马尔克斯不同寻常的气势："小说也能这样写！"同时，他开始感觉遗憾："早知道小说可以这样写，我也可以写中国的《百年孤独》。"两年后，莫言发表了《红高粱》，这个生于山东高密的作家有了一个称号：中国的马尔克斯。在谈及自己 1985 年的创作时，他明确表示自己在思想和艺术上都受到了《百年孤独》的影响，并将马尔克斯视为自己写作资源的"两座灼热的高炉"之一；郑万隆认为，拉美魔幻现实主义"运用一种荒诞的手法去反映现实，使现实变成一个神秘莫测的世界。充满了神话、梦和幻想，时间观念也是具有相对性的、循环往复的，而它的艺术危机感正是存在于它的魔幻之中"；贾平凹在1986年谈及拉美文学成为热点时则指出："我特别喜欢拉美文学。喜欢那个马尔克斯……我首先震惊的是拉美作家在玩熟了欧洲的那些现代派的东西后，又回到他们的拉美，创造了他们伟大的艺术。这给我们多么大的启迪呀！"

莫言关于高密东北乡自己祖辈生活秘史的讲述，贾平凹的"商州"系列，李杭育的"葛川江"系列，郑万隆表现大兴安岭的"异乡异闻"系列，都可看作这种影响的产物。对于马尔克斯，莫言说他既爱又恨。爱是因为马尔克斯让他发现了自己，因为个人经验与乡村记忆也能化为写作财富；恨是因为马尔克斯让他走入了模仿的怪圈，甚至很难自拔。他甚至说："成为中国的马尔克斯是很耻辱的，我一直在抗争，直到写完《生死疲劳》，我才有了分庭抗礼的能力。"

《百年孤独》一定程度上也直接影响了新时期"寻根文学"思潮的产生，拉美作家对传统文化的反思也刺激了中国作家对自身传统的反省，激发起他们的"寻根"热情，使他们对中国传统文化以及由此而生发的民族心理和民族性做了较为深刻的探讨。正如评论家李洁非所说："'寻根文学'这种意念的生成，与不久前马尔克斯因《百年孤独》一举获得诺贝尔文学奖显然有着很密切的关系，这一事件，提供了一个'第三世界'文学文本打破西方文学垄断地位的榜样，亦即以民族的文化、民族的情绪、民族的技巧来创作民族的艺术作品这样一种榜样；实际上，还从来没有一位诺贝尔文学奖得主像马尔克斯这样在中国作家中引起过如此广泛、持久的关注。"那时候，中国的作家们刚刚从"文革"中惊醒，卢新华的《伤痕》、刘心武的《班主任》所引领的伤痕文学潮流已经渐入尾声。而世界文学，早已跃入后现代。

其后，马尔克斯的影子可以说曾经在无数中国作家的小说中徘徊着——马原的《虚构》、韩少功的《雷祸》、刘恒的《虚证》、苏童的《1934年的逃亡》、陈忠实的《白鹿原》，直至余华发表于2005年的小说《兄弟》等。几乎所有论者在研究先锋小说时间变化时，都绕不开马尔克斯《百年孤独》的垂范意义。考察先锋小说的叙事方式："许多年以前"

"许多年以后"正是支撑叙述活动的两个重要母题句式。在洪峰的《和平年代》、苏童的《1934年的逃亡》、叶兆言的《枣树的故事》、余华的《难逃劫数》等文本中,都可以看到这两个句式的出现。而女作家林白的《同心爱者不能分手》《一个人的战争》,陈染的《塔巴老人》《沙漏街的卜语》以及活跃于20世纪90年代的晚生代作家对这一句式的沿用,则更能说明其"覆盖"的深度与广度。应当说,"循环式时间"的出现,在一定程度上标志着文学已经进入后现代的范畴。被公认为现实主义作家的陈忠实,就曾在创作其名作《白鹿原》之前有意阅读了包括《百年孤独》在内的几部外国文学名著。《白鹿原》开头的第一句是"白嘉轩后来引以为豪壮的是一生里娶过七房女人",这一相似于《百年孤独》开头的句式在判定"东方后现代"文本时就很有意义,只不过,此时的历史已经进入20世纪90年代。

除《白鹿原》外,莫言写于20世纪90年代的《丰乳肥臀》和后来的《檀香刑》、韩少功的《马桥词典》等,也都以魔幻的手法,完成对于文化、家族以及历史的叩问。当然,在这一道路上,莫言无疑是持续时间最长,而且至今仍持有"现代神话"写作情结的作家。他对魔幻现实主义进行了感觉化、荒诞化的开掘,使其作品在搜孤、猎奇的同时,始终保有鲜活的气质以及强烈的阅读魅力。应该说,正是他的这一特质,终于在2012年为他赢得了诺贝尔文学奖的奖杯。

应该说,《百年孤独》对中国文坛的影响是巨大而深刻的,新时期中国文坛的许多创作都与其有着千丝万缕的联系。而新时期中国作家对《百年孤独》的接受也是全方位的,无论是形式技巧,还是内容题材,甚至于观念思想,我们都能从他们的创作中寻找出这种影响的痕迹。时至今日,已没有哪位作家标榜魔幻现实主义的创作旗帜,但这一写作意义上的文化精灵却并未离我们远去。当然,也有评论家指出了中国作家对以《百年孤独》为代表的魔幻现实主义的误读,比如对魔幻的过分强调和对现实的忽略。也许,如何像马尔克斯一样将魔幻根植于社会的现实和生活的现实,这是中国作家们应该继续思考的问题。这一问题的提出,也许正可以为读者提供一个反复阅读经典的契机。

版权话题与新一轮"畅销"

《百年孤独》在中国的持续畅销,与其版权的话题也有着很大的关系。

在经历了 80 年代的轰动，多个版本之争，90 年代因未获版权而从图书市场消失，到马尔克斯放言一百五十年不给中国版权的事件，到前前后后十多年近百个出版机构为取得版权的苦苦相求与大量投入，再到 2010 年 2 月 12 日北京时代新经典文化发展有限公司花天价获得正式授权，到锁定三十四岁的年轻译者范晔"挑战大师"，一直到 2011 年 5 月 30 日首个得到正式授权的中文版在北京大学隆重推出……这一系列事件中的任何一件，几乎都可以是吸引眼球的新闻。继 80 年代延续数年的畅销之后，《百年孤独》在 21 世纪的第二个十年之初，又在中国的图书市场上掀起了新一轮的畅销旋风。据称，新版五十万册很快销售告罄，不到半年就突破百万，其势头远远超过 1984 年的首次出版，当时上海北京两家译本总印数不超过十万。一年之中，《百年孤独》又屡屡占据各大畅销书榜单之首。如此的销售成绩，恐怕也只有《百年孤独》在中国可以做到。

的确，《百年孤独》的版权问题是其中国迁移中无法绕开的话题。1967 年 5 月 30 日，《百年孤独》率先在阿根廷正式出版，当年，法国、意大利、美国、德国获得《百年孤独》的版权。在随后的三年时间里，英国、日本等十六个国家也相继取得了版权。而中国直到 2010 年 2 月 12 日才正式取得《百年孤独》的版权。也就是说，在此之前已滋养中国读者多年的中译本都是盗版。这部名著自 1982 年出现中译本以来，通过各种方式出版的各种版本不计其数。1990 年，马尔克斯与其代理人卡门·巴尔塞伊丝女士访问中国。中国书店里随处可见各种版本的《百年孤独》和《霍乱时期的爱情》等书，这给作家留下了非常糟糕的印象。愤怒的马尔克斯放出狠话，说"有生之年不会将自己作品的任何版权授予中国的任何一家出版社……发誓死后一百五十年都不授权中国出版我的作品，尤其是《百年孤独》"。这无疑给了当时中国的出版者重重的一击。

可马尔克斯的狠话并没能阻止盗版《百年孤独》在中国的发行。三年之后，云南人民出版社出版了《百年孤独》全本未删减版。如果以 1992 年中国正式加入《保护文学艺术作品伯尔尼公约》为分水岭，那么此前的中文版《百年孤独》还可以说是不知者不为罪；而在 1992 年之后出版的版本（如云南人民出版社出版的吴健恒译本）就只能算是明知故犯了。之后，各种盗版层出不穷：台海出版社宋鸿远译本（2000），远方出版社以及内蒙古大学出版社译本（2001），西苑出版社潘立民译本（2003），人民日报出版社仝彦芳等译本（2004），吉林大学出版社译本（2004），中国戏剧社李文军译本（2005），漓江出版社出版内含《百年孤独》的《加西亚·马尔克斯作品集》（2006），等等。

随着中国出版机构版权意识的逐渐增强，据不完全统计，1992年之后的近二十年间，曾有一百多家中国出版机构向马尔克斯本人、其代理人卡门女士、哥伦比亚驻华使馆，甚至墨西哥驻华使馆（因为马尔克斯旅居墨西哥）提出版权申请，但均未得到任何回复。1998年，《世界文学》的副主编林一安到达巴塞罗那，来到马尔克斯的版权代理公司，和卡门·巴尔塞伊丝女士谈了整整两个小时。他带着上海译文出版社的委托，但是无功而返。同样无功而返的还有云南人民出版社的版权小组。马尔克斯似乎真的打算把他的誓言坚持下去。更何况在当时，《百年孤独》的中文版权费已经高达二十五万美元，对于中国的出版社来说，这个价格实在是太高，让大多数出版机构望而却步。直到2008年，北京时代新经典文化发展有限责任公司总编辑陈明俊给马尔克斯写了一封情真意切的信，这才打动了他，表示"可以接洽商谈相关事宜"。2008年，卡门专门委派工作人员到北京、上海、南京等地对中国图书市场、出版机构进行了长达两个月之久的考察。2009年，卡门再次委派工作人员来京与新经典的版权团队、负责马尔克斯项目的编辑团队、行销团队进行洽谈。2010年春节前夕，新经典收到了卡门发来的授权通知，称马尔克斯愿将《百年孤独》交给该公司推出中文版，但条件十分苛刻，马尔克斯坚持要新经典在获得中文版权的同时，需要完成"对未经权利人授权擅自出版马尔克斯作品的出版机构进行打击"的附带要求。据称，这笔意味着为过去二十七年间所有未经授权的版本出版"埋单"的版权费高达百万美元。

当然，这个版权授权故事的背后还有一个故事，就是《百年孤独》在拉丁美洲就曾遭遇猖狂的盗版，马尔克斯曾在一怒之下从哥伦比亚撤走四十万本书，在拉美出版界引起了一场大震动。所以，1990年尚未加入《伯尔尼公约》的中国人被马尔克斯的一怒吓蒙了。

围绕《百年孤独》的版权问题，还有一场官司引人关注。2010年5月，南海出版公司经新经典文化有限公司转让，获得《百年孤独》的专有出版权。2010年8月9日，南海出版公司在当当网上发现中国戏剧出版社未经授权出版《百年孤独》图书，并进行证据保全。而被告中国戏剧出版社认为，2010年5月以后涉嫌侵权的《百年孤独》销量已经很少，没有再版行为，对目前南海出版公司的权益影响非常小。涉嫌侵权的《百年孤独》虽然是名著但不属于畅销书,在中国加入《伯尔尼公约》前就已经有多种中文版本出版发行,一直以来市场上销售的各类版本非常多,还有大量网站免费提供在线阅读和下载,因此图书销量有限,发行人能获得的收益很少。经过双方的举证及辩护,北京市海淀区人民法院一审判决中国戏剧出版社立即停止出版发行图书《百年孤独》,判决中国戏剧出版社赔偿南海出版公司经济损失八万元。因本案涉及外国名著的著作权保护问题,在社会上备受关注。

可以说,因为《百年孤独》在中国文学界、图书界的特殊地位,八九十年代它曾经畅销,而因为它的畅销,其版权问题就格外引人关注,而围绕版权问题的各种新闻和故事,如今又反过来促使人们对作品本身再度关注。应该说,《百年孤独》在 2011 年之后进入新一轮的畅销有各种原因促成,而围绕版权的各种话题的确为新版的销售吸引了无数的目光。而天价的版权费在中国虽前无古人,但为马尔克斯的《百年孤独》和维护中国出版界的国际形象,这一举动依然赢得了人们的喝彩。事实证明,即使有之前成千上万的老版本,新版的《百年孤独》依然是畅销书。因为,真正的经典一定会不断培养出一代又一代的新读者,它的持续畅销也是必然的了。

距离《百年孤独》的第一个中译本出现已经近三十年,它的最初售价是 1.6 元,如今,新版的售价是 39.5 元,价格如同这个国家,已经发生了翻天覆地的变化。随着 80 年代文学热潮的褪去,《百年孤独》已不复当年的风光,但是以它为代表的拉美文学已完成了对中国文学的养料输送,它的种子已经生根发芽。在今天的年轻学生中,它依然被奉为经典,这在物质主义、娱乐主义、功利主义大行其道和文学生态环境恶化的情况下,《百年孤独》的再度畅销不啻是一件令人欣慰的事。

考察《百年孤独》在中国完成"本土化"并成为畅销书的过程,除了经典文本的文学审美价值,我们还可以透过其两段畅销期发现中国对其接受的深层次原因。在这个过程中,我们可以看到它与中国文学现代性之间的复杂纠葛,看到一个外国文学文本如何在异域被接受与经典化,看到译入语的文化权力、文学观念和读者旨趣等多种因素是如何产生合力,同时,我们也能够看到外国文学文本在接受过程中的误读与变形现象。而从传播学的角度而言,作为中介因素的译者、出版者、接受者(读者)其实也都集体参与了这个外国文学文本的经典化过程。一位优秀的译者、一家严谨的出版社、一个慧眼识珠的读者群,是这部经典作品能够在中国得到完美呈现的重要保证。而在作家、作品和读者的三角关系中，读者（主要是中国作家们）并不是被动因素，它不是单纯作出反应的环节，而是一股创造历史的力量，离开他们的阅读和再创造活动，无论意识形态和诗学观念如何强力推行，文学经典终究是无法树立并流行起来的。而《百年孤独》在中国新时期的迅速经典化，最主要的原因还在于其将西方文学现代性与本土文化传统相结合的模式，这种模式很大程度上契合了新时期中国文学现代性要求自主的诉求，并提供给了一条现实的且似乎完全可以通达的道路。只有充分了解并深入分析这些复杂的因素与机制，我们才能对不同文化背景中的文学及其影响、接受关系有切实的理解和创造性的解读，并且找到包括《百年孤独》在内的异质文学在中国传播、接受的奥秘，积累对中国文学发展的有益经验，使其真正进入与世界文学的对话之中。

主要参考资料

1. 加西亚·马尔克斯：《百年孤独》，高长荣译，北京十月文艺出版社1984年版。
2. 加西亚·马尔克斯：《百年孤独》，吴健恒译，云南人民出版社1993年版。
3. 加西亚·马尔克斯：《百年孤独》，黄锦炎译，上海译文出版社1984年版。
4. 朱景冬：《当代拉美小说概观》，《外国文学报道》1983年第5期。
5. 陈光孚：《"魔幻现实主义"评介》，《文艺研究》1980年第5期。
6. 林旸：《马盖斯及其新作〈家长的没落〉》，《外国文学动态》1979年第8期。
7. 陈众议：《保守的经典 经典的保守——再评加西亚·马尔克斯的〈百年孤独〉》，《当代作家评论》2011年第5期。
8. 林一安：《拉丁美洲的魔幻现实主义及其代表作〈百年孤独〉》，《世界文学》1982年第6期。
9. 曾利君：《论〈百年孤独〉的中国化阐释》，《西南大学学报》（社会科学版）2009年第35卷第2期。
10. 段若川：《安第斯山上的神鹰》，武汉大学出版社2000年版。
11. 朱景冬：《加西亚·马尔克斯》，长春出版社1995年版。
12. 陈众议：《加西亚·马尔克斯：八十和四十》，《中华读书报》2007年5月23日。
13. 马小朝：《论魔幻现实主义的艺术原则及艺术价值》，《外国文学评论》1990年第1期。
14. 林一安：《〈百年孤独〉与魔幻小说》，《新京报》2004年10月4日。
15. 黄俊祥：《简论〈百年孤独〉的跨文化风骨》，《国外文学》2002年第1期。
16. 李陀：《要重视拉美文学的发展模式》，《世界文学》1987年第2期。

17. 李欧梵：《世界文学的两个见证：南美和东欧对中国现代文学的启发》，《外国文学研究》1985年第4期。

18. 刘蜀郑、唐兵：《论中国新时期文学对〈百年孤独〉的接受》，《湖北大学学报》（哲学社会科学版）1993年第3期。

19. 李洁非：《寻根文学：更新的开始》（1984—1985），见孔范今、施战军编《中国新时期文学思潮研究资料》（上册），山东文艺出版社2006年版。

20. 高莽：《新时期〈世界文学〉杂志散记》，《世界文学》2003年第4期。

21. 莫言：《两座灼热的高炉》，《世界文学》1986年第3期。

22. 郑万隆：《我的根》，见孔范今、施战军编《中国新时期文学思潮研究资料》（上册），山东文艺出版社2006年版。

23. 李欧梵：《马尔克斯的〈百年孤独〉敲醒了什么?》，见李欧梵《中西文学的徊想》，江苏教育出版社2005年版。

24. 李庆西：《寻根：回到事物本身》，见孔范今、施战军编《中国新时期文学思潮研究资料》（上册），山东文艺出版社2006年版。

25. 加西亚·马尔克斯：《诺贝尔奖的幽灵：马尔克斯散文精选》，朱景冬译，中央编译出版社2001年版。

26. 加西亚·马尔克斯：《番石榴飘香》，林一安译，生活·读书·新知三联书店1987年版。

27. 吕芳：《新时期中国文学与拉美"爆炸"文学影响》，《文学评论》1990年第6期。

28. 安赫尔·拉马：《拉美小说作家的十个问题》，陈光孚编《拉丁美洲当代文学论评》，漓江出版社1988年版。

29. 张立群：《历史的会通：〈百年孤独〉与中国当代小说》，《天津社会科学》2010年第6期。

文学奖"制造"畅销书

——以近十年来的诺贝尔文学奖和布克奖为例

匡咏梅

文学奖,这种20世纪才逐渐发展起来的文学作品评选机制,作为一种文学制度(the literary institution),对于文学书籍的传播起到了巨大的作用。一些著名的文学奖,如诺贝尔文学奖(创办于1901年)、龚古尔文学奖(创办于1903年)、普利策小说奖(创办于1917年),经过近百年的苦心经营,不仅为世界文学史提供了相当可观的优秀作品,更以其评选过程的公开化吸引了众多的读者大众。第二次世界大战以后,各主要西方国家都加强了自身的文化建设,为了鼓励文学创作和大众阅读,一系列有影响力的单语种文学奖和国家奖纷纷创办。1950年,美国创办了自己的国家图书奖(小说奖成为其中的重头戏);1968年,英国创办了布克奖;1976年,西班牙创办了塞万提斯奖……这些年轻的奖项,经过近半个世纪的发展,基本上也都成为了各语种文学优秀作品的风向标。其他一些广受大众欢迎的文学奖,诸如更重视读者角度的科斯塔文学奖、专门颁发给女性文学的橘子奖(2013年更名为"妇女文学奖")以及各种各样的类型文学奖等,在书籍大量发行的今天,也都凭借其良好的口碑和多年的声誉对于文学作品的传播起到了很大的拉动作用。

从某种意义上来说,今天的文学奖已经成为联结作品和公众的一种有效媒介。对于获奖者来说,文学奖所包含的是肯定性的价值判断。对于市场来说,文学奖所必然包含的公共参与性,如读者和新闻媒体的计入,都会在一定程度上促进作品的社会化,因而必然会对一定历史阶段的文学生产和文学消费的建构产生相当的作用。考察作为一种文学机制或制度的文学奖,尤其是西方成熟的文学奖对于文学作品传播的影响,对于提高我们自身的文化建设也有一定的借鉴意义。

本文选取了近十年来的诺贝尔文学奖和英国的布克奖（由曼集团赞助冠名）为观察对象，讨论文学奖对于书籍销售的拉动作用。选择这两个文学奖为个案，主要是因为它们的影响力。诺贝尔文学奖自不必说，布克奖作为仅次于诺贝尔文学奖的英语世界的文学大奖，在推动英语文学的发展和挖掘新作家方面有自己独特的成功之道，很值得其他国家的文学奖主办者学习。

一 诺贝尔文学奖效应

诺贝尔文学奖是世界上最重要的文学奖项，迄今已有112年的历史。1895年11月，阿尔弗雷德·诺贝尔在临死前留下遗嘱，捐出全部财产三千一百万瑞典克朗（折合到今天大约为十六亿三千万瑞典克朗），用来设立一个奖金，授予"一年来对人类作出最大贡献的人"。为了更好地贯彻诺贝尔的遗愿，主持评定文学奖的瑞典文学院采取了严格的评审程序。每年的评审工作从前一年九月份开始，先由各国文学院院士、大学和其他高等学校的文学史和语文教授、历年的诺贝尔奖、奖金获得者和各国作家协会主席推荐一个名单，当年的二月至四月进行初选，选出一个多达二百人的初选名单，至四月底再选出一个十五人的复选名单，至五月底再选出一个五人的短名单。六月到八月，院士们集中阅读入选的五位候选人作品，九月进行讨论，十月投票并宣布获奖者，十二月十日在斯德哥尔摩举行授奖仪式。

文学奖采取终身评委制，每年由文学院选出五名院士组成诺贝尔委员会，任期三年，连选得连任。历届评委们谨遵诺贝尔的教导，努力在世界范围内挑选那些"在文学方面创作出具有理想倾向的最佳作品的人"。虽然免不了有遗珠之憾，但在"推动文学的发展"和"促进优秀文学家为全世界接受"方面，百年诺奖功不可没，它的权威性也得到了全世界各国读者的认可。

进入21世纪，随着互联网技术的发展，全球化趋势的加剧，每年的诺贝尔文学奖颁布都会在全球各地引发一股阅读风潮，在中国内地尤其如此。一到十月的颁奖季，伴随着诺贝尔文学奖的公布，媒体报道、书店码堆、出版社抢版权，读者抢购买等各种"喧闹"现象时有发生。某个呼声较高的作家，哪怕没有获奖，只要他的大名在博彩公司的赔率上占据先锋，他的作品也会受到出版商的青睐。2013年的博彩名单上，日本作家村上春树赔率最高，虽然他的作品在没有提名之前已有超过百万的发行量，但他在诺贝尔文学奖的赔率单子上排第二的事实，从某种程度上也极大地促进了他的新书发行。

最近十年来，诺贝尔文学奖已经选出了他们心目中的十位值得名垂青史的作家。他们分别是：加拿大作家爱丽丝·门罗（2013）、中国作家莫言（2012）、瑞典诗人托马斯·特朗斯特罗姆（2011）、秘鲁作家马里奥·巴尔加斯·略萨（2010）、罗马尼亚裔作家赫塔·米勒（2009）、勒克莱齐奥（2008）、英国作家多丽丝·莱辛（2007）、土耳其作家奥尔罕·帕慕克（2006）、英国作家哈罗德·品特（2005）、奥地利作家埃尔弗里德·耶利内克（2004）、南非作家约·马·库切（2003）。这十位作家中，略萨在中国内地的知名度最高，赫塔·米勒的知名度最低。从他们的作品在中国的销售情况来看，略萨、帕慕克和库切的作品销售状况稳定，特朗斯特罗姆的诗集销售状况相对较差。但总的说来，这些作家都有一个共同点，即在获奖后受到媒体和出版界的热捧，作品在奖项的拉动下热卖。

以2013年的新科得主爱丽丝·门罗为例。10月10日，瑞典皇家文学院宣布，2013年度诺贝尔文学奖颁发给加拿大小说家艾丽斯·门罗，以表彰她在短篇小说创作方面的杰出成就。门罗是诺奖历史上获此殊荣的第13位女作家，也是首位获此殊荣的加拿大籍作家。获奖前，门罗的大名在英语世界并不陌生，但在中国，她的影响力主要集中在文学研究者的圈子内，市面上只有一本短篇小说集《逃离》（新经典文化，南海出版社）在售。此书曾在2004年获得过加拿大最高文学奖项之一的吉勒文学奖，2009年即由我国著名翻译家李文俊先生译出，但此书从出版到门罗获奖，整整卖了四年，也只买了三万册（按照出版商的说法，这已经是很了不起的销量了）。但是，随着门罗的获奖和媒体的密集宣传，《逃离》马上变得炙手可热。从门罗获奖后，"公司版权部、市场部、发行部电话就持续响个不停，两个小时内就接到二十万册的订单，公司因此作出了加印四十万册的决定"。新经典文化外国文学方面的负责人说[①]。当晚，《逃离》旧版销售一空。

一场关于门罗作品的中文版权之争也随之展开。2013年10月18日，《南方周末》发表了记者张英采写的文章《短篇之罪？——爱丽丝·门罗

[①] 《北京日报》2013年10月15日。

中国遇冷记》，对门罗的版权之争做了详细的报道。报道首先提到的是在国内外国文学出版界颇有口碑的浙江文艺出版社。该社曾在2009年购买门罗的作品《公开的秘密》，并打算把此书放到该社名牌丛书"经典印象"第六辑里。当初购买版权的时候，门罗还没有拿国际布克奖，据浙江文艺出版社副总编辑曹洁说，便宜到也就两千美金的预付款。但是，因为译者的耽搁，出版社的粗心，此书迟迟未出，硬是把版权拖到了期。2013年10月，在门罗获奖后，此书版权划归给了译林出版社。浙江文艺出版社因为丧失了绝好的市场机会而后悔莫及。但是，如果门罗没有获奖，他们是不是就不会这么漫不经心呢？按照发行能力超强的新经典文化的数据，名家名译的《逃离》四年尚且只有三万册的发行量，谁敢保证这本没获过什么奖的《公开的秘密》能有很好的市场表现呢？对于出版商来说，丢掉这两千美金恐怕比印出来积压在库房里损失更小吧。说到底，还是因为一个"利"字当头，趁着获奖赚一票的心态作祟。

同样是在2009年年初，江苏人民出版社在专家的建议下购买了门罗六本书的版权：《快乐影子舞》《恨、友谊、追求、爱、婚姻》《太多的欢乐》《少女和女人的生活》《善良女子的爱》《爱的进程》，其中一位译者张小意早早就把稿件交给了出版社。但是一晃四年，门罗的书还是没有出版。"当时我们社里考虑到爱丽丝·门罗不是国际知名的大牌、热门作家，一本本出版对图书宣传推广不利，打算六本书一起出版，三个翻译者的交稿时间都不一样，就拖了。"主持这个项目的编辑蒋卫国对《南方周末》（2013年10月18日）记者解释说，而一位不愿意透露姓名的出版社总编辑对南方周末记者说："可能他们还是怕市场风险。"结果是，江苏人民出版社把已经准备下厂的六本门罗终被迫让与了译林出版社，七卷本的门罗（包括此前浙江文艺出版社的一本）经过译林出版社加班加点的工作，在门罗获奖后不到一个月内，套装上市，与广大读者见面。七本小说集同时推出，如果不是诺奖带来的巨大的市场效益，怎么可能又怎么有必要在这么短的时间内赶出来？曾经在20世纪80年代出版过"诺贝尔文学奖译丛"的老出版人刘硕良表示，"出版的时机很重要"。为何？因为这是一个新媒体的时代，信息四处泛滥，热点稍纵即逝。趁着门罗获奖后作品片段、励志故事、经典语录被网友热烈转发的热闹劲儿，赶紧把书出了，这是传统的外国文学出版社也不得不面临的市场压力。

一个外国的文学奖，真的能对图书市场产生这么大的影响以至于所有的出版社都不惜放下身段抢版权赶出版吗？

北京开卷信息技术有限公司是一家专门致力于提供图书行业咨询、研究与调查服务的商业机构。他们从1998年开始就研发了"中文图书市场零售数据连续跟踪监测系统"，截至2013年3月已涵盖两千多家图书销售单位。开卷信息技术有限公司以此系统为基础发布畅销书排行榜，并通过自己的数据对每个月的图书销售进行比对和分析。2013年11月22日，开卷信息技术有限公司研究咨询部的一份报告[①]称：

> 2012年，莫言的获奖使得诺贝尔文学奖在中国读者中拥有更大的影响力，2013年的新晋获奖者也比以往外国获奖作家获得更多的关注。果不其然，艾丽丝·门罗在中国内地目前唯一的一本图书《逃离》在经历了多年不温不火的市场表现之后，10月的销量也出现了直线上升，并进入到虚构类图书的Top10。从更早的历史数据来看，很多欧美作者的作品在获奖前也都表现一般，而在获奖后热卖，成为随后一段时间的畅销作品。其中格拉斯（1999年）的《铁皮鼓》在其获奖当年12月位居虚构图书排行榜的第十名，库切（2003年）的《外国文学最新佳作丛书——耻》在当年11月位居虚构图书排行榜的第十五名，帕慕克（2006年）的《我的名字叫红》在当年12月位于虚构图书排行榜的第二名，多丽斯·莱辛（2007年）的《金色笔记》在获奖当年的11月排名也飙升到虚构类图书的第二十三名。

出版商并不傻，在商业和文化之间，巨大的市场压力或许让他们更倾向于商业。赚钱是王道，有历史的数据作为支持，门罗的加印和版权大战也就不足为奇了。纵观近十年来的诺贝尔文学奖，无疑不在重复着这样的戏码。年年一个作家，年年一通大战。不为别的，只因诺贝尔文学奖的魔力太大，押中一本即意味着更多的利润。

2012年，中国作家莫言获奖，中国内地的"诺贝尔情结"全面爆发。无论是媒体还是读者，全都被卷入到一种虚假的文化潮流中。

【莫言·天津北方网讯·2012年10月14日20：56】据淘宝网

---

① http://www.openbook.com.cn/Information/2220/2817_0.html.

数据显示，从 11 日晚上 8 点至 12 日早上 8 点，网友在这 12 小时里疯狂下单 2600 笔，莫言的长篇小说《蛙》《红高粱家族》《生死疲劳》分列前三位。在淘宝里莫言的相关搜索指数，12 小时猛涨了 26 倍。而男性以及 35 岁至 49 岁的年龄段是搜索莫言的主流人群。在莫言的所有作品中，长篇小说《蛙》最受青睐。记者调查发现，2012 年诺贝尔文学奖授予莫言后，截至 12 日早晨，淘宝网部分商户与莫言相关的书籍全部售罄，并马不停蹄开打"预售"牌。

从社会各界的反映来看，对于莫言的获奖，基本上是一边倒的赞美。媒体的全面介入，不仅让莫言本人不堪其扰，甚至波及了他老家的村子。莫言本人赴斯德哥尔摩接受奖金穿什么衣服带什么人，也都成为媒体和公众津津乐道的话题。莫言的书，除了作家出版社的《莫言文集》（2012 年 10 月，套装 20 册），上海文艺出版社又在原来套装 11 册的《莫言文集》的基础上紧急加印，冠以"诺贝尔文学奖获得者莫言作品系列"的名头再次出版（2012 年 11 月，套装 16 册）。"莫言成为仅次于儿童作家杨红樱的年度最具市场价值作家""2011 年莫言图书对整体市场的码洋贡献率为 0.01%，2012 年则达到 0.47%"[①]。

这些耀眼的数据，直接把莫言推向了中国作家财富排行榜的前三甲。

2012 年第七届中国作家富豪榜发布，儿童文学大王郑渊洁从 2011 年的"探花"地位上升至"状元"宝座，以 2600 万元的年度版税收入傲视群雄；因为"诺奖效应"，莫言后发制人，以 2150 万元的全年版税收入高居第二；来自成都的儿童文学作家杨红樱以 2000 万元位居第三。郭敬明由于转型，"首富"地位旁落他人，名次由去年的冠军下滑至第四位……和郑渊洁同为 57 岁的莫言后发制人，自今年 10 月成为诺贝尔文学奖第一位中国籍作家，莫言的热度持久不退。他的书一时间被抢购一空，大有洛阳纸贵之势。他此次以 2150 万元的版税收入成为富豪榜"榜眼"，而此前几年，莫言从未进入中国作家富豪榜前三位，这也再次证明了诺奖效应的"魔力"[②]。

[①] 《深圳特区报》2013 年 1 月 15 日。
[②] 人民网，http://finance.people.com.cn/money/n/2012/1130/c218900-19752706.html。

这种"魔力",或大或小、或重或轻,笼罩在每年十月授奖季节的上空。莱辛、品特、略萨之类的老作家在中国有一定的知名度、有一定的译介,获奖让他们的旧作品热卖,未引进的作品引进(价码大增);库切、勒克莱奇奥、帕慕克这样的作家,题材和手法新颖,业内有识之士早已圈定过一两本,获奖后的知名度得到进一步提升,作品系列慢慢地也就做成了长销书;赫塔·米勒、耶利内克这样的作家,在国内知名度不高,译介少,万一得奖,出版商和读者全部抓瞎,只能求助于专业人士,紧急赶工。特朗斯特罗姆这样的诗人,获奖后诗集的发行量不能和小说比,但跟自己比,绝对还是上了一个很大的台阶。

下面是几则有说服力的报道:

【**库切**·2003年10月4日《**成都商报**》】本报讯(记者彭志强)南非小说家库切刚刚因获得2003年诺贝尔文学奖而名震全球,其作品立即在中国出版界引发图书版权争夺大战。昨日记者从多方获悉,南京译林出版社、上海译文出版社、武汉长江文艺出版社等国内10多家出版社昨日纷纷抛出橄榄枝,托关系寻找库切作品南非方面的代理机构,准备轰炸式地推出这位作家的作品……昨日,南京译林出版社张社长告诉记者,由于库切获奖之前在中国影响很小,因此该社去年推出的库切作品《耻》在国内市场反响一般,但随着库切前日获得诺贝尔文学奖,昨日各地新华书店及发行商都纷纷给该社打来电话,要求再版中文版《耻》。

【**帕慕克**·《**中华读书报**》2012年8月15日04版】本报记者康慨报道 随着《天真的感伤的小说家》本月上市,土耳其大作家奥尔罕·帕慕克的全部作品已在中国内地出齐。这是自2006年《我的名字叫红》出版以来,六年来译入的第十一部帕慕克作品汉译本。帕先生的其他名作,如小说《雪》和《纯真博物馆》、随笔集《伊斯坦布尔:一座城市的回忆》皆在其中。所谓全部作品,指他的所有小说和成书随笔集,不包括1992年的一个电影剧本和2010年的一个土文选集。就单一的外国在世作家而言,其作品引进历时之短,品种之全,影响之大,实为中国出版业稀见。十一本书均由北京世纪文景公司出版……世纪文景的编辑王玲告诉读书报,帕慕克汉译作品的总发行量已逾76万册。《我的名字叫红》是其中最受欢迎的一部，六年来连续印刷了26次，发行高达39万册。其次是2007年出版的《伊斯坦布尔》，同样不断加印至今。

【耶利内克·人民网·2004年10月10日】据《纽约时报》10月8日报道，在奥地利女作家耶利内克获得今年诺贝尔文学奖的消息传出之后，原本在绝大多数国家名声不彰的耶利内克知名度直线上升，24小时之内，在亚马逊网络书店的排行榜上，她的作品销量已经有了惊人的增长，这再次证明了诺贝尔文学奖"点石成金"的魔力。在不到一天的时间里，可在"亚马逊"购买到的4部耶利内克的作品订购量全部跃入了前70位。她最著名的作品，曾被改编为电影并夺得戛纳电影节大奖的《钢琴教师》的定购量从遥远的第1163804位一跃上升到第9位，其他几部作品《爱欲》《情人们》《美好时光》的销量也得到了神奇的提升。

【莱辛·《都市快报》·2007年11月17日】去年帕慕克中签，让买了中文版权的世纪文景赚翻了。多丽丝·莱辛的第一赢家，是译林出版社。尽管有那么多家出版社出过她的书，不幸的是，除了译林的《金色笔记》，其他书版权都过期了，不能加印，最多清仓卖卖库存。南京大学出版社也是意外的赢家，他们在多丽丝·莱辛获奖前"低价"买了两本，翻译太费时，正准备直接采用繁体字译本，赶在热潮上出来。译林动作很快，多丽丝·莱辛一获奖，《金色笔记》就换了装帧，加了个腰封，赫然标着"2007年诺贝尔文学奖得主多丽丝·莱辛代表作"。不同于帕慕克，多丽丝·莱辛恐怕很难畅销，和耶利内克一样，她的小说并不通俗，很先锋。《金色笔记》和《野草在歌唱》当年印了五六千册，都还有库存。

相比于媒体的喧嚣，开卷公司的数据或许更有说服力。根据开卷公司的报告，勒克莱齐奥的作品《战争》（译林出版社1994年初版），在2008年获奖之前一直销售平淡，获奖后，销量出现大幅度攀升，仅2009年一年的销售数量，即为前面销售数年的总和。略萨的作品《城市与狗》《天堂在另外那个街角》《公羊的节日》，对比2009年和2010年其获奖后的销售数据，其上升分别为 30% 到 50%。对于诗人来说，这个数字上升的比例更大，特朗斯特罗姆（2010 年得主），其诗集获奖后至今的销量，超过了 2001 年到 2010 年的销量总和，虽然就其销售数量的绝对值而言，与小说的销量仍有很大差距。

同样是作家，同样是媒体的连续报道，同样是读者关注，十位获奖作家的作品在中国的译介和销售也有所不同。在稳步推进作品入市方面，略萨作品的出版是一个好的案例。2010 年，秘鲁作家马里奥·巴尔加斯·略萨获奖。鉴于中国西班牙语界的持续努力，略萨在中国的作品一直是长销书，并没有引起疯抢版权的现象。略萨获奖之时，上海译文出版社已经出版了"巴尔加斯·略萨作品系列"的三本：《城市与狗》《天堂在另外那个街角》《公羊的节日》。人民文学出版社也联手上海九久读书人公司出版了他的三本小说《绿房子》《潘达雷昂上尉与劳军女郎》《胡利娅姨妈和作家》。六本书都在 2009 年末出版，等到略萨获奖后，市面上有充足的供应，出版社只是加印而已。这样的"美满"结局，一方面得益于略萨作为拉美魔幻现实主义的干将在中国积累的知名度，一方面也得益于出版社的眼光。按作家的重要性买作品，而不是按获奖来"抢"作品，应该是一个沉稳的出版人应该秉承的原则。

相反，2009 年获得者赫塔·米勒的作品出版，至今依然令人诟病。2009 年 10 月 8 日获得诺贝尔文学奖。四天之内，著名的版权代理人蔡鸿君便收到了二十四家内地出版社或文化公司的邀约，磨铁图书、万榕书业、新经典等民营出版机构也纷纷出手，在版权归属尘埃落定前，数字一度涨至三十二家。最终，凭借强大的集团背景，凤凰联动出版社与译林出版社联合取得了赫塔·米勒作品的中文版权（译林出版社后退出）。凤凰联动出版社次年一月份拿下了书的版权，马上组织译者进行翻译，仅仅花了八个月的时间，就完成了一套书（10 本）的翻译出版。有同行指出，虽然翻译"文无第一，武无第二"，但短短几个月，不够时间将译文"冷一冷"，其翻译质量令人生疑。其中一本合译作品，译名不一致、赶工等译作常出现的老毛病仍在。从出版方的角度来看，趁着获奖的热度赶紧赚一票是不二选择，凤凰联动出版社为米勒的十四部作品版权付出了十几万欧元的费用。出版社想要盈利，必须赶工。① 赶工的结果是网上书店常年

---

① 《南都周刊》2010 年 11 月 4 日。

半价销售，堂堂的一位获得诺贝尔文学奖的大家，混迹于励志和大众畅销书中，享受买300送100的折上折，对于出版商来说，实在不是一件光彩的事情。

显然，相比世界上其他国家，中国内地对于诺贝尔文学奖的关注度未免有些狂热，"诺贝尔效应"也表现得更为明显。自1923年泰戈尔访华以来，国人的"诺贝尔情结"，至今挥之不去。"文革"结束后，人民文学出版社的诺贝尔文学奖短篇小说集，销量一度达到了10万册。20世纪八九十年代，漓江出版社的"获诺贝尔文学奖作家丛书"从1982年延续到了90年代末，共出版88册，文学青年几乎人手一套。这种状况在进入21世纪后更加浓烈，甚至到了一种"势利"的地步，2008年勒克莱奇奥在获诺贝尔文学奖之前，已经有《诉讼笔录》（上海译文1998年版）、《战争》（译林出版社1994年版）和《乌拉尼亚》（人民文学出版社2009年版）等作品在中国出版，他本人也在2007年应人民文学出版社的邀请来中国访问，但关注的人寥寥。次年他获奖后来中国，与之前形成了鲜明的对比，不仅作品热卖，人也因为诺贝尔文学奖得主的光环备受媒体的追捧。

应该说，自改革开放以来，在外国文学阅读方面，中国国内已经形成相当大的一部分粉丝群。对于获得诺贝尔奖的作家，出版商和一般读者都有兴趣拿来翻一翻，看一看。对于出版者来说，如何摆脱掉急功近利的心态，扎扎实实放出眼光来买版权，以负责任的态度组织翻译，应该是值得反思的一个问题。对于普通的读者大众来说，跟风阅读并不可怕，可怕的是书买回去并没有读，而是摆在书架上当摆设。

二 布克文学奖效应

伦敦时间2013年10月15日晚，布克奖评委会做出决定，把本年度的获奖作品颁发给了新西兰八零后女作家埃莉诺·卡顿的长篇小说《发光体》（*The Luminaries*，2013年8月1日，格兰塔出版社）。卡顿出生于1985年，六岁随家人从加拿大回到了新西兰，一直生活克莱斯特彻市。她曾在新西兰的坎特伯雷大学学习英国文学，又在威灵顿维多利亚大学读完了创意写作的硕士学位，2008年发表处女作《彩排》，写的是中学老师的师生恋，引起关注。《发光体》是她的第二部小说，厚达832页，历史题材，背景是1866年新西兰霍基蒂卡市的采金区。小说的结构独特，第一部分四百页，就是十二个不同的人在回忆新西兰历史上的同一天：1866年

1月27日,也就是故事开始的那一天。这种拼贴式的历史表达,创新的写法,对于一名年仅28岁的女作家来说(迄今为止进入布克奖短名单最为年轻的作家),很难想象如果没有获奖,有多少人会有眼光关注到她的这本大部头作品?

但是,布克奖改编了这一切。《发光体》参与了今年的布克奖评选,从长名单一路杀到短名单,每时每刻都受到媒体的关注。评委会主席、作家罗伯特·麦克法兰(Robert MacFarlane)表扬说,这可是一本"令人眼花缭乱的作品,发光而又浩瀚",并提醒读者,千万不要因为该书的厚度而却步,《发光体》"结构之紧密堪比太阳系仪"。名作家的权威评判加上媒体的报道,一时令这本新人的大部头作品在市场上脱销,以至于英国《卫报》的记者不得不感慨,直呼布克奖是个"Career-changing Prize"。

布克奖之所以有这么大的魔力,来源于它在文化和商业上所做到的双赢局面。布克奖(2002年,英仕曼集团拿下了冠名权)创办于1968年,经过四十多年的发展,现在已经成为英语世界的第一大文学奖。在文化上,布克奖一贯坚持自己的高标准,强调选拔的权威性、导向性和公正性。与诺贝尔文学奖和龚古尔文学奖不同,布克奖实行流动评委制,评审由具有专业背景的人士担当(一般有五人),分别为书评家、学者、小说家、文学编辑、文化名人。五位评审每年必须阅读被推荐的一百多部作品,从中选出二十多本初入围名单,再从这份名单中选出六本进入决赛,最后从这六部作品中选出一位获胜者。层层的选拔加上严格的把关,布克奖的获奖小说如今已经成为"最好看的英文小说"的代名词。在没有更可靠的依据来判断作品质量的前提下,布克奖也为非英语世界的出版商挑选作品提供了最重要的参考依据。

在商业上,布克奖在推动了文学的商业化,使文学的市场潜力得到充分开发方面值得称道。布克奖每年颁发一次,奖励给年度最佳的小说作品。截止到2013年为止,布克奖的奖金已经涨到了五万英镑(按目前汇率折合人民币约四十八万元),进入短名单的入围者亦可获得一千英镑的奖金以及一本经过特殊设计包装的该年入围著作。所以,每年的布克奖一经公布,不仅获奖作品销售飙升,就连入围作品的销售也一路攀升。在扩大自己的影响力方面,布克奖也做足了功夫。布克奖的授奖范围几乎涵盖了除美国之外几乎所有的英语国家,并逐渐衍生出布克国际奖、俄语布克奖(由布克奖基金会1991年创办)等一系列有国际影响力的奖项。除此之外，布克奖还带动了相关文化市场的开拓，大约有三分之一的作品被改编成了影视作品，其中就有中国观众熟悉的《辛德勒的名单》《英国病人》《少年 Pi 的奇幻漂流》《云图》等热门电影。从文化效益上说，布克奖成功地营造了一种大奖文化。它鼓励无边界创作，使许多思想自由、文体新颖的作品纷纷出现，形成了百花齐放的文坛格局，对当代英语小说的影响毋庸置疑。

这是最近十年来的获奖作品列表：

年度	获奖作品	获奖作家	国别	出生年月
2013	《发光体》(The Luminaries) *历史背景小说	埃莉诺·卡顿（Eleanor Catton）	新西兰	1985
2012	《提堂》(Bring Up the Bodies) *历史小说	希拉里·曼特尔（Hilary Mantel）	英国	1952
2011	《终结的感觉》 (The Sense of an Ending)	朱利安·巴恩斯（Julian Barnes）	英国	1946
2010	《芬克勒问题》 (The Finkler Question)	霍华德·雅各布森 （Howard Jacobson）	英国	1942
2009	《狼厅》(Wolf Hall) *历史小说	希拉里·曼特尔（Hilary Mantel）	英国	1952
2008	《白老虎》(White Tiger) *处女作	阿拉温德·阿迪加 （Aravind Adiga）	印度	1974
2007	《聚会》(The Gathering)	安妮·恩赖特（Anne Enright）	爱尔兰	1962
2006	《失落》(The Inheritance of Loss)	基兰·德赛（Kiran Desai）	印度	1971
2005	《海》(The Sea)	约翰·班维尔（John Banville）	爱尔兰	1945
2004	《美丽线条》(The Line of Beauty) *同性恋题材	阿兰·霍灵赫斯特 （Alan Hollinghurs）	英国	1954
2003	《弗农小上帝》(Vernon God Little) *处女作	D.B.C. 皮埃尔（D.B.C. Pierre）	英国	1961

从这个近十年来获奖作品列表来看，布克奖在挑选年度的最佳作品方面，显示出它"一切以作品说话"的原则。一个作家，无论你多年轻（如 80 后的卡顿），无论你多年老（如出生于 1942 年的雅克布森），无论你写过几本（如以"都铎王朝三部曲"连续获奖的曼特尔），无论你写什么题材（如大胆出格的《美丽线条》），无论你是不是新人（如以处女作获奖的《白老虎》和《弗农小上帝》），只要是评委们觉得这本小说有"新"意，都可以不拘一格地给他或她奖项。

以连续两次获奖的希拉里·曼特尔为例。曼特尔酷爱历史小说，从 20

世纪60年代开始,不知写过多少大部头的作品。描写法国大革命的书《一个更安全的地方》,厚达一千多页,几乎没有人去买。2000年后,她开始构思她的"都铎王朝三部曲",以新的历史眼光重新评价克伦威尔这个当时名重一时的权臣。她的故事曲折,写法生动,对人物的描绘尤其到位,发表后就受到读书界的好评。2009年,第一部作品《狼厅》(厚达650页)获得了当年的布克奖,作品从获奖前的销售量的3.6万本,获奖后一跃高达60万本①。2012年,曼特尔完成了"都铎三部曲"的第二部《提堂》,当年,希拉里·曼特尔凭《提堂》再次夺奖。在五年之内把一个重要的文学大奖两次颁发给同一三部曲的两部作品,这在布克奖的历史上是绝无仅有的,恐怕在世界文学奖的颁发历史上也是个孤例。此前,人们谈到当前英国文学,总是马丁·艾米斯、伊恩·麦克尤恩和朱利安·巴恩斯并称,曼特尔的获奖,让当代作家的排名顺序也有了微妙的变化,"三剑客"的阵营和提法大概也要换一换名称了。借助布克奖,曼特尔的两本书都冲击到了当年的图书销售Top10。

借助于布克奖的效应,获奖作品一般都会成为长销书。

  布克奖是一架巨大的市场发动机,获奖甚至入围作品的销量往往获得较前数倍甚至数十倍的增长。据报道,英国水石连锁书店去年曾受《卫报》委托做过一次调查。从2003年10月16日到2004年10月16日,调查者对历届布克奖获奖图书在全英所有书店及网络书店的销量进行了统计。调查显示,历届获奖图书在统计期内销量前3名依次为:《少年Pi的奇幻漂流》(2002年,扬·马特尔著,25.8万册)、《弗农小上帝》(2003年,DBC·皮埃尔著,90555册)和《盲眼刺客》(2000年,24518册);销得最差的则分别是:《需要负责的事情》(1969年,0册)、《奥斯卡与露辛达》(1988年,13册)和《热与尘》(1975年,13册)。②

这仅仅是布克奖获奖作品一年在英国书店的统计数据。统计结果表

---

① 凤凰网上的文章,http://news.ifeng.com/gundong/detail_2012_10/18/18340909_0.shtml.

② 《布克奖让作品热销五年》《环球时报·文化纵横》,2005年10月12日。

明，不同的作品会有不同的市场认可度，虽然布克奖不能绝对得带来市场的热销，但写得好的故事一定会因为得奖而受到读者的青睐。20世纪90年代，布克奖一度以曲高和寡受到批评。新华网的一篇文章①说："20世纪90年代初的几位得主，格雷厄姆·斯威夫特的《最后的命令》，迈克尔·翁达杰的《英国病人》，以及金斯利·艾米斯的《老恶棍》在得奖后的一年内，分别只卖出了451册、246册和174册。"为了改变这种状况，布克奖组委会一度更重视商业效果和百姓的关注度。21世纪的第一个十年里，几本叫座的获奖作品，在评选上或多或少地贴近了大众读者的口味。但是，如果放在一个更长久的时间段里来观察所谓的不够畅销的作品，人们会发现它们一直都在卖，虽然卖得不够好，但也是没有绝版的长销书。非英语语种的译介，也使得布克奖作品的长销有了足够的保证。

布克奖，除了在推动文学作品的市场化方面令人赞叹，它最值得人称道的地方还在于它对青年作家的提携和挖掘。一些青年作家，借助布克奖这个平台，从评论家的视野里走向大众的阅读，布克奖可谓是功不可没。基兰·德赛和阿兰达蒂·罗伊（1997年得主，获奖作品《微物之神》）获得布克奖时年仅36岁，拉什迪（1981年得主，获奖作品《午夜的孩子》）获奖时33岁，奈保尔（1971年得主，获奖作品《自由国度》）获奖时39岁，尼日利亚作家本·奥克利（1991年得主，获奖作品《饥饿之路》）获奖时年仅32岁……布克奖对他们的一生都产生了重要影响。这些当年的青年作家，如今早已是誉满全球，除了拉什迪因为宗教和政治原因之外，其余的获奖作品大都有了中文译本。获奖者的作品，在全球的发行量也不下百万册。

甚至还有作家会凭借布克奖一炮走红，以处女小说获得布克奖，从此创业生涯走向坦途。2008年，时年33岁的印度作家阿迪加以处女作小说《白老虎》获得布克奖，2003年，名不见经传的澳大利亚作家D. B. C. 皮埃尔（时年44岁）凭借其黑色喜剧风格的小说处女作《弗农小上帝》获得布克奖。2002年，斯里兰卡裔加拿大作家杨·马特尔（时年39岁）凭借其第二本小说《少年PI的奇幻漂流》获得布克奖，2013年，28岁的新西兰作家埃莉诺·卡顿凭借其第二本小说《发光体》获得布克奖……这都说明，布克奖的评委更重视新鲜的血液。据华龙网的一篇文章统计（2013

---

① http://news.xinhuanet.com/book/2004-11/02/content_2166796.htm.

年11月3日),布克奖获得者平均年龄仅为49岁,而诺贝尔文学奖得主的平均年龄64.47岁,布克奖对中青年作家创作的推动作用可见一斑。从这个意义上说,说布克奖是个"Career-changing Prize"并不为过。

近十年来,中国的出版人对布克奖的关注度也大大增加。激烈的图书市场竞争,让在国外市场具有口碑和市场认可度的作品成为他们引进当代小说作品的重要依据。对国内的出版社来说,公认的选书原则无非是以下几条:一是看国外亚马逊的排名数据,二是看是否获奖,三是参考开卷公司对于同类图书销售的历史数据。纵观近十年来的布克奖获奖作品在中国的翻译,除了2004年的获奖作品《美丽线条》因为涉及同性恋问题而未能出版,2011之前的作品全部都有了中译本。2012年希拉里·曼特尔的作品《提堂》也花落上海译文出版社,正在翻译出版中。2013年卡顿的那本长篇大作,恐怕也不会有人漏掉。

结　语

世界上大大小小数千个文学奖,通过各种各样的选拔机制,与读者的购买与阅读行为形成了一种互动,共同筛选着当代的"经典"。这其中,有出版商的商业行为,有读者的阅读行为,也有文学评论圈的引导行为。文学奖,与教育、文学批评、学术圈、文学刊物、作家协会、文学节、图书推广等文学活动的外部要素,共同形成了一个法国社会学家布迪厄所说的那种"文学场",这个"文学场"或许可以代表着我们这个时代的文学品味和基本的文学价值观。

世界各国的文学奖,通过各自的评选机制,对于筛选单一语种的优秀作品、引导读者大众阅读起到了重要的作用。这些重要的文学奖,一般都有以下几个特点:1)基金会管理。2)市场化运作。3)吸收民间资本。4)出售冠名权。5)每年一次。6)除了专门的文学奖,还有图书奖下辖的文学艺术类奖。7)出于文化扩张的需要,某些文学奖近年来有跨国的倾向,如布克奖,科斯塔文学奖、橘子奖、BBC短篇小说奖。除此之外,在评选流程上,各主要文学奖推崇的是层层选拔制度,评选过程一直不排斥大众参与,媒体也予以积极报道。对于进入短名单的作品,有的奖项也予以奖金鼓励。这些制度上的设计都或多或少地增加了作品的权威性和社会参与度,间接拉动了获奖作品的销售。

还是以布克奖为例。过去的45年间,英语文学基本上分为两大阵营:

英国、爱尔兰、英联邦国家为一极，美国为一极。进入 21 世纪后，随着全球化的进程和互联网的发展，越来越多的作家往来于地球各地，成为"无国界作家"，与之相应的则是文学奖颁发的尴尬。据 2013 年 9 月 16 日英国《卫报》报道，2014 年布克文学奖有望对美国作者开放，其进一步扩大影响力谋求国际化的意图表现得亦甚为明显。无独有偶，2014 年，英语世界的写作者还会迎来一个新的重磅文学奖：弗里欧文学奖（The Folio Prize）。这个文学奖对全球所有的英语写作者开放，奖金为四万英镑，其标榜的宗旨是：展示我们这个时代最好的小说，无论形式，无论风格，要让尽可能多的读者关注到它。据说，弗里欧文学奖的推出是不满布克奖越来越倾向于流行小说而不是文学小说。该奖被看作由媒体资助的布克奖的最有力的对手。加拿大著名作家玛格丽特·阿特伍德说，弗里欧文学奖是"一个被金钱日益左右的世界非常需要的一个文学奖"。

  与英语世界文学奖的扩张相反，中国国内的文学奖却一直呈现出"衰落"的迹象。著名的茅盾文学奖四年一次，基本由中国作协主导，公众的参与程度不高。获奖作品注重宏大叙事，动辄是长达几百万字的长篇大作。姑且不论四年一次漫长的评选能否反映中国文学创作的现实，单是产生的作品，如第八届茅盾文学奖获奖作品、张炜的小说《你在高原》，能不能为普通读者所接受就是一个问题。2013 年，官方热捧的《大秦帝国》亦是如此。以至于《收获》的编辑叶开为了强调个人话语，忍不住玩了个"老虎文学奖"。在他看来，茅盾文学奖喜欢宏大叙事，对那些在人心、社会关系等方面有精妙叙事的南方作家就有"偏见"，像马原这样的作家，就被"宏大叙事"这张大网漏掉了。有些人为了冲击茅奖，还专门"搞大"。有些小说在篇幅上不断加长，或者在小说背景时间拉大，动辄一个世纪、几个家族。[①] 试想，曾经的《芙蓉镇》《许茂和他的女儿们》《历史的天空》这些新时期以来获奖的主旋律作品，都曾借助过影视剧热卖。可是，今天，又有多少青年读者还会读《许茂和他的女儿们》这样的作品呢？

  创办于 1986 年的鲁迅文学奖同样如此，三年评选一次。其基本宗旨是"以马列主义、毛泽东思想和邓小平理论为指针，按照江泽民同志'三个代表'重要思想的要求，坚持先进文化的前进方向，坚持文艺'为人民服务，为社会主义服务'，贯彻'百花齐放，百家争鸣'的方针，弘扬主

---

① 《新民晚报》2013 年 11 月 6 日的文章，《"老虎文学奖"寻找"被遗忘"作家》。

旋律，提倡多样化，鼓励关注现实生活、体现时代精神，坚持导向性、权威性、公正性，坚持少而精、宁缺毋滥的原则，评选出思想性、艺术性完美结合的优秀作品"。

相比于西方的文学奖，鲁迅文学奖在体裁门类上有可取之处，比如设立了短篇小说奖、中篇小说奖、报告文学奖等，现在还有翻译文学奖，但在评选机制和社会参与度方面，依然存在着很多问题，与茅盾文学奖一样，鲁迅文学奖也是更重视文学为意识形态服务。

创办于2003年的"华语文学传媒大奖"大概是国内相对有影响力的非官方文学奖，包括年度杰出作家、年度小说家、年度诗人、年度散文家、年度文学评论家和年度潜力新人六个奖项。为中国首个由大众传媒设立、有公证人员参与评选全过程的年度文学奖项，是目前大陆奖金最高的纯文学大奖。其中，年度杰出成就奖个人得主为十万元人民币。该奖由《南方读书报》发起，迄今历史太短，其公信力、权威性以及获奖者作品对市场的拉动作用还有待观察。但是，该奖毕竟做出了一个很好的探索，在引导公众阅读方面起到了积极的推进作用。

他山之石，可以攻玉。我们不得不说，相对于西方的成熟的市场化的文学奖评奖机制以及众多文学节、创意写作班的配合机制，中国在文学艺术的体制方面确实存在着一定的距离。其造成的直接后果就是外国图书占据中国图书市场，中国读者的"诺贝尔情结"久之不去，中国文学图书处于严重的"入超"地位。这种状况和所谓的大国经济、文明古国的地位完全不相称。从这个意义上说，研究文学奖，通过文化市场上的现象来考察和追溯西方主要文学奖的运作机制，学习对方有益的经验，或许能改善这种一边倒的状况，更好地为我们自身的文化建设服务。

附录一　近十年诺贝尔文学奖获奖者名单及其在中国的出版情况

2013，爱丽丝·门罗（1931— ），加拿大作家，获奖理由为"当代短篇小说大师"。

＊《逃离》，南海出版公司，2009年。

＊《快乐影子舞》《恨、友谊、追求、爱、婚姻》《太多的欢乐》《少女和女人的生活》《公开的秘密》《一个善良女子的爱》《爱的进程》，译

林出版社 2013 年 10 月。

2012，莫言（1955— ），中国作家，获奖理由"用魔幻现实主义的写作手法，将民间故事、历史事件与当代背景融为一体"。

* 《莫言文集》（套装 20 册），作家出版社 2012 年 10 月。

* 《莫言文集》（套装 16 册），上海文艺出版社 2012 年 11 月，隶属"诺贝尔文学奖获得者莫言作品系列"。

2011，托马斯·特朗斯特罗姆（1931— ），瑞典诗人，获奖理由为："通过凝练、透彻的意象，他为我们提供了通向现实的新途径。"

* 《特朗斯特罗姆诗歌全集》，四川文艺出版社 2012 年 3 月。

2010，马里奥·巴尔加斯·略萨（1936— ），秘鲁作家。获奖理由为"对权力结构的制图般的描绘和对个人反抗的精致描写"。

* （巴尔加斯·略萨作品系列）《城市与狗》《天堂在另外那个街角》《公羊的节日》，上海译文出版社 2009 年 8 月。2009 年年末，人民文学出版社联手上海九久读书人公司开始引进出版略萨的作品，至今已推出了《绿房子》《潘达雷昂上尉与劳军女郎》《胡莉娅姨妈和作家》三本著作。

2009，赫塔·米勒（1953— ），德国女作家和诗人。获奖理由为"她以诗歌的凝练和散文的直率描绘了被放逐者的景观"。

* 《赫塔·米勒作品集》（套装 10 册），江苏人民出版社、凤凰联动，2010 年 9 月（至今在半价销售）。

2008，勒克莱齐奥（1940— ），法国"新寓言派"代表作家，获奖理由为"新起点、诗歌冒险和感官迷幻类文学的作家，是在现代文明之外对于人性的探索者"。

2009 年 12 月 8 日，勒克莱奇奥访华。据悉，本次共有 11 部勒克莱齐奥作品的中文版由人民文学出版社出版，这其中既包括荣获 2007 年度"21 世纪年度最佳外国小说"的名作《乌拉尼亚》，也包括《饥饿间奏曲》《沙漠》《墨西哥之梦》《奥尼恰》《燃烧的心》《巨人》《飙车》《寻金者》《看不见的大陆》《流浪的星星》等重要作品。迄今，已有《乌拉尼亚》《飙车》和《饥饿间奏曲》3 部作品面世，其余 8 本也将在明年陆续推出。

2007，多丽丝·莱辛（1919— ），英国女作家，获奖理由为"她用怀疑、热情、构想的力量来审视一个分裂的文明，她的史诗性的女性经历"。

* 版权比较分散。南京大学出版社的"精典文库"收录了，译林出版

社、新经典出版社都有。

* 译林版的《野草在歌唱》，花城版的《一个男人和两个女人的故事》，译文版的《又来了，爱情》。译林版的《金色笔记》。

* 新经典：《幸存者回忆录》《黑暗前的夏天》《我的父亲母亲》。

* 南京大学出版社：《裂缝》《非洲的笑声》《第五个孩子》《浮世畸零人》《风暴的余波》《扽日记：非洲故事二集》《三四五区间的联姻》《玛莎·奎斯特》《壅域之中》等。

作家出版社：《好人恐怖分子》。

2006，奥尔罕·帕慕克（1952—），土耳其作家，获奖理由为"在追求他故乡忧郁的灵魂时发现了文明之间的冲突和交错的新象征"。

* 上海译文出版社

2005，哈罗德·品特（1930—），英国剧作家，被评论界誉为萧伯纳之后英国最重要的剧作家，获奖理由为"揭示了日常废话掩盖下的惊心动魄之处并强行打开了压抑者关闭的房间"。

2004，埃尔弗里德·耶利内克（1943—），奥地利女作家，第一个获得诺贝尔文学奖的奥地利人。获奖理由为"小说和剧本中表现出了音乐动感，用超凡的语言显示了社会的荒谬及其使人屈服的奇异力量"。

2003，约·马·库切（1940—），南非作家（现为澳大利亚作家），获奖理由为"精准地刻画了众多假面具下的人性本质"。

* 浙江文艺出版社包揽了除《耻》之外库切所有的作品。

（匡咏梅整理）

附录二　近十年布克文学奖获奖作品名单以及在中国的出版情况

2013《发光体》（*The Luminaries*）埃莉诺·卡顿（Eleanor Catton）。

2012《提堂》（*Bring Up the Bodies*）希拉里·曼特尔（Hilary Mantel）。

2011《终结的感觉》（*The Sense of an Ending*）朱利安·巴恩斯（Julian Barnes）。

* 中译本，译林出版社2012年7月，郭国良译。

2010《芬克勒问题》（*The Finkler Question*）霍华德·雅各布森（Howard Jacobson)（英国）。

*中译本，上海译本出版社 2013 年，周小进译。

2009《狼厅》(*Wolf Hall*)，希拉里·曼特尔（Hilary Mantel）。

中译本，上海译文出版社 2010 年 10 月，刘国枝等译。

2008《白老虎》(*Aravind Adiga*) 阿拉温德·阿迪加（Aravind Adiga）（印度）。

*中译本，人民文学出版社 2010 年 4 月，路旦俊、仲文明译。

2007《聚会》(*The Gathering*) 安妮·恩赖特（Anne Enright）（爱尔兰）。

*中译本，作家出版社 2008 年 11 月，夏欣茁译。

2006《失落》(*The Inheritance of Loss*) 基兰·德赛（Kiran Desai）（印度）。

*中译本，重庆出版社 2008 年 1 月，韩丽枫译；《继承失落的人》，2013 年 10 月，南海出版公司，韩丽枫译。

2005《海》(*The Sea*) 约翰·班维尔（John Banville）（爱尔兰）。

*中译本，作家出版社 2007 年，王睿，夏洛译；上海译文出版社 2013 年，王睿译。

2004《美丽线条》(*The Line of Beauty*)，阿兰·霍灵赫斯特（Alan Hollinghurst）（英国）。

2003《弗农小上帝》(*Vernon God Little*) D. B. C. 皮埃尔（D. B. C. Pierre）（澳大利亚）。

*中译本，译林出版社 2006 年 9 月，叶华年译。

（匡咏梅整理）

论影视等新媒介对畅销书的积极作用

严蓓雯

2013年夏天,由郭敬明根据自己的系列畅销小说《小时代》自编自导的电影《小时代》(第一部《折纸时代》,第二部《青木时代》),短短一个多月收获了5亿票房。据国家新闻出版广电总局电影资金办提供的独家数据显示,首周票房就达1.6亿,创下了中国电影票房史上的一个小小奇迹。以电影票均价50元一张计算(各城市票价略有不同),平均观影人次达到1000万人次,也就是说4亿城市人口里,2.5%的人看了这部电影。这与2008年书籍《小时代》一推出,三天内就创下全国销量第一的态势是非常吻合的。与之形成强烈对比的是,同期上映的电影《一场风花雪月的事》改编自著名畅销书作家海岩的同名畅销小说,当红男星黄晓明与当红女星杨颖(Angela Baby)主演,另有赵宝刚同名电视连续剧(徐静蕾主演)打下观众基础,首日票房却仅区区680万,最终票房3000万。其中落差引人深思。

2005年,译林出版社出版了加拿大作家扬·马特尔的小说《少年PI的奇幻漂流》,虽然在推出此书时,出版社介绍说这本书"获2002年度英国布克奖;被评为亚马逊网站2002年度最佳图书、《纽约时报》年度杰出图书、《出版家周刊》年度最佳图书、《洛杉矶时报》年度最佳小说;2004年又获德国图书奖"等,但这部"扣人心弦的历险故事、一个关于人类在宇宙中的位置的寓言、一位不同寻常的天才的作品"却被归入译林少儿文库,销量寥寥,豆瓣的评论(2012年前)只有一百余条。2012年,著名华语导演李安将这部小说搬上了银幕,并采用了现时最为时髦的3D技术拍摄,因主题呈现、技术表现等各方面的完美成就,获得2013年奥斯卡最佳影片、最佳导演、最佳改编剧本、最佳剪辑、最佳摄影、最佳视觉效果、最佳音效剪辑、最佳混音、最佳美术指导、最佳原创配乐、最佳原创歌曲 11 项提名，并最终囊括最佳导演、最佳摄影、最佳视觉效果、最佳原创音乐四项大奖。这部影片既取得了良好的口碑，也赢得了不俗的票房，全球累计票房 4 亿美元，中国票房过 3 亿人民币。译林出版社于此再度推出原著《少年 PI 的奇幻漂流》，舍弃了原来大洋上一叶孤舟的封面，而运用了电影大热后一直被人津津乐道它到底代表了什么的老虎理查德·派克，并附有与电影画面呼应的精美插图。此版推出后，预售一周内就飙升至各网上书店的首位，而上市后更是热卖到缺货，在部分网上书店，想要买书的读者还得先预订，并且牢牢占据了近一个月图书销售榜第一的位置。在淘宝网上，这本书的销量更是惊人。据"浙江在线"网站的记者发现，一家名为唐人图书的专营店，《少年 PI 的奇幻漂流》它近一个月的成交量是 1802 件，而在另外一家名为凤凰新华书店的旗舰店中，近一个月的销量是 890 本，已然成为网上人气第一的书籍。那本因印量有限、早就断货的 2005 年版在孔夫子旧书网上，原价 21.8，被炒到七八十元一本。这一现象也值得探讨。

作为文学史上的经典名作，伟大作家雨果 1862 年创作的《悲惨世界》一直是长销书目。这部一千多页、一百余万字的长篇小说涵盖了拿破仑战争时期及之后的十几年，围绕主人公获释罪犯冉·阿让试图赎罪的历程，融进了法国的历史、建筑、政治、道德哲学、法律、正义、宗教信仰，多次被改编成影视作品。其中最为著名的有 1935 年电影版，理查德·波列拉夫斯基导演，弗雷德里克·马区和查理斯·罗顿主演，获次年奥斯卡最佳影片奖提名。1958 年的电影版则由让·保罗·李塞诺导演，让·加宾、伯纳德·布利尔和布尔维尔主演。1998 年的电影版，由著名好莱坞影星莱姆·尼尔森、杰佛瑞·罗许、乌玛·舒曼、克莱儿·丹妮丝等主演，好评如潮。而音乐剧的创作更是令这部名作再焕新机，法国著名作曲家阿兰·鲍伯利和克劳德-米歇尔·勋伯格作曲、英国人制作、首演在英国的这出剧目，引进到美国百老汇后，是音乐剧史上上演时间仅次于《歌剧魅影》和《猫》的旷世佳作，许多经典唱段对国外熟悉音乐剧的听众来说耳熟能详，1995 年的 10 周年版、2010 年的 25 周年版都是年度盛事。在此基础上，好莱坞推出 2012 年电影版，由当红影星休·杰克曼、罗素·克劳、安妮·海瑟薇主演，位居 2012 年首周票房第三，累计票房过亿（美元）。电影重新带动阅读热潮，在中国社科院外文所国情调研小组 2013 年在浙江埭溪中学的调查中发现，《悲惨世界》在中学生的年度阅读中排名第五，仅次于《哈利·波特》等畅销小说。

以上三类现象，充分体现了影视对畅销书阅读的积极作用，下文将具体探讨之。

一 让经典名作重放光芒

对于畅销书，一直没有一个确切的定义，但基本上，在一个时代、或者说时间段非常受欢迎的书，就是畅销书。"畅销书"（Bestseller）一词最初起源于美国，其特点是符合当时人的阅读口味。畅销书不一定就是好书，但也有可能成为名著，这取决于其实际价值是否经得起时间的考验。而在一段时间内，监控符合一定条件的图书的销售情况，并按销量（册数）顺序排列成榜单，即为畅销书排行榜，简称畅销榜。位列榜单的应该说都属于畅销书。

长销书则指不受季节性影响、无时间限制、长年能销售的图书。经典名著就属于这一类，因其富含的文化积累、深邃的主题思想、鲜明出色的人物、复杂的故事情节等吸引了一代又一代人，长年都会重版重印。但不可否认，过去的许多名著，尤其是动辄数百页的大部头，因内容跟时代有了距离，形式跟当今的碎片阅读"背道而驰"，渐渐被打入冷宫，大家只是知道四大名著，或一些世界名著，真正把它们拿在手中阅读的并不多。

但是，根据经典名著改编的电影或电视，能将几十万字乃至上百万字的小说内容，压缩成100分钟左右的视觉画面，或以群众喜闻乐见的电视剧形式，连续播放，一定程度上增强了名著及作家的当代影响力，有些观众或喜欢（或者不满）演员的塑造，或希望了解更多影像无法表达的内心内容，而去寻找原著来看，使得经典名著又焕发出新的生机。

1. 重新阅读经典，理解当代危机

常有读者反映，外国小说人名太长，记不住；哲理性的内心独白太多，情节又推展太慢，常使人读了昏昏欲睡，尤其是19世纪俄罗斯小说。2013年，日本富士电视台推出11集电视连续剧《卡拉玛佐夫兄弟》，令受观众喜爱的年轻影星市原隼人等三位帅哥出演主角，将陀思妥耶夫斯基生前最后一部作品献给了当代观众，深获好评，年轻人纷纷追剧，不但探讨情节发展，也讨论剧中所包含的价值观。2012年，曾执导过《傲慢与偏见》的英国著名导演乔·怀特，将托尔斯泰的名作《安娜·卡列尼娜》

搬上银幕，再次探讨两性、婚姻、女性的独立自我与家庭之间的平衡等亘古弥新的话题，获得了该年度欧洲电影奖的观众选择奖，说明观众对这部名作的翻拍深表赞赏。

经典里常常包含对人生问题的探索，比如《安娜·卡列尼娜》里，安娜该不该追随内心的情感、寻求她所认为的幸福？比如《卡拉玛佐夫兄弟》里，对于金钱、欲望、亲情等的质询，展示了一个错综复杂的社会、家庭、道德和人性的悲剧主题，而这一主题，在如今金钱至上、人情冷漠的后资本主义社会，更显尖锐。电影撷取经典中的核心问题，又加上当代的关怀，引发观众的共鸣。在影评《俄国小说的英式影响解读》中①，文章作者认为，在电影《安娜·卡列尼娜》里，导演呈现了几种婚姻爱情关系：最早出场的奥勃朗斯基和他的妻子多丽显然是茫茫庸众的代表，婚姻和爱情对奥勃朗斯基而言，是分裂的矛盾体，他一面竭尽全力维持着自己的婚姻，一面又不断和各种年轻女孩偷情，以品尝爱欲的滋味；而多丽未尝不知道丈夫对自己早已没有爱情，而且一直在出轨，但又没勇气承认这一点，只好不断活在自我欺骗的幻觉中；卡列宁在电影中被读解为社会秩序的象征，在他这里，家庭和婚姻是神圣的，爱情则无关紧要，所以在明知安娜感情出轨并怀上别人的孩子后，他仍能保持冷静，只要安娜能回到婚姻中，他甚至可以不在乎自己是否是安娜的感情归宿；而安娜正好跟卡列宁相反，爱情在那这里高于婚姻和家庭，为了爱情，她可以将两者统统抛弃；渥伦斯基在价值取向上和安娜相近，但作为男性，他显然更喜欢轰轰烈烈的激情，而非持久的爱情，因此随着时间的推移，他对安娜的爱情也在慢慢消退和变质，他在某种程度上证明了爱情的无常本性；列文的哥哥，一个革命者，将爱情当作推翻等级制度的社会实践，娶了一个妓女，然后过着悲惨而毫无幸福可言的生活；最后是列文和凯蒂，他们要将爱情和婚姻统一起来，保持它们的一致性，这是一种理想主义的态度，这对夫妻无论在电影还是小说里，显然是最受祝福的一对。这些婚姻爱情关系，在当代社会也是非常普遍，非常容易引起观众的带入感。托尔斯泰将小说结束在列文那里，导演怀特却让电影结束在卡列宁身上：在一片诗意的田野上，安娜的两个孩子在嬉戏，卡列宁穿着白衬衫在低头看书，不时抬头看两个孩子，露出欣慰的笑容，简直就像圣徒。这也是导演的一个表态，

---

① 详见 http://www.chinawriter.com.cn/bk/2013-09-23/72436.html。

秩序虽然反对爱情，但它却能为下一代提供最理想的成长环境。秩序在这里得到了伸张和讴歌。这不仅是一个"保守"的英国导演和一个"浪漫"的俄国小说家之间的时空对话，也是在如今的多变时代中，对稳固的情感关系、稳定的家庭纽带、稳定的社会秩序的诉求。

再比如之前提到的《悲惨世界》，虽然原作面世已有 150 年，但原作中所着力描绘的底层人民的痛苦生活，在当代并没有减弱，或者说没有得到完全解决。而音乐剧将其中最富有情感张力的底层群众的呼声，以主人公领唱、众人合唱的主题歌形式表达出来，一曲"民之所怨，尔等可闻"令人心潮澎湃，热血沸腾。电影使这一旋律不时以各种变奏响起，更是在结尾将之推向高潮。看完电影后，我相信每个观众都在问自己，为何"因法律和习俗所造成的社会压迫"，"在文明鼎盛时期人为地把人间变成地狱"？如今的社会，贫穷因何造成？社会压迫又因何而起？相信必定有读者重新翻开那部巨著寻找答案，寻找百年前后的异同，寻找建立将来乌托邦的途径。

挖掘出名著中的当代意义，就能吸引当代读者重新认识名著的价值内涵，重新探索 100 分钟的影片所不能涵盖的原著的意义，并从名著中获取解决当下问题的启迪与帮助。通过电影电视这一时代媒体的再度推广，一些令人望而生畏的"大部头"著作重新走进年轻人的世界，书籍也再度热门，在长销的起伏中，再创新高。这是影视推动经典名著再度畅销的积极意义。

2. 重新阅读经典，理解传统文化

也有读者反映许多名著年代过于久远，包含的内容跟当代似乎沾不上边，书中人物的行为处事无法引起当下的认同，尤其是进入现代化以后，传统典籍中的那个世界似乎是天方夜谭一样遥远。但是，从另一方面来看，比如四大名著，却是改编翻拍次数非常多的作品。

《红楼梦》因其家喻户晓的人物和情节，被翻拍次数最多。且不说以《红楼梦》里某些人物或某段情节延伸而生的影视作品（比如《黛玉葬花》《王熙凤大闹宁国府》《秦可卿之谜》等），光是《红楼梦》主线故事完整翻拍的就有数十次，其中 1987 年王扶林版的 36 集电视剧《红楼梦》曾创下 70% 的收视率。1988 年由北京电影制片厂拍摄、谢铁骊总导演的电影《红楼梦》创造了新中国电影史上的多项纪录。这部投资巨大、从开拍到完成历时两年、全长 735 分钟、共分六部八集的电影巨著，其艺术成就不仅令过去所有红楼梦电影版本黯然失色，即使与同时代的电视连续剧版相比也毫不逊色。2010年打造的"青春版"电视剧《红楼梦》，之前为之进行了名为"红楼梦中人"的长达一年的电视选角活动，引起了社会讨论热潮，之后播出时更是以精美的服饰造型令人称叹。负责该剧造型的香港著名美术指导叶锦添在采访中表示：他"拉了昆曲最浮面的那一层皮，那一层美感，来做红楼""那种美感有点华丽，连绵不断的图案和色彩，都是很柔和的，它有一个很深的色彩学，那是来自中国文化的深处"。他还说："当时（指曹雪芹生活的时代）无论是文学家、音乐家都会陶醉在小说与戏曲的世界……我个人对昆曲的美学形式十分入迷，它在呈现一种古典的氛围时有浓厚的诗意特质……不过复古的同时我也加入了非常多的现代元素，年轻、反叛、少男少女的想象世界……我觉得在世界上游走了那么多年，仍然没有看到一种所谓的东方古典的美感能够贯通当代，把它变成是一种时尚前卫的风潮。我觉得《红楼梦》就是一个时尚的集合体，只是发生在一个文学家的眼里，喜欢古典的东西，把它变成是最先锋的，我想每个人都在等待这一天。"

叶锦添的这番话是为新版《红楼梦》的造型做解释，其实从另一个侧面也提示了古代传统文化走进当代人心灵的一个途径。影视作品对传统名著的改编的积极作用也在于此。中国传统文化不仅体现在戏曲服饰、表演的虚实相间中，也体现在传统的亲缘伦理及做人根本中。它们并不都是随时间而逝一无所用或一无新意的糟粕，而是其中仍然对当代饱含价值的东西在等待被发现，被挖掘，被传递。譬如《水浒传》中的兄弟情谊，《三国演义》中的中国智慧，《西游记》里的探险精神等，都在影视、歌剧等新的表现形式中被突出、放大，不仅在当代中国观众心里掀起新的涟漪，也将中国传统文化的精髓传播到世界。选材自《三国演义》的国家大剧院大型原创史诗京剧《赤壁》在欧洲演出时非常火爆。著名小提琴家黄蒙拉在捷克民族剧院观看《赤壁》后说："我在欧洲看了很多的演出，像今天返场这样热烈、观众这么热情的，在国外也很少见。今天的演出让我强烈地感受到现在西方观众对于中国、对于中国文化是多么感兴趣、多么着迷和崇敬。这有点像当年我们中国人看'西洋镜'的感觉，《赤壁》就像是那个小小的观像孔，他们通过《赤壁》看到了中国文化博大精深的魅力。"通过歌剧舞台上"万箭齐发"的借箭场面，"百面旌旗画东风"的独特构思，炽烈通红的"火烧连营"，艨艟战船的分崩离析，加上"舌战群儒"70多句顶针续麻，一气呵成的唱段，都在带来令人震撼的视觉冲击外，也令国内外观众重新体会中国传统的智慧。借助这些新形式，能令传统文化勃发新的生机，令读者重新回到古典世界，令一度冷门的名著又再起阅读热潮。在这一方面，虽然这些年的名著翻拍有被批"雷人"之嫌，但客观上增强了名著的认知度，推动了传统文化精粹发扬光大。

二 让优质文学作品走近普通人

文学是影视作品的母体，这在很多地方都得到了证明。奥斯卡奖的获奖影片，一大半都是改编自文学作品（包括虚构与非虚构）。比如2013年入围奥斯卡最佳影片的9部电影分别是《爱》《南国野兽》《乌云背后的幸福线》《逃离德黑兰》《少年派的奇幻漂流》《猎杀本·拉登》《林肯》《被解放的迪亚戈》和《悲惨世界》，其中除了《爱》《猎杀本·拉登》和《被解放的迪亚戈》三部是原创剧本、《南国野兽》改编自独幕剧《多汁且美味》外，其他都是根据小说改编的。前面已经介绍过《少年PI的奇幻漂流》及《悲惨世界》，不再赘述。《乌云背后的幸福线》原著小说作者是一名高中老师，由盛大文学华文天下图书有限公司引进出版，书名为《闪开，让我拥抱幸福》。短短一天时间，小说在百度搜索、豆瓣搜索迅速飙升。《逃离德黑兰》改编自一个真实的故事：6名美国外交人员被困伊朗，为了救出他们，一位精通伪装技巧的中情局特工策划了一个异想天开的方案——用假装拍电影的方式前往营救。因为种种原因，直到1997年，CIA才公开了整件事情的来龙去脉，而事件的主角撰写了整个营救过程的详细报告，并出成书《Argo》，也就是电影的原著小说。随着电影的大热，该书的中文版也在2月正式面世。而《林肯》改编自普利策奖得主、历史学家桃瑞丝·吉恩斯·古德温的历史作品《对手团队：政治天才林肯》。斯皮尔伯格想拍林肯其实已经很多年了，2000年他就开始为电影搜集资料。后来，他遇见了桃瑞丝，对方告诉他自己刚刚写完一部关于林肯的历史学作品。斯皮尔伯格没有等到这个作品出版就问桃瑞丝要了拷贝。看完后，他当即决定将这个作品作为自己影片的改编来源。因为这部作品的篇幅浩瀚，为了把作品中的精髓和那种对人物的把握带入剧本，编剧托尼·库什纳为此付出了6年的时间。[①] 2012年的情况也大致如此，九部提名影片里，有6部根据小说改编。名导马丁·斯科塞斯的力作《雨果》，改编自布莱恩·

---

① 此段介绍参见 http://www.njdfwb.com/a/xinwenzixun/fukan/aifanshu/2013/0225/19637.html。

瑟兹尼克所著的魔幻小说《造梦的雨果》，讲述法国电影先驱乔治·梅里爱的生平。《战马》改编自英国作家迈克·莫波格的儿童文学作品《战马》，简体中文版于 2011 年 11 月由南海出版公司翻译出版。《相助》改编自凯瑟琳·斯托基特的同名小说处女作，该书是 2011 年美国头号畅销书。《后人》改编自女作家凯哈特·赫明斯的同名处女作小说，讲述一位富有的夏威夷地主带着两个女儿去寻找妻子情人的故事。《特别响，非常近》改编自乔治·萨弗兰·福尔的同名小说，该书出版于 2005 年，讲的是"9·11"遗孤的故事。《点球成金》则改编自著名体育类励志故事书作家迈克尔·刘易斯的《魔球：逆境中致胜的智慧》。①

　　之所以如此详细地介绍这两年奥斯卡奖影片改编自文学作品的情况，是为了说明电影之受惠于文学母体良多。但电影对文学作品的推广，尤其是优质文学作品的推广功不可没。常听人哀叹，自从梅里爱发明了电影，人们对直接而的动态丰富影像趋之若鹜，扔开了手头的长篇小说；而电视继之而起后，人们把所有的纸质读物都扔在一边，个个成了沙发土豆。当然，影像有其可怕之处，尤其是消费社会影像泛滥，鲍德里亚、德波都深刻批判过影像之拟真性造成的破坏。德波在《景观社会》中说："商品拜物教的原则是，社会以'可见而不可见'之物的统治，在景观中得到绝对的贯彻，在景观中，真实的世界被优于这一世界的影像的精选品所取代，然而，同时，这些影像又成功地使自己被认为是卓越超群的现实之缩影。"② 人们迷恋于影像的制造与观看，而离真实（现实真实与内心真实）越来越远。但是，优秀的影视作品已经在反思视觉文化的无限制统治（比如美国电影《楚门的世界》[1998]、英国电视剧《黑镜》[2011—2013]），此外，影视作品以影像直接打动观众的特点，的确把一些优秀文学作品的内核，在短时间内烙进人们的头脑，促使人们反过来重新阅读文学、亲近文学。此次国情调研问卷里，有个问题是："会在看某部电影后，重新去读原著吗？"回答可能会和基本会的高达 72%。前文提到的《少年 PI 的奇幻漂流》一作的阅读热潮，就是最好的例子。

1. 重新发现优质文学作品

　　有些优秀的文学作品，虽然饱含阅读价值，但就像深海里的珍珠不太

---

① 此段介绍参见 http://news.xinhuanet.com/book/2012-02/25/c_122753296.htm。
② 居伊·德波：《景观社会》，王昭凤译，南京大学出版社 2006 年版，第 13 页。

为人知晓。它们没有名著的极高知名度，或因为面世迄今为止还不够长久，还没有经历时间的洗礼与鉴别。它们有些是文科类学生的研读书目，有些是文学研究者乐于挖掘的宝藏，但还不是大众所熟悉的佳作。影视作品的改编在这方面的推介力度相当惊人。跟《少年 PI 的奇幻漂流》相似，2013 年，3D 版《了不起的盖茨比》一经推出，在观众沉醉于男主角莱昂纳多·迪卡普里奥的超凡魅力时，出版社也适时重推这部作品，甚至掀起了评论几版译本孰优孰劣的热潮。据《文汇报》记者陈熙涵报道，上海译文版"菲茨杰拉德文集"的翻译兼编辑黄昱宁透露说，从 2012 年年底开始，由于电影即将上映的消息不断传出，该书半年来的累计销量比往常拉升二三万册。其中，采用电影海报作为腰封的中英双语珍藏本《了不起的盖茨比》卖得最好。而南海出版社还在当当网搞起了"买书赢电影票"的活动，以招揽更多的订单。该社一位负责营销的工作人员说："电影像是为书的'复活'做了一次超奢华的广告。"因为在电影上映之前，该版译本已跃居京东、亚马逊与当当等电商网站畅销书排行榜的前 10 位。

《了不起的盖茨比》由美国作家菲茨杰拉德创作出版于 1925 年，是一部以 20 世纪 20 年代的纽约市及长岛为背景的小说，描写了出身贫寒、依靠个人努力而成功的富豪盖茨比的爱情悲剧，也反映了那个时代纸醉金迷的物质景观，被视为美国文学"爵士时代"的象征。它在初出版时并不受欢迎——菲茨杰拉德在世时，总销量只有二万四千本。在大萧条以及第二次世界大战时它被忽略，直至 20 世纪 50 年代再版时才受到广泛注目。其后的数十年它更成为高中、大学文学课的标准教材。经常有人把它称为 20 世纪最伟大的英文小说之一。它在中国一直不是大红大紫的热门书，但因为菲茨杰拉德去世得早（1940 年），在 20 世纪 90 年代它即成为公版书，所以 20 世纪 90 年代末至 21 世纪初，共出版了数十个版本，包括陕西人民出版社 1995 年版、解放军文艺出版社 1997 年版、上海译文出版社 1997 年版、人民文学出版社 2004 年版、广州出版社 2007 年版、天津人民出版社 2008 年版、世界图书出版公司 2008 年版、清华大学出版社 2011 年版、漓江人民出版社 2013 年版、译林出版社 2013 年版等。尤其是今年电影推出后，不但有译林出版社将原来上海译文出版社由巫宁坤、汤永宽、萧甘三人合译的版本，变成由巫宁坤一人独译的版本，以文气更为贯通、阅读更为流畅来吸引读者，南海出版公司更是推出了附赠英文原版别册及畅销书作家村上春树万字导言的电影特别版套装①。而且,在影片中,原著的一些段落直接以打字机上的流动文字形式出现在大屏幕上,尤其是小说著名的开篇和结尾,深深地印在了影片观众的心上,相信其中一定会有仍不满足的读者,会去找出原著,阅读更为完整、优美的文字,使得一部优秀的文学作品,成为畅销书宠儿。据该片导演巴兹·鲁曼透露,影片在欧美上映时,原著小说一周销售量就超过了菲茨杰拉德在世时的全部销量。而在中国,电影上档后,该书冲上了京东、亚马逊与当当三大图书电商网站的畅销榜首位。同时,一些大中小型实体书店,也纷纷将《了不起的盖茨比》从文学名著一栏移至畅销书的显眼位置。

此外,据《文汇报》记者陈熙涵报道,电影《了不起的盖茨比》的边际效应还在持续发酵。由于村上春树、海明威、塞林格等名家都在自己的著作中屡次提到菲茨杰拉德,因而这些故事背后的轶事又在影片上映后催生出一股考据热。据悉,海明威为什么会在《流动的盛宴》中用一个章节专写菲茨杰拉德,塞林格《麦田里的守望者》中的主人公为何频频提及这位爵士时代的代表者等,随之成为各读书网站的热议话题。"新电影就像入场券,满足了现代观众对爵士时代的想象,至于他是不是盖茨比、是不是小说,都没关系。"一位业内人士认为,很多新的读者正是通过这张"入场券",重新回到了菲茨杰拉德的字里行间,以及他视野中的敏锐之处。②

悖论性的是,2013 版的电影《了不起的盖茨比》其实口碑并不佳,票房平平,甚至事实上,该片上映前后,一众著名作家、书评家通过各种途径力荐原作,是因为影片远未能达到文学所折射的精神气质和厚度。看来,有些时候,一些拍摄并不太如人意的影视作品不但没有损毁原著的魅力,反而会反过来助原著一臂之力,令人渴望探索文学的世界,这恐怕也算是影视对优质文学畅销书籍的一份特殊贡献。

2. 打通严肃小说与通俗小说的界限

长久以来,在严肃文学与通俗文学之间一直存在着无形的壁垒,但是畅销书与模式化与大规模批量生产的通俗作品不同,它永远以社会时尚和

---

① 在出版界,一部小说改编成电影后,出版社通常会在电影上市的时候重新推出新封面或其他的新版本,把影星照片或电影海报融入新封面,配合电影一起造势,这种做法称为电影搭卖版。

② 关于《文汇报》记者陈熙涵的这篇报道"影片票房表现平平,原著销量得以猛增",详见 http://finance.china.com.cn/roll/20130912/1807265.shtml。

大众心理的走向为自己的生存原则,这在一定程度上模糊了作品的文学艺术价值与商业价值之间的界限。《美国金榜畅销书通览》列举了 1942 年至 1992 年 50 年间"美国《纽约时报》畅销书榜"的所有虚构类及非虚构类作品,其中虽不乏西德尼·谢尔顿、斯蒂芬·金的以商业化原则为销量的书籍,也有毛姆的《刀锋》、帕斯杰尔纳克的《日瓦戈医生》、诺曼·梅勒的《裸者与死者》、索尔·贝娄的《赫索格》这样优秀作家创作的优秀作品,表明文学艺术价值和思想价值也是畅销书榜进行评判的一个角度。①而电影,作为一种大众传播介质,它对改编优质小说的热情,进一步打通了严肃小说与通俗小说的界限,它们有的将严肃小说以大众容易接受的叙事形式重新展现;有的将通俗小说里富有价值的部分通过影像叙事加深其力量,使得严肃小说和通俗小说里,有更多的佳作成为畅销书籍,为更多的人所阅读。

伊恩·麦克尤恩是当前英国文坛最具影响力的作家之一。从 20 世纪 70 年代开始创作,迄今为止已有两部短篇小说集,13 部长篇小说,5 个剧本。虽然他的创作力非常旺盛(1948 年出生的他目前不到 70 岁),但作为一名严肃文学作家,他并不太为圈外人所知晓。2008 年,由他的同名小说改编的电影《赎罪》荣获第 65 届金球奖最佳影片,并获得奥斯卡最佳影片、最佳女主角、最佳改编剧本等七项提名。虽然最后该片在奥斯卡奖上没有实际斩获,却大大提升了原著和作者的知名度。据《外滩画报》记者王小白报道②,2007 年堪称"麦克尤恩年",电影《赎罪》大热,引发他该年创作出版的小说《在切瑟尔海滩上》大卖,而《赎罪》这部 5 年前的小说,荣登英国《卫报》图书排行榜冠军。在 2007 年布克奖的入围名单中,他一本书的销量零头,就超过了其他所有入围作品的销量总和。

在中国国内,2008 年随奥斯卡之风出版《赎罪》后,陆续又出版了他的《阿姆斯特丹》《时间中的孩子》和《水泥花园》《在切瑟尔海滩上》《只爱陌生人》《黑犬》《最初的爱情,最后的仪式》《星期六》等几乎所有作品。在当代外国严肃文学作家中,对他的推介力度不可谓不小,而这一切,又不能不说是电影改编带来的效应,因为在影片推出之前,国内没有出版过他的任何作品。据《东方早报》报道,《赎罪》将推出歌剧

---

① 施忠连等编著:《美国金榜畅销书通览》,文汇出版社 1998 年版。
② 详见 http://www.trends.com.cn/people/movie/2008-04/83033.shtml。

版，相信一定会为阅读麦克尤恩再掀热潮。

与之类似的还有加拿大作家迈克尔·翁达杰、美国作家科马克·麦卡锡等。前者是一位以诗闻名的作家，但使他跻身国际知名作家行列的，还是那部获得布克奖的富有如梦如幻般魅力的小说《英国病人》。根据该小说改编的电影获得 1997 年第 69 届奥斯卡最佳导演与最佳影片两项大奖，2012 年重版的全新译本在中国的图书网站上好评率达到 99.4%。后者科马克·麦卡锡是美国小说家和剧作家。代表作有《血色子午线》《边境三部曲》《老无所依》《路》等。《血色子午线》在《纽约时报》评选的"过去 25 年美国最佳小说"中名列第三。《边境三部曲》引起图书界的轰动，荣膺美国国家图书奖和国家书评奖。但是他的作品销路却不怎样。①他的不少作品都被改编为电影，比如《天下骏马》改编成《脱缰野马》《路》改编成《末日危途》，而由《老无所依》改编的同名电影则力夺 2008 年奥斯卡最佳影片等四项重量级奖项。这些都奠定了麦卡锡的大师地位，他因此获誉"当代最伟大的美国作家之一"以及海明威与福克纳唯一的继承者。而且，他也一直是诺贝尔文学奖的大热门人选。由于电影的推动，该作家在中国的译本也相当的全，最早的是 2002 年上海译文出版社出版的《边境三部曲》中的两部《穿越》和《平原上的城市》之后便一直没有作品推出，应该跟作品影响力不大、销量不高有关。2009 年，《老无所依》获奥斯卡奖后，这两年又推出其他作品，其中在豆瓣网上，《老无所依》的讨论最多，跟它被改编成电影大有关系。

与上述严肃小说及严肃小说作家获得大众青睐相对，一些曾经不入研究者等"专业"人士法眼的通俗作家或通俗小说，也借由影视的重述、改写与挖掘，登上畅销书宝座，被广大观众乃至读者发现了其艺术魅力与艺术价值。比如经由著名导演陈凯歌改编成电影的《霸王别姬》，原著小说作者李碧华善写鬼魅、辛辣、凄艳悲凉的故事，创作量惊人（文学作品达 109 部，改编成电影的有 13 部，最出名的除《霸王别姬》外，还有《青蛇》《胭脂扣》等），与亦舒一起被认为是香港通俗小说女作家。《霸王别姬》改编成电影后，原著借"婊子无情，戏子无义"的通俗情爱故事而

---

① 著名出版社 HarperCollins 总编 Daniel Halpern 就曾说："麦卡锡作品本来卖得很差，但到底是什么因素让他红起来的？"（布莱恩·希尔：《打造畅销书》，陈希林译，中国人民大学出版社 2006 年版，第 55 页）答案也许跟电影有关。

彰显的风雨人生，被电影的历史厚度再度放大，作者于段小楼、程蝶衣、菊仙三人身上寄托的历史的、社会的、美学的、哲学的意蕴，通过导演智慧的调度、演员精彩的表演展现出来，难怪有读者评论道："相比于陈凯歌的电影，小说看来更像一出悲剧。"又有人在李碧华身上看到了张爱玲的影子，"张爱玲窗外湿漉漉的晕黄月亮告别日光，一身落寞地消隐在美利坚的土地上，华丽而苍凉的人生况味却伴随着澎湃的经济发展在香港继续绵延。接力的女子叫李碧华"①。

又比如美国著名恐怖小说作家斯蒂芬·金，他的作品既非常畅销，又是电影改编的宠儿。他迄今为止被改编成影视作品的有七十余部，其中最著名的就是《闪灵》《肖申克的救赎》。1980年由天才导演库布里克拍摄的《闪灵》最大程度地发挥了原著的魅力：即意义的空白与不确定性。从来都是没逻辑才最恐怖，而《闪灵》恰恰在一个成逻辑的体系上加上许多没逻辑的细节，它们与主体的关系若即若离，背后的意味则令人不寒而栗，从而成就一个意蕴丰富且耐人寻味的文本——于是几十年来的人们总结出了种种解读：山庄是男权社会的缩影、预示着美国梦的破裂，主人公杀人事件其实是在影射白人对印第安人的惨绝人寰的大屠杀……编剧把握住了作家在描述梦碎、种族屠杀、男权倒塌几大事件之间的共性：无意义的骄傲，使得影片成为电影史上的名片，原作小说的丰富内涵也因此被揭露了出来：它不仅仅在讲述一个主人公由慈父演变为狂魔的通俗悲剧，而是理想主义破碎后，人囿于自我找不到出路的悲哀。

总之，电影对于原著小说的改编，凸显了小说中的艺术价值，扩大了受众面，使得以往藏在文学殿堂里的严肃作品和流于坊间的通俗小说，都找到了接近读者的方式：它们一个因自身的艺术价值，通过电影这个大众媒介，找到了更多的读者；一个则通过电影这个大众媒介，令更多读者意识到某些通俗小说内含的艺术价值。两者之间壁垒的突破，有益于真正优秀的文学作品能尽可能多地被人阅读，成为他们的精神食粮。

三 让畅销书的内核力爆发

这些年是中外畅销书电影改编相当红火的年份。无论是海外的《魔戒》三部曲、《哈利·波特》系列、《暮色之城》系列、《达·芬奇密

---

① 读者评论详见豆瓣网，http://book.douban.com/review/1194563/。

码》,还是国内的《那些年,我们一起追过的女孩》《失恋 33 天》《致我们终将逝去的青春》《杜拉拉升职记》等,都是畅销书带动观影热潮、电影上映又再度拉动图书销售的典型互动佳例。但是,并不是所有的畅销书都能改编成电影,或改编成电影后,也不是都能取得预料的佳绩;反过来,由畅销书改编的电影也不是部部都令原著更加生色。影视界在挑选畅销书进行改编时,客观中展现了这样一个标准或取向:寻找畅销书里有价值的内核。这反过来也给我们的文学创作,尤其是面对大众的畅销书创作提出了问题:我们该创作什么样的作品,才能真正博得读者的喜欢?什么样的作品,才是今天的畅销书,明天的常销书,未来的经典?

1. 寻找粉丝群的基本诉求

其实,在郭敬明的电影《小时代》上映之前,无论是他创作的书籍(包括杂志)的销量,还是他的人气,都有持续走跌的趋势。因此,在筹备电影上映之时,郭敬明对自己跨入新领域是否还能维持或吸引新的读者群,并没有抱很大信心。他小心翼翼地将这套于 2008 年开始出的同名系列小说印了 3 万册。但没想到,随着电影即将上映消息的发布,预售就超过 10 万册,出版社赶紧加班加印,最后在电影放映期间及之后的余波里,共销售 30 万册,书店门口也重新出现了读者排队购书的情形。

我们不能将这种现象简单地称为脑残粉的追星活动。在那么多年轻的畅销书作家及如今读者非常喜欢的热门网络作家中,郭敬明能始终拔得头筹并非偶然。在调研小组进行的调查问卷中,中学生最喜爱的畅销书籍一题,郭敬明的《小时代》被提到 43 人次,是排名第二的《你若安好,便是晴天》(18 人次)两倍还多。最喜欢的中国畅销书作家,郭敬明也以被提到 44 人次排名首位。而且,在网上一篇关于《小时代》观众群分析的文章《用数据"小时代"观众群体》中,作者统计了小时代的观众平均年龄是 20.3 岁。可以说,观众里有很大一部分是已经进入大学(18 岁以上)、经历过了中学懵懂的青春期的人群。郭敬明和他的《小时代》(这并不是他最好的作品)是与他们的青春记忆联系在一起的,郭敬明书写青春的细腻、他对当下物质生活的欲望的描写、对内心生活的刻画,等等。有读者说:"喜欢郭敬明,是因为他的内在的气质:内敛的活泼中透出的淡淡忧伤。"这不仅是郭敬明本人给读者留下的印象,也是他作品传递出来的信息。他的那份"淡淡的忧伤"牢牢地抓住了尚未踏入社会、还没有能力关心社会大问题却在自己内心的惶惑中感到将不得不即将进入成人世界的少男少女的心。因此，虽然有人说《小时代》是一部脑残粉电影，但通过对其观影人群的关键词分析，我们发现"脑残粉"一词居然也是最醒目的存在。而当我们具体去看上下文时，也会看到，提到"脑残粉"的微博原文大多都是说"我不是四爷的脑残粉，但我很喜欢《小时代》""不管别人怎么看，我就是《小时代》的脑残粉"这样的文字……"脑残粉"其实成了他们自嘲式的标签。[①]"脑残"是因为郭敬明青春小说的内核，呼应了粉丝群的基本诉求：他们正在长大，他们拒绝长大；他们想要表达，他们不知如何表达。但依靠郭敬明和他的作品，他们的诉求被体现，他们也因此找到了同气相投的伙伴（郭敬明的书是同学间传阅的对象，或赠送的礼物），他们因此用"脑残"这种忠实，来表达自己的认可与感激。当然，这样一群人会最终成熟起来，走进成人世界，把郭敬明和他的作品留在脑后，以2003年出版的《梦里花落知多少》为其走红的起点，当时的16岁左右的读者如今都26岁左右，但并不是《小时代》的主要观众。而是，新一轮进入16岁的人，通过电影的热门被吸引到他的世界里来。郭敬明和韩寒都深陷"抄袭门""代笔门"，但无论是社会舆论的反映，还是这次调研发现，学生们并不太在意这点，他们的诉求只有一个：书好看就行。书的内容质量永远是畅销的奠基石，作者的知名度、经营度、争议度会增加对他作品的关注，但并不会持续稳定地增加他的读者、保留他的粉丝，最终畅销还是因为作品内容的某些方面，呼应了粉丝的基本诉求。

而《哈利·波特》的走红，跟作者J. K. 罗琳并没有太大关系；大部分《指环王》的粉丝，也未必是作者、英国牛津大学教授兼语言学家托尔金的"脑残粉"。喜欢这两部作品的年轻读者（观众），是因为他们喜欢这两部作品的内核：它们的核心人物不是出身高贵的国王，不是神秘莫测的精灵王子，不是法力无边的巫师，不是各个身怀绝技的魔法老师，而是两个普普通通、甚至某种意义上说还未成年的男孩子。魔戒未现身之前，佛罗多和我们所有普通人一样，幸福平静地生活在田园一样的家乡里。而哈利·波特不知道自己的身世、不知道自己属于$9\frac{3}{4}$站

[①] http://www.199it.com/archives/137653.html.

台上列车驶向的去处——霍格沃茨魔法学校——之前，也就是个普普通通的男孩子，生活在叔叔家的阁楼上。魔戒三部曲是销毁魔戒的过程，也是佛罗多成长成熟的过程；七部《哈利·波特》是哈利波特在霍格沃茨魔法学校学习六年，并最终战胜伏地魔的过程，也是他终于长大成人、收获爱情的过程。所以，从这个意义上说，《指环王》不是史诗，《哈利·波特》不是魔法小说，它们都是关注普通人的小说。以往的史诗主角是奥德修斯、阿喀琉斯那样的英雄，这样的人物在《指环王》里的对应角色应是曾经的（也将要再次是的）国王阿拉贡，但阿拉贡不是主角，霍比特人佛罗多才是。正如美国学者托马斯·福斯特所说："这部小说［我们也可以理解为这部电影］不是关于英雄的，是关于我们的……除了那毛茸茸的脚之外，佛罗多就是我们。他是个小人物，正好赶上了一场至高权力的斗争。他没有英雄气概，更喜欢自家的壁炉，而不是充满危险的广大世界。在这场战争中，他甚至不是自愿效力……那个戒指恰好被传递到他手上，需要他去处理……［虽然］他反复说这个任务不是他能力所能及，但他坚持了下来。"

在这里，我们看到两部小说叙事弘扬的都是普通人的坚定、坚强和坚持。而且，两位主人公并不是一直保持这样的品质，他们跟我们所有人一样，也有过软弱，有过犹疑，有过放弃的念头，怀疑过自己的朋友，排斥过自己的伙伴，甚至也和那些迷恋魔戒、魔法石的权力的人一样，有过被那份"欲望"诱惑的时刻。但是，他们坚持完成了任务和学业，依靠的就是朋友的忠贞、支持和情义。这正是普通年轻人在青春成长阶段的另一个基本诉求：我们正在长大，我们需要伙伴；我们虽不成熟，我们终能有所成就。两部系列电影也都放大了小说的这些核心主题，佛罗多与童年好友山姆及护戒之队、哈利·波特与罗恩、赫敏的友谊，两位主人公最终依靠自己的坚持及朋友的支持完成了任务（销毁魔戒、杀死伏地魔）的成就感，都是粉丝追随影片的一大理由，也吸引更多观众转变为原著的读者。

文章开篇提到与《小时代》同期上映的《一场风花雪月的事》，虽然也有一定的粉丝基础，但并没有掀起电影与阅读的热潮，现在看来，就是没有找到粉丝的核心诉求。而这里提到的几部畅销书都呼应了粉丝的诉求，触发了青年人的共鸣，因此《小时代》每本销量都超过百万册、《指环王》销售额1.2亿、《哈利·波特》所有版本总销售额逾5亿（截至

2008年），某种程度上，都是核心诉求及价值观赢得共识的例证。

2. 寻找人心的共通点

浪漫，恐怖，言情类作家劳蕾尔·汉密尔顿曾说："我现在还是相信，作家不能坐在书房里，然后说：'好，让我写一本一定能上纽约畅销书排行榜的书。'如果抱这种心态写作，写出来的东西就像冰冷的硬塑料一样。你要写的，是你自己想看的东西，是感动你的东西。每个人自有独特的视角、心声，只要你细心观察，找出你的视角和心声，这就是你该写的。"作家斯宾塞·约翰逊博士说："一本书要成功，必须具备三个要素：书要好。书要好。书要好。……我记得出版商有一次曾经告诉我，下本新书一定大卖特卖。我反问他们怎么书还没上市就知道一定会大卖，他们回答说全公司上下都看过书稿了，人人众口一词该书会大卖，许多人的亲朋好友都等不及了，都想先睹为快，后来还加印了书稿拿回去给他们的亲朋好友。……如果你写了一本好书，好到读者等不及了，一直想告诉自己的亲朋好友这书多好看，那么这本书就会成功。即使这本书不能称之为伟大文学巨著，但只要内容能碰触到读者心底的感觉，让读者愿意买这本书馈赠亲友，或拿起电话告诉朋友们这本书多好看，那作者就成功了。"兰登书屋的编辑李·布德罗克斯则说："……我先把说明大纲看完，读读第一页，然后就看作者借着文字打动人心的功力高不高了。作者的文字如果能吸引我一直读下去，就成功了。"而有编辑在回答为什么拒绝一些作品时说："无法引起我的激情。……我们试读文学类作品的时候，要找的就是其中有没有吸引人的魔力。"法劳斯特劳斯和吉罗出版社发行人乔纳森·加拉西说："'口耳相传、争相传告'才是一部作品成功的关键。"①

从作者、编辑、发行人这一出版的制作、销售链上来看，虽然刚才各位的表述不尽相同，也有些模糊的词汇，比如"心声""激情""魔力"等，但实际上，本文作者相信，书籍能被最广泛的读者接受，一定是它拥有一种"共情"（empathy）的能力。这个词可能用的不太妥当，它是一个心理学概念，指的是一种能深入他人主观世界、了解其感受的能力。心理学家米尔顿·梅洛夫认为，共情就是"关怀一个人，必须能够了解他及他

---

① 这段文字的引文均出自布莱恩·希尔《打造畅销书》，陈希林译，中国人民大学出版社2006年版，第36—96页。

的世界,就好像我就是他,我必须能够好像用他的眼看他的世界及他自己一样,而不能把他看成物品一样从外面去审核、观察,必须能与他同在他的世界里,并进入他的世界,从内部去体认他的生活方式,及他的目标与方向"[1]。它本来是指咨询师的一种技巧,但本文作者认为,好的作家一定拥有这样的天赋,而好的文学作品,也一定拥有深入他人内心世界的能力。

影视作品因为影像的直接性,能将文学作品里的"共情因素"最大程度地发挥出来,观众在影院里也感觉到带入感最强,深深打动观众的影视作品,必然会推动原著的知名度,也促使书籍出版业去寻找拥有此类特质的作品。所谓"等不及要把好书介绍给亲朋好友""口耳相传、争相传告是唯一竞争力",就是鉴于作品有共情的能力,它能"碰触到读者的心底""人同此心 心同此理",被广大读者追捧。比如获2003年奥斯卡奖最佳男主角、女配角的电影《冷山》,就是改编自查尔斯·弗雷泽的同名小说。剧作家柯克·埃利斯认为,制片人并不相信阅读大众会自动变成电影观众[2],要有这转换的(或反过来的转换),肯定是小说里包含了能打动人心的要素,在这部小说里,就是"对爱情的坚守"。就是因为对这一点的信心,或者说,对小说拥有"人心共通点"的信心,米拉梅电影公司斥资数百万美元邀请当红影星妮可·基德曼、裘德·洛等来出演小说里的角色。而原作作者查尔斯·弗雷泽只写了这一本小说,就成为美国十大畅销书之一,荣获美国国家图书奖、美国书商协会年度图书大奖。这是一部描写美国南北战争的小说,另一部描写"文革"时期纯真爱情的中国小说《山楂树之恋》,经导演张艺谋改编后,也取得1.6亿票房,在文艺片当中创造了国产片的最高纪录。这都不是描写当今时代的作品,但仍然受到当下观众、读者的热爱,说明它们都找到了人心的共通点,发挥了最大的共情力量。

结 语

每一时代都有人在担忧,阅读书本的时代已然过去,书籍正在消亡。

---

[1] http://baike.baidu.com/link?url=2bLST13P8seg8CevNLFG6-5_IYgQabOS72cmO1foODpPl7R7thZAPeMd0T28Bh7N.

[2] 布莱恩·希尔:《打造畅销书》,陈希林译,中国人民大学出版社2006年版,第179—180页。

但是，与其担忧，不如思考如何跟随时代的步伐，借助日新月异的媒介技术，重新展现文学世界的美好。从此文可以看出，在影视与文学作品的互动中，影视对重造或推广文学书籍，尤其是优质畅销书的积极作用还是非常明显的。作为文学研究者，我们应重视并研究这一现象，在推广优质文学这方面尽到自己的力量。

全民阅读与西方经典流行作品的汲取
——国家文化战略

冯季庆

(一)

一份长长的书单：

1.《艾凡赫》[英] 司格特著，刘尊棋、章益译

2.《爱伦·坡短篇小说选》[美] 爱伦·坡著，陈良廷译

3.《爱玛》[英] 简奥斯丁著，李文俊、蔡慧译

4.《安娜·卡列尼娜》上、下 [俄] 列夫·托尔斯泰著，周扬、谢素台译

5.《安徒生童话故事集》[丹麦] 安徒生著，叶君健译

6.《傲慢与偏见》[英] 奥斯丁著，张玲、张扬译

7.《奥勃洛莫夫》[俄] 冈察洛夫著，陈馥译

8.《奥康纳短篇小说选》[爱尔兰] 弗兰克·奥康纳著，路旦俊译

9.《八十天环游地球》[法] 凡尔纳著，赵克非译

10.《巴黎圣母院》[法] 雨果著，陈敬容译

11.《巴赛特的最后纪事》上、下 [英] 安东尼·特罗洛普著，周治淮、臧树林译

12.《白鲸》[美] 梅尔维尔著，成时译

13.《包法利夫人》[法] 福楼拜著，李健吾译

14.《悲惨世界》上、中、下 [法] 雨果著，李丹、方于译

15.《贝姨》[法] 巴尔扎克著，王文融译

16.《被欺凌与被侮辱的》[俄] 陀思妥耶夫斯基著，南江译

17.《彼得堡故事》[俄] 果戈理著，满涛译
18.《彼得大帝》上、下 [苏联] 阿·托尔斯泰著，朱雯译
19.《变形记》[古罗马] 奥维德著，李文俊等译
20.《冰岛渔夫菊子夫人》[法] 洛蒂著，艾珉译
21.《草原和群山的》[吉尔吉斯斯坦] 艾特玛托夫著，力冈等译
22.《茶花女》[法] 小仲马著，王振孙译
23.《忏悔录》[法] 卢梭著，黎星、范希衡译
24.《沉船》[印] 泰戈尔著，黄雨石译
25.《城堡》[奥地利] 卡夫卡著，高年生译
26.《城与年》[苏] 费定著，曹靖华译
27.《丛林故事》[英] 吉卜林著，文美惠、任吉生译
28.《大师和玛格丽特》[俄] 布尔加科夫著，钱诚译
29.《大卫·科波菲尔》上、下 [英] 狄更斯著，庄绎传译
30.《当代英雄莱蒙托夫诗选》[俄] 莱蒙托夫著，翟松年、余振、顾蕴璞译
31.《道连格雷的画像》[爱尔兰] 王尔德著，黄源深译
32.《德伯家的苔丝》[英] 哈代著，张谷若译
33.《狄康卡近乡夜话》[俄] 果戈理著，满涛译
34.《都兰趣话》[法] 巴尔扎克著，施康强译
35.《儿子与情人》[英] D. H. 劳伦斯著，陈良廷、刘文澜译
36.《浮士德》[德] 歌德著，绿原译
37.《福尔摩斯四大奇案》[英] 柯南道尔著，李广成等译
38.《复活》[俄] 列夫·托尔斯泰著，汝龙译
39.《钢铁是怎样炼成的》[苏] 尼·奥斯特洛夫斯基著，梅益译
40.《高老头》[法] 巴尔扎克著，张冠尧译
41.《格列佛游记》[英] 斯威夫特著，张健译
42.《格林童话全集》[德] 格林兄弟著，魏以新译
43.《古希腊戏剧选》[古希腊] 埃斯库罗斯著，罗念生译
44.《哈克·贝利费恩历险记》[美] 马克·吐温著，成时译
45.《海底两万里》[法] 凡尔纳著，赵克非译
46.《好兵帅克历险记》[捷] 雅哈谢克著，星灿译
47.《荷马史诗·奥德赛》[古希腊] 荷马著，王焕生译

48. 《荷马史诗·伊利亚特》［古希腊］荷马著，罗念生、王焕生译
49. 《红色的英勇标志》［美］斯蒂芬·克莱恩著，刘士聪、谷启楠译
50. 《红与黑》［法］司汤达著，张冠尧译
51. 《红字》［美］霍桑著，胡允桓译
52. 《呼啸山庄》［英］爱米丽·勃朗特著，张玲、张扬译
53. 《基度山伯爵》上、下［法］大仲马著，蒋学模译
54. 《吉姆爷》［英］康拉德著，熊蕾译
55. 《纪德小说选》［法］纪德著，李玉民译
56. 《嘉莉妹妹》［美］德莱塞著，潘庆舲译
57. 《简·爱》［英］夏洛蒂·勃朗特著，吴钧燮译
58. 《杰克·伦敦小说选》［美］杰克·伦敦著，万紫、雨宁、胡春兰译
59. 《金银岛化身博士》［英］斯蒂文森著，如德、杨彩霞译
60. 《静静的顿河》（1—4）［苏］肖洛霍夫著，金人译
61. 《九三年》［法］雨果著，郑永慧译
62. 《巨人传》［法］拉伯雷著，鲍文蔚译
63. 《卡夫卡中短篇小说选》［奥地利］卡夫卡著，多人译
64. 《卡拉马佐夫兄弟》上、下［俄］陀思妥耶夫斯基著，耿济之译
65. 《卡斯特桥市长》［英］哈代著，张玲、张扬译
66. 《坎特伯雷故事》［英］乔叟著，方重译
67. 《克雷洛夫寓言》［俄］克雷洛夫著，屈洪、岳岩译
68. 《苦难历程》上、下［苏］阿·托尔斯泰著，王士燮译
69. 《劳伦斯中短篇小说选》［英］D. H. 劳伦斯著，主万、朱炯强译
70. 《老妇还乡》［瑞士］迪伦马特著，叶廷芳、韩瑞祥译
71. 《了不起的盖茨比》［美］菲兹杰拉尔德著，姚乃强译
72. 《里尔克诗选》［奥地利］里尔克著，绿原译
73. 《鲁滨孙漂流记》［英］笛福著，徐霞村译
74. 《罗密欧与朱丽叶》［英］莎士比亚著，朱生豪译
75. 《罗亭贵族之家》［俄］屠格涅夫著，陆蠡、丽尼译
76. 《马丁·伊登》［美］杰克·伦敦著，殷惟本译
77. 《马克·吐温中短篇小说选》［美］马克·吐温著，叶冬心译
78. 《玛尔戈王后》［法］大仲马著，张英伦、向奎观译

79. 《梅里美中短篇小说集》［法］梅里美著，张冠尧译
80. 《蒙田随笔》［法］蒙田著，梁宗岱、黄建华译
81. 《米德尔马契》上、下［英］乔治·艾略特著，项星耀译
82. 《名利场》上、下［英］萨克雷著，杨必译
83. 《名人传》［法］罗曼·罗兰著，艾珉、张冠尧译
84. 《莫班小姐》［法］戈蒂耶著，艾珉译
85. 《莫泊桑短篇小说选》［法］莫泊桑著，赵少侯译
86. 《母亲》［苏］高尔基著，夏衍译
87. 《娜娜》［法］左拉著，刘永慧译
88. 《欧·亨利短篇小说选》［美］欧·亨利著，王永年译
89. 《欧文短篇小说选》［美］欧文著，万紫等译
90. 《欧也妮·葛朗台》［法］巴尔扎克著，张冠尧译
91. 《培根随笔集》［英］培根著，曹明伦译
92. 《漂亮朋友》［法］莫泊桑著，张冠尧译
93. 《飘》上、下［美］米切尔著，戴侃、李野光、庄绎传译
94. 《破戒》［日］岛崎藤村著，陈德文译
95. 《普希金诗选》［俄］普希金著，高莽等译
96. 《契诃夫短篇小说选》［俄］契诃夫著，汝龙译
97. 《前夜父与子》［俄］屠格涅夫著，丽尼、巴金译
98. 《青年近卫军》［苏］法捷耶夫著，水夫译
99. 《情感教育》［法］福楼拜著，王文融译
100. 《日瓦戈医生》［苏］鲍·帕斯捷尔纳克著，蓝英年、张秉衡译
101. 《萨基短篇小说选》［英］萨基著，冯涛译
102. 《三剑客》上、下［法］大仲马著，周克希译
103. 《傻瓜吉姆佩尔》［美］辛格著，万紫译
104. 《少年维特的烦恼·赫尔曼和多罗泰》［德］歌德著，杨武能、钱春绮译
105. 《神曲》（共三册）［意大利］但丁著，田德望译
106. 《十二把椅子》［苏］伊·伊里夫叶彼得罗夫著，张佩文译
107. 《十日谈》［意］薄伽丘著，王永年译
108. 《双城记》［英］狄更斯著，石永礼、赵文娟译
109. 《斯·茨威格小说选》［奥地利］斯·茨威格著，张玉书译

110. 《死魂灵》［俄］果戈理著，满涛、许庆道译
111. 《泰戈尔诗选》［印度］泰戈尔著，石真、郑振铎、冰心等译
112. 《汤姆·索亚历险记》［美］马克·吐温著，成时译
113. 《汤姆叔叔的小屋》［美］斯陀夫人著，王家湘译
114. 《唐璜》上、下［英］拜伦著，查良铮译
115. 《堂吉诃德》［西班牙］塞万提斯著，杨绛译
116. 《特罗洛普中短篇小说精选》［英］安东尼·特罗洛普著，石永礼译
117. 《童年在人间我的大学》［苏］高尔基著，刘辽逸、楼适夷、陆风译
118. 《瓦尔登湖》［美］梭罗著，苏福忠译
119. 《往事与随想》上、中、下［俄］赫尔岑著，项星耀译
120. 《文字生涯》［法］让·保尔·萨特著，沈志明译
121. 《我是猫》［日］夏目漱石著，尤炳圻、胡雪译
122. 《雾都孤儿》［英］狄更斯著，黄雨石译
123. 《希腊神话和传说》［德］斯威布著，楚图南译
124. 《小妇人》［美］路易莎·梅·奥尔科特著，贾辉丰译
125. 《雪国》［日］川端康成著，高慧勤译
126. 《亚瑟王之死》上、下［英］托马斯·马洛礼著，黄素封译
127. 《叶甫盖尼·奥涅金》［俄］普希金著，智量译
128. 《夜色温柔》［美］菲茨杰拉德著，主万、叶尊译
129. 《一个世纪儿的忏悔》［法］缪塞著，梁均译
130. 《一千零一夜》［阿拉伯］，纳训译
131. 《一生》［法］莫泊桑著，盛澄华译
132. 《伊凡·杰尼索维奇的一天》［俄］索尔仁尼琴著，斯人译
133. 《伊索寓言》［古希腊］伊索著，王焕生译
134. 《诱拐》［英］斯蒂文森著，张建平译
135. 《源氏物语》上、中、下［日］紫式部著，丰子恺译
136. 《远大前程》［英］狄更斯著，主万译
137. 《怎么办?》［俄］车尔尼雪夫斯基著，蒋路译
138. 《战争与和平》上、下［俄］列夫·托尔斯泰著，刘辽逸译
139. 《这里的黎明静悄悄》［苏］鲍瓦西里耶夫著，王全陵译

140.《罪与罚》［俄］陀思妥耶夫斯基著，朱海观、王汶译

以上是人民文学出版社近一二十年常销、畅销的西方经典文学名著名译140种的书单。其中可见荣获国家图书奖的《伊利亚特》《奥德赛》等，全国优秀外国文学图书奖的《悲惨世界》《茶花女》等，全国优秀畅销书奖的《简·爱》《欧也妮·葛朗台》等图书的身影，也可见到中国社科院外国文学研究所的多位翻译家为外国优秀文学作品在中国的译介和传播所作出的贡献：

罗念生《伊利亚特》《古希腊戏剧选》

叶水夫《青年近卫军》

李健吾《包法利夫人》

杨绛《堂吉诃德》

高莽《普希金诗选》

李文俊《变形记》《爱玛》

王焕生《伊利亚特》《奥德赛》《伊索寓言》

文美惠《丛林故事》

叶廷芳《老妇还乡》

张玲《傲慢与偏见》《呼啸山庄》《卡斯特桥市长》

高慧勤《雪国》

张英伦《玛尔戈王后》

据中国社科院今年发布的"文学蓝皮书"的《中国文情报告（2012—2013）》指出，经典不敌流行，2012年"开卷"小说类图书畅销排行榜显示，进榜书中的经典文学作品，只有《百年孤独》和《围城》。其实，综观北京历年开卷的畅销书排行榜，重新出版的经典文学作品永远在文学类图书市场占有一席之地。

（二）

受消费主义文化、后现代文化思潮和声势浩大的网络文化的影响，大众阅读呈现出多元化、娱乐化、轻浅化的倾向，经典作品似乎有被疏离的危险。据统计，中国网民数量已达5.64亿，手机网民数世界第一，电子化生活带给大众阅读方式的改变显而易见。但是，在网络书店和数字出版的双重夹击下，我国以图书、期刊、报纸为代表的传统书业，不但没有明显下滑，反而处于上升态势。就最近十年的情况统计看，中国的纸介印刷

读物、全国图书出版总量还一直保持着百分之十左右的年增长率。2010年我国出版图书32.8万种,图书品种、总印数、总印张和总码洋均比上年有所增长,其中图书总码洋增长幅度最大,达到10.37%。也就是说,网络阅读和纸质阅读共同架构了当今的阅读主潮。

而与全国图书交易博览会、北京国际图书博览会齐名的全国三大图书盛会之一的每年年初的北京图书订货会,2012年订货总码洋为33亿元,2013年北京图书订货会订货总码洋更达到37.2亿元。2013订货会展台总数达2426个,参展图书品种50万种,为期三天的订货会吸引的参观人数达84000人次,现场零售额达7127.6万元。本届北京图书订货会的文化活动原定只安排了116场,由于公众参与程度很高,各出版单位积极筹备新活动,订货会期间举办新书推荐、名家访谈、高峰论坛、文艺表演等各种形式的文化活动两百余场,北京图书订货会已在真正意义上成了公众文化节日。特别值得一提的是,研究怎样使社会各界充分了解出版界图书出版状况,最大限度地采购图书、销售图书成为本届北京图书订货会工作重点。而且从这届开始也将图书馆馆配工作作为重点,此次订货会现场订货码洋达1.6亿元。

在近十年的纸质图书出版物的上扬过程中,其中的文学读物年增长率达到了百分之九。而再版文学书占了文学出版总量的四分之一,再版书基本属于文学经典名著一类的"常销书"(我们上文所列的书单即属此类)。也就是说,中外文学经典名著仍占据四分之一左右的文学类图书市场。

在2012年度的"畅销榜"中,《百年孤独》和《围城》这样的经典作品赫然在列,作家马尔克斯完成于1967年的《百年孤独》在半个世纪后仍高居我国文学作品畅销榜的第二位,这也表明,经典是跨越时空、地域和文化的,经典文学作品具有典范性和超越性,因而阅读经典是接引文明脉络、确认文化身份的重要途径。

近日,由北京市新闻出版局等主办的2013年北京阅读季大学生读书节十佳主题团日评选活动的主旨,同样是引导大学生养成"爱读书、会读书、读好书"的良好习惯,倡导"博览群书、弘扬经典、享受阅读、养德励志"的理念,营造浓厚读书氛围、提升校园文化品位。

问题是,几大图书节、图书订货会后,如何把国人的阅读兴趣延续下去?

中国有着悠久的阅读传统,诚如孔子所言:"兴于诗,立于礼,成于乐。"而据中国新闻出版研究院第十次全国国民阅读调查结果显示，2012年18—70周岁国民人均纸质图书和电子书合计阅读量为6.74本，尽管这个数字比2011年的5.77本上升了0.97本，但与其他国家相比，尚有差距。即便是6.74本的数量，也当然包括了那些商道厚黑、成功秘籍之类的印刷品。

一个民族的思想基础和核心价值体系的建设离不开阅读，国际阅读学会在总结阅读对于人类最大益处的报告指出，阅读能力的高低，直接影响到一个国家和民族的未来。因此，把阅读作为重要的国家战略，用尽各种办法推动全民阅读是文化兴邦的关键所在。

在美国，克林顿的"美国阅读挑战"运动，布什的"阅读优先"方案，都极力倡导读书。布什政府在2001年初发布的"不让一个孩子落后"的教育改革议案指出，美国存在两个民族：一个能阅读，另一个不能。该法案仅2001年就为"阅读领先"行动投资了9亿美元。

而在"最爱阅读的国家"的俄罗斯，1.4亿俄罗斯人，每个家庭平均藏书近三百册。但俄罗斯政府仍为国民阅读量而忧虑，2012年，政府在国家范围内采取紧急措施，制定《民族阅读大纲》，调动政府、行政、传媒、出版的各方力量，力促俄罗斯读书人数量的快速增长。此类重视阅读，把全民阅读作为国家战略的国家正越来越多。

（三）

当今世界已处于一个民族国家与帝国并行的时代，超越民族国家的资本与权力体系为帝国霸权的兴衰提供了物质和结构条件。21世纪初所展现的是美国、欧洲和中国的三分天下。

现代帝国争霸的两个因素，其一为在全球资本与权力体系中的实力，其二就是其各自所依傍的文明。经济有涨有衰，而一个民族所积累和传承下的文明、文化却是与其他强国并存或竞争的本质所在。

黑格尔在《历史哲学》中说：一个民族在世界历史的发展阶段中究竟占据什么样的位置，不在于这个民族外在成就的高低，而在于这个民族所体现出的精神，要看该民族体现了何种阶段的世界精神。歌德曾在与爱克尔曼谈话时指出：鉴赏力不是靠观赏中等作品，而是要靠观赏最好的作品，才能培养成的。

中国近现代知识分子中，大思想家、政治家、艺术家、人文学科的著名学者无一例外的都接受过严格的文化经典与国学训练，他们的成长道路为我们全民阅读的框架和相关战略细则提供了可资借鉴的经验。

公元 500 年前世界上曾有几个地区同时产生经典文化，四大文明才能在两千多年后影响人类文化发展。在全球化之前，只有各文明的历史：欧亚大陆的犹太教—基督教文明、古希腊罗马文明、伊斯兰教文明、印度教文明和中国文明，都只是区域性的文明，相互之间互有影响。而随着欧洲帝国对亚非拉美和澳洲的发现、移民和征服，特别是工业革命打败了各国的地方工业，缔造了全球经济贸易共同体，西方文明才以欧洲为中心征服了整个世界。19、20 世纪，世界秩序的重心在以英美为首的大西洋，18 世纪领先于世界的东亚彻底衰落。然而，20 世纪七十年代之后，儒家文明圈的东亚开始复兴，到 21 世纪初，以中国的经济等全面崛起为标志，整个世界的经济结构、战略结构又从欧洲向亚洲转移，中国作为一个文明大国的重新崛起，将重现多元文明共存、共生的新局面。

经济全球化必然伴随着文化全球化，形成多元化和一元化的互动。要想保持本民族的主体性、独立性，就必须实现文化的主体性和独立性。要建构一种中国文化价值体系，确立中国文化自身的文化品格，改变单一的意识形态话语，为中国文化走向世界真正搭建一个宽广的交汇点。

文化的特点是其所具有的持续性，文化大国非一朝一夕所能建成。相较于历史短浅的国家，经典文化在我们五千年历史的文明古国有诸多优势去传承、弘扬，实现中国梦，不是一个空洞的没有精神支撑的梦。文化的强盛，国民文化素质的大范围提升是完成中国梦的主体部分，中国梦的物质层面也必须经由精神、文化成果的转换才可能达成。所以，吸收所有世界上先进的文化，为中国梦所用，同时吸收中国经典的传统文化为中国梦所用是文化强国的根本。而优秀书籍给予我们的东西，正是知识，也是生存的自信。

"文化"是中国古汉语中的词汇。"文"的本义，指各色交错的纹理。《易·系辞下》载："物相杂，故曰文。"《礼记·乐记》称："五色成文而不乱。"《说文解字》称："文，错画也，象交文。"即为此义。而"化"，本义为改易、生成、造化，如《庄子·逍遥游》所说："化而为鸟，其名曰鹏。"《易·系辞下》所说："男女构精，万物化生。"《黄帝内经·素问》所谓："化不可代，时不可违。"《礼记·中庸》所谓，"可以赞天地之化育"，等等。"化"指事物形态或性质的改变，同时"化"又引申为教行迁善之义。至战国末年的《易·贲卦·象传》将"文"与"化"并列使用："……天文也。文明以止，人文也。观乎天文，以察时变；观乎人文，以化成天下。""人文"与"化成天下"相联，体现出"以文教化"的思想。西汉以后，"文"与"化"合成一词，说"圣人之治天下也，先文德而后武力。凡武之兴，为不服也。文化不改，然后加诛"（《说苑·指武》），"文化内辑，武功外悠"（《文选·补之诗》）。"文化"或与天造地设的自然对举，或与无教化的"质朴""野蛮"对举。因此，在汉语系统中，"文化"的本义就是"以文教化"，它表示对人的性情的陶冶，品德的教养。

中国古字有十万多，现在常用的却只有四五千字。随着文字、语言的退化，国人的思维方式也在退化，弘扬传统文化迫在眉睫。

要使全民阅读和弘扬传统文化落到实处，政府必须扮演主要角色。没有政府和教育主管部门的通盘运筹和指定中小学生的相关课本内容和阅读篇目，很多的文化努力就会成为虚话。比如，诵读经典是打造文化根基、传承古代语言的重要途径，因而必须在教材和辅助读物中得到强化，多选经典古文的内容，从小夯实学贯中西的基础教育。而国家和地方的各级图书馆的文献资源也应在国家经典文化建设中发挥长期和不可替代的作用，图书馆要将定期举办学术活动，进一步开放图书浏览、借阅作为日常的文化建设工作开展下去。

文化强国，需要政府设计顶层方案，然后通过行之有效的具体的中小项目（如教材、图书馆、书市、文化演出等），汇聚社会各方力量参与承办，形成从省到市、县上下贯通的组织领导体系，建立推动文化发展繁荣的明确体制机制。政府牵头、学术研究引导、创意设计主打，调动政府与民间两种资源，聚集各类社会资本进入文化产业领域，让创造型的文化建设得到可持续发展。

而使一个民族对高尚、高雅文化有兴趣，必须从整治不良文化的传播入手。如今在影视的强大影响下，正培育出一代唯娱乐是从的欣赏习惯。我们从中央台到地方台的大量能拉来巨额广告收入的尽是些低俗不堪的常年火爆的固定节目。这种节目没有文化人的道德良心，以博收视率、广告费为己任，经年累月地带坏着观众的品位和欣赏习惯，是在用国家资源损坏国家利益，通过这些电视节目培养不出受人尊重的中国人。所以，我们不能放弃在文化产业领域对当代国家形象进行建构的使命和监理，不能忽视在大众流行文化领域对中国文化价值观广泛的植入所产生的永久性的印痕，要强调文化产品的社会效益和导向功能。

我们处在一个多元的文化格局中，作为文化传承中心的文学经典不仅需要在本民族内部传承，而且势必要进入一个跨文化场域。而文学的跨文化交流是经典的传承与流播的重要方面。

显然，国家的优秀传统文化和现当代优秀文学文化作品也需要国家动心思、花气力去向西方世界传播。相较于上文长书单的著名翻译家的译品的常销、畅销，我国政府应明了，我国的经典文献、经典和优秀作品也需要输入地的各国文化、翻译、汉学的名人出手翻译介绍，才可能带来购买力（品牌效应），得到更多认可和有效传播。因而我国主管文化交流的部门，诸如驻各国（特别是重要国家）的大使馆文化处、教育部、文联、作协下的中外交流委员会，各国的孔子学院，当然更重要的是各大学、研究机构外事部门，都应该得到专事任务和经费，邀约国外一流的专家学者参加到中国经典、优秀作品的译介中，以打出品牌，形成长久出书、售书的链条。否则，再好的作品，翻译者没有得到输入地的主流文化和大众读者的认同，形不成读者的销售，中国的文化传播就成了某种轻薄的愿望。

在全球化秩序之中，若想要我们的文化传播能够影响他人，就要从艺术享受、审美与认知层面出发，推介影响世人心灵的文化精神和文化传承之作。

随着我国经济文化的发展，海外研究中华文化的学者越来越多，《道德经》的外文译本有五十几个，在德国，不少家庭还摆放了《论语》。这说明中华文化能对世界文化的发展做出比现在更大的贡献。

文化是各民族凝聚力和创造力的源泉，它是一个民族的集体记忆，民族文化身份和独特个性的象征，是一个国家和民族赖以存在的基础，因而文化的积极传承和文化强国具体实施也是应对综合国力竞争、制衡西方大国文化扩张的基本国策，它对传播本国文化、发展世界文化都具有重大意义。

（四）

当今文化同样是几大文化互相交融、汲取，互为影响的。外国文学经典在文化普及方面有着独特的优势，我们不可忽略。优秀的文化遗产不仅应该在审美的层次上而且应该在认知的层面上引导人们树立正确的价值观、人生观，去除低俗，积极向上。

所以，经典文化建设不仅要推广中国古代经典，同时更要持之以恒地推广其他国家的经典，让全人类的优秀文明滋养一代代加入经典阅读的读者，让他们的思想更精深，情感更细腻，道德修养更与文明古国相匹配。

为适应"微读"时代的阅读习惯，上海译文出版社从 2009 年开始推出一套小 32 开精装版丛书"窗帘布"系列，封面雅致，销量不俗。这套书选取的是目前比较有名的译本，也是上海译文社反复重印的版本，再次集合出版，意在总结成果，汇集经典，也可视为外字头大社对全民阅读的某种支持。

"译文经典"（精装系列）共 49 种：
1. 《瓦尔登湖》［美］亨利·戴维·梭罗著，徐迟译
2. 《老人与海》［美］海明威著，吴劳译
3. 《情人》［法］玛格丽特·杜拉斯著，王道乾译
4. 《香水》［德］帕·聚斯金德著，李清华译
5. 《死于威尼斯》［德］托马斯·曼著，钱鸿嘉译
6. 《爱的教育》［意］亚米契斯著，储蕾译
7. 《金蔷薇》［俄］帕乌斯托夫斯基著，戴骢译
8. 《动物农场》［英］乔治·奥威尔著，荣如德译
9. 《一九八四》［英］乔治·奥威尔著，董乐山译
10. 《快乐王子》［英］王尔德著，巴金译
11. 《都柏林人》［爱尔兰］詹姆斯·乔伊斯著，王逢振译
12. 《月亮和六便士》［英］毛姆著，傅惟慈译
13. 《蝇王》［英］威廉·戈尔丁著，龚志成译
14. 《了不起的盖茨比》［美］菲茨杰拉德著，巫宁坤等译
15. 《罗生门》［日］芥川龙之介著，林少华译
16. 《厨房》［日］吉本芭娜娜著，李萍译
17. 《看得见风景的房间》［英］E. M. 福斯特著，巫漪云译
18. 《爱的艺术》［美］弗洛姆著，李健鸣译
19. 《荒原狼》［德］赫尔曼·黑塞著，赵登荣、倪诚恩译
20. 《茵梦湖》［德］施托姆著，施种译
21. 《局外人》［法］阿尔贝·加缪著，柳鸣九译
22. 《磨坊文札》［法］都德著，柳鸣九译

23. 《遗产》［美］菲利普·罗斯著，彭伦译
24. 《苏格拉底之死》［古希腊］柏拉图著，谢善元译
25. 《自我与本我》［奥］西格蒙德·弗洛伊德著，林尘译
26. 《"水仙号"的黑水手》［英］康拉德著，袁家骅译
27. 《变形的陶醉》［奥地利］斯·茨威格著，赵蓉恒译
28. 《马尔特手记》［奥］里尔克著，曹元勇译
29. 《棉被》［日］田山花袋著，周阅译
30. 《69》［日］村上龙著，董方译
31. 《田园交响曲》［法］纪德著，李玉民译
32. 《爱情故事》［美］埃里奇·西格尔著，舒心、鄂以迪译
33. 《十一种孤独》［美］理查德·耶茨著，陈新宇译
34. 《哲学的慰藉》［英］阿兰·德波顿著，资中筠译
35. 《爱欲与文明》［美］赫伯特·马尔库塞著，黄勇译
36. 《奥利弗的故事》［美］埃里奇·西格尔著，舒心译
37. 《权力与荣耀》［英］格雷厄姆·格林著，傅惟慈译
38. 《捕鼠器》［英］阿加莎·克里斯蒂著，黄昱宁译
39. 《海浪》［英］弗吉尼亚·伍尔夫著，曹元勇译
40. 《浪子回家集》［法］纪德著，卞之琳译
41. 《尼克·亚当斯故事集》［美］海明威著，陈良廷等译
42. 《彩画集——兰波散文诗全集》［法］兰波著，王道乾译
43. 《垮掉的一代》［美］杰克·凯鲁亚克著，金绍禹译
44. 《存在主义是一种人道主义》［法］萨特著，周煦良、汤永宽译
45. 《情人的礼物——泰戈尔抒情诗选》［印度］泰戈尔著，吴岩译
46. 《旅行的艺术》［英］阿兰·德波顿著，南治国、彭俊豪、何世原译
47. 《格拉斯医生》［瑞典］雅尔玛尔·瑟德尔贝里著，王晔译
48. 《论摄影》［美］苏珊·桑塔格著，黄灿然译
49. 《非理性的人》［美］威廉·巴雷特著，段德智译

而"经典译林"是译林出版社2010年新出版的名著系列，蓝色暗花封面，全部精装，总共71部，选目、印制等显然也关照了当下人们的阅读习惯：

1. 《福尔摩斯探案》［英］柯南道尔著，周克希、俞步凡译

2. 《假如给我三天光明》［美］海伦·凯勒著，林海岑译
3. 《古希腊悲剧喜剧集》（上下）［希腊］欧里庇得斯、阿里斯托芬著，张竹明、王焕生译
4. 《牛虻》［爱尔兰］埃·莉·伏尼契著，古绪满译
5. 《大卫·科波菲尔》（上下）［英］狄更斯著，宋兆霖译
6. 《西线无战事》［德］埃里希·玛丽亚·雷马克著，李清华译
7. 《约翰·克利斯朵夫》［法］罗曼·罗兰著，韩沪麟译
8. 《十日谈》［意］薄伽丘著，钱鸿嘉、泰和庠、田青译
9. 《变色龙：契诃夫中短篇小说集》［俄］契诃夫著，冯加译
10. 《茶花女》［法］小仲马著，郑克鲁译
11. 《我是猫》［日］夏目漱石著，于雷译
12. 《安娜·卡列尼娜》［俄］列夫·托尔斯泰著，智量译
13. 《神曲》（全三册）［意］但丁著，黄文捷译
14. 《百万英镑》［美］马克·吐温著，宋兆霖、张友松译
15. 《战争与和平》［俄］列夫·托尔斯泰著，张捷译
16. 《圣经故事》段琦译
17. 《堂吉诃德》［西］塞万提斯著，屠孟超译
18. 《培根随笔全集》［英］培根著，蒲隆译
19. 《瓦尔登湖》［美］梭罗著，许崇信、林本椿译
20. 《红与黑》［法］斯丹达尔著，郭宏安译
21. 《欧·亨利短篇小说选》［美］欧·亨利著，王楫、康明强译
22. 《八十天环游地球》［法］儒尔·凡尔纳著，白睿、曹德明译
23. 《静静的顿河》［苏］米哈伊尔·肖洛霍夫著，力冈译
24. 《汤姆叔叔的小屋》［美］斯托夫人著，林玉鹏译
25. 《格林童话全集》［德］雅各布·格林、威廉·格林著，杨武能、杨悦译
26. 《绿山墙的安妮》［加］露西·莫德·蒙哥马利著，郭萍萍译
27. 《罗生门》［日］芥川龙之介著，楼适夷、文洁若、吕元明译
28. 《悲惨世界》（上下）［法］雨果著，潘丽珍译
29. 《安徒生童话选集》［丹麦］H.C.安徒生著，叶君健译
30. 《雾都孤儿》［英］狄更斯著，何文安译
31. 《罗马神话》［德］夏尔克著，曹乃云译

32. 《苔丝》［英］托马斯·哈代著，孙法理译
33. 《爱的教育》［意］德·亚米契斯著，夏丏尊译
34. 《最后一课》［法］都德著，陈伟、李沁译
35. 《尤利西斯》［爱尔兰］乔伊斯著，萧乾、文洁若译
36. 《呼啸山庄》［英］艾米莉·勃朗特著，杨苡译
37. 《耻》［南非］J. M. 库切著，张冲译
38. 《莎士比亚喜剧悲剧集》［英］莎士比亚著，朱生豪译
39. 《荆棘鸟》［澳大利亚］考琳·麦卡洛著，曾胡译
40. 《被侮辱与被损害的人》［俄］陀思妥耶夫斯基著，臧仲伦译
41. 《基督山恩仇记》［法］大仲马著，郑克鲁译
42. 《城堡·变形记》［奥］卡夫卡著，李文俊、米尚志译
43. 《一九八四》［英］乔治·奥威尔著，孙仲旭译
44. 《雪国　古都　千只鹤》［日］川端康成著，叶渭渠、唐月梅译
45. 《汤姆·索亚历险记》［美］马克·吐温著，朱建迅、郑康译
46. 《鲁滨孙漂流记》［英］丹尼尔·笛福著，郭建中译
47. 《格列佛游记》［爱尔兰］乔纳森·斯威夫特著，杨昊成译
48. 《小王子》［法］圣埃克絮佩里著，林珍妮、马振骋译
49. 《希腊古典神话》［德］古斯塔夫·施瓦布著，曹乃云译
50. 《美妙的新世界》［英］阿道斯·伦纳德·赫胥黎著，孙法理译
51. 《简·爱》［英］夏洛蒂·勃朗特著，黄源深译
52. 《飞鸟集》［印］罗宾德拉纳特·泰戈尔著，郑振铎、冰心译
53. 《羊脂球》［法］莫泊桑著，汪阳译
54. 《伊索寓言全集》［古希腊］伊索著，李汝仪译
55. 《少年维特的烦恼》［德］歌德著，韩耀成译
56. 《海底两万里》［法］儒尔·凡尔纳著，沈国华、钱培鑫、曹德明译
57. 《昆虫记》［法］让·亨利·法布尔著，刘莹莹、王琪译
58. 《巴黎圣母院》［法］维克多·雨果著，施康强、张新木译
59. 《老人与海》［美］海明威著，黄源深译
60. 《钢铁是怎样炼成的》［苏］尼·奥斯特洛夫斯基著，曹缦西、王志棣译
61. 《傲慢与偏见》［英］简·奥斯丁著，孙致礼译

62.《名人传》[法] 罗曼·罗兰著, 傅雷译
63.《猎人笔记》[俄] 屠格涅夫著, 张耳译
64.《纪伯伦散文诗经典》[黎巴嫩] 纪伯伦著, 李唯中译
65.《飘》(上下) [美国] 玛格丽特·米切尔著, 李美华译
66.《天方夜谭》[阿拉伯] 郅溥浩译
67.《童年 在人间 我的大学》[苏] 高尔基著, 聂刚正等译
68.《麦田里的守望者》[美] J.D.塞林格著, 施咸荣译
69.《欧叶妮·葛朗台》[法] 巴尔扎克著, 李恒基译
70.《蝴蝶梦》[英] 杜穆里埃著, 林智玲、程德译
71.《地心游记》[法] 儒尔·凡尔纳著, 陈伟译

经过不同时代沉淀和读者遴选的各国文学经典蕴含了各个时代思想家、科学家、哲学家、文学家、社会学家等对人生和社会的深入观察和思考，是我们建设社会主义文化强国的重要文化资源。而我们中国社会科学院外国文学研究所及其所主办的《外国文学评论》在全民阅读、国家文化战略的大背景下，应该完成的所属职责就是：通过翻译、阐释和研究，介绍外国经典和经典文学作品，引导中国不同年龄、文化层次的广大受众的阅读内容和阅读方式，用全人类最优秀的经典文化滋养出几代有思想、有趣味，又有诗意的中国人。

（五）

纵观《外国文学评论》建刊近三十年的所有释读国外经典的优秀论文，他们在开启读者心智，积累人类思想和生活经验，丰富精神生活和文学生活上，为中国的文化建设和研究贡献良多。

《外国文学评论》创刊年（1987）及之后 10 年改革开放早期的《外国文学评论》中古典（古代）文学研究，成果丰厚，为学界呈现了一批可资借鉴的研究论文：方平《小精灵浦克和莎士比亚的戏剧观——〈仲夏夜之梦〉研究》(1987.1)、倪蕊琴《托尔斯泰和陀思妥耶夫斯基对长篇小说创作的拓展》(1987.2)、郭宏安《〈恶之花〉：在浪漫主义的夕照中》(1987.3)、陈燊《列夫·托尔斯泰和意识流》(1987.4)、朱虹《禁闭在"角色"里的"疯女人"》(1988.1)、彭兆荣《痛苦的宣泄：从酒神、模仿的关系看希腊悲剧的本体意义》(1988.2)、郑土生《再谈哈姆雷特故事的起源》(1988.2)、郭宏安《〈恶之花〉：穿越象征的森林》

(1989.1)、郅缚浩《〈一千零一夜〉中的印度母题和结构》(1989.3)、朱虹《市场上的作家——另一个狄更斯》(1989.4)、程正民《论普希金艺术思维的特征》(1989.4)、方平《莎士比亚喜剧和莎翁的喜剧精神》(1990.1)、罗新璋《漫话〈特利斯当与伊瑟〉》(1990.1)、黄宝生《印度戏剧的起源》(1990.2)、陈燊《论〈罗亭〉》(1990.2)、王守仁《论哈代的史诗剧〈列王〉》(1990.3)、罗志野《对莎士比亚商籁体诗的整体阐释》(1990.4)、韩敏中《坐在窗台上的简·爱》(1991.1)、陈燊《论〈贵族之家〉》(1991.3)、孙家琇《莎士比亚的〈一报还一报〉》(1991.4)、孙法理《好拭明珠还故主〈两个高贵的亲戚〉何以新入莎集》(1991.4)、方平《希腊神话和〈简·爱〉的解读》(1992.1)、韩敏中《无穷尽的符号游戏——20世纪的〈呼啸山庄〉阐释》(1992.1)、陈才宇《盎格鲁·撒克逊时期的宗教诗》(1992.1)、徐新《现代希伯来文学一瞥》(1992.2)、王宁《战后荷兰文学鸟瞰》(1992.2)、陈才宇《论英国民间谣曲中的人文主义思想》(1992.3)、彭兆荣《"被缚的妻子们"——古希腊文学中女性性格的分离与原型辐射》(1992.3)、刘意青《现代小说的先声——塞缪尔·理查逊和书信体小说》(1992.4)、何其莘《复仇悲剧还是道德说教——〈哈姆雷特〉再议》(1992.4)、盛宁《人·文本·结构——不同层面的爱伦·坡》(1992.4)、郑体武《丘特切夫的自然哲学诗》(1992.4)、冯至《自然与精神的类比——诺瓦里斯的气质、禀赋和风格》(1993.1)、李伯杰《弗·施莱格尔的"浪漫反讽"说初探》(1993.1)、陆建德《雪莱的流云与枯叶——关于〈西风颂〉第二节的争论》(1993.1)、丁宏为《重复与展开：布莱克的〈塞尔〉与〈幻视〉》(1993.1)、郑敏《诗歌与科学：世纪末重读雪莱〈诗辩〉的震动与困惑》(1993.1)、唐丽娟《欧洲第一部流浪汉小说——〈萨蒂利孔〉》(1993.1)、陈恕林《海涅与德国浪漫派》(1993.2)、杨武能《从 Novelle 看浪漫派》(1993.2)、陆建德《"我相信，所以我理解"——关于柯尔律治"论证循环"的思考》(1993.3)、郭宏安《诗人中的画家和画家中的诗人——波德莱尔论雨果和德拉克洛瓦》(1993.3)、郑克鲁《法国浪漫派诗歌的特点和贡献》(1993.3)、汪义群《莎士比亚宗教观初探》(1993.3)、王建《评克莱斯特的〈论玩偶戏〉》(1993.4)、任光宣《论果戈理创作中的宗教观念》(1993.4)、赵德明《拉丁美洲：巴洛克风格的福地》(1994.1)、方平《人性的探索者——悲剧时期的莎士比亚》(1994.1)、张奎武《圣经典故在莎剧中的艺术效果》（1994.1）、刘立善《梅特林克影响下的武者小路实笃》（1994.1）、周小仪《唯美主义与消费文化：王尔德的矛盾性及其社会意义》（1994.3）、张耳《〈处女地〉年代散考》（1994.3）、王钦峰《论"福楼拜问题"》（1994.4，1995.1）、方平《一个实验性的喜剧：〈皆大欢喜〉》（1994.4）、曾令富《象征与神话原型：〈德伯家的苔丝〉中的环境描写》（1994.4）、朱虹《英国十九世纪小说中的临终遗嘱问题》（1995.1）、李辰民《契诃夫小说的现代意识》（1995.1）、傅浩《约翰·但恩的艳情诗和神学诗》（1995.2）、张玲《晶体美之所在——哈代小说数面观》（1995.2）、郅缚浩《马杰侬和莱拉，其人何在——关于原型、类型、典型的例证》（1995.3）、王景生《"心灵辩证法"辨析》（1995.4）、方平《历史上的"驯悍文学"和舞台上的〈驯悍记〉》（1996.1）、赵文微《哈代诗歌简论》（1996.1）、王继辉《〈贝奥武甫〉与魔怪故事传统》（1996.1）、林精华《俄国社会转型时期的传统知识分子——论屠格涅夫对贵族知识分子的审美把握》（1996.1）、吕莉《"炎"考——关于〈万叶集〉第48首歌的探讨》（1996.2）、肖明翰《试论弥尔顿的〈斗士参孙〉》（1996.2）、李公昭《秩序的毁灭与重建——〈哈姆莱特〉悲剧原因初探》（1996.4）、张哲俊《日本能戏与悲剧体验》（1996.4）等，都具有相当的学术品味和学术质量，在引导新时期的外国文学阅读和批评中起到了中坚作用。

《外国文学评论》从1997—2006第二个十年，所刊发的论文涉猎的研究内容和文学题材更为广泛，研究者也更多地从跨文化等多元视野设计论题，释读作品，大量优秀论文在国内的外国文学研究领域引领着阅读和批评：孙法理《为政变者写下的挽歌——解析莎士比亚的〈凤凰与斑鸠〉》（1997.1）、李万钧《从跨文化角度看〈老妇还乡〉和〈物理学家〉》（1997.1）、郑达《交换的经济——评亨利·詹姆斯的〈美国人〉》（1997.2）、刘新民《济慈诗歌艺术风格散论》（1997.2）、吴芬《也谈对中世纪文学的评价》（1997.2）、林精华《屠格涅夫创作中的平民知识分子形象》（1997.3）、李伯杰《"思乡"与"还乡"——〈海因利希·封·奥夫特丁根〉中的还乡主题》（1997.3）、张哲俊《母题与嬗变：从〈长恨歌〉到〈杨贵妃〉》（1997.3）、刘安武《剖析印度大史诗〈摩诃婆罗多〉的正法论》（1998.2）、张冲《美国十九世纪印第安典仪文学与曲词文学》（1998.2）、陈庆勋《论哈代的乡土精神》（1998.3）、童燕萍《写实与虚构的对立统一——〈堂吉诃德〉的模仿真实》（1998.3）、罗益民《济慈颂歌疑问语式的语用学解读方法》（1998.3）、吴芬《马利亚的神化与人化》（1998.4）、王丽亚《聚焦折射下的人际关系——亨利·詹姆斯〈金碗〉聚焦模式评析》（1998.4）、肖明翰《〈失乐园〉中的自由意志与人的堕落和再生》（1999.1）、金莉《从〈尖尖的枞树之乡〉看朱厄特创作的女性视角》（1999.1）、李均洋《日本文学的发生与起源》（1999.1）、孙宏《论庞德的史诗与儒家经典》（1999.2）、冯亚琳《德国十八世纪自传文学中的个体意识》（1999.2）、王晓珏《启蒙时期的德国国家小说》（1999.2）、李辰民《契诃夫与医学》（1999.2）、黄宝生《书写材料与中印文学传统》（1999.3）、梁工《略论古犹太文人创作残篇的特质和地位》（1999.3）、苏文菁《情与理的平衡——对华兹华斯诗论的反思》（1999.3）、刘波《"文体场"与文学作品的阅读——兼论波德莱尔"深渊"的文体场意义》（1999.3）、吴晓都《普希金叙事创作对俄国文学的意义——纪念普希金诞辰二百周年》（1999.3）、区鉷《透过莎士比亚棱镜的本土意识折光》（1999.4）、高奋《开创小说的传统——论笛福的小说观》（1999.4）、谷裕《论歌德小说〈亲合力〉中的神秘主义色彩》（1999.4）。

进入21世纪后，更多涵盖古典文学诸多领域的论文与时俱进，对相关亟待解决的研究问题进行开拓性探讨，对于繁荣学术研究、推进理论创新，引导整个外国古典文学研究起到了不可替代的作用。其中杨金才《文类、意识形态与麦尔维尔的叙事小说》（2000.1）、姚继中《于破灭中寻觅自我——〈源氏物语〉主题思想论》（2000.1）、田庆生《梦与真——〈驴皮记〉中的二元对立体系》（2000.1）、陆建德《"声名狼藉的牛津圣奥斯卡"——纪念王尔德逝世100周年》（2000.2）、王钦峰《从主题到虚无：福楼拜对小说创作原则的背离》（2000.2）、王志耕《神正论与现实视野的开拓——陀思妥耶夫斯基诗学综论》（2000.2）、杨慧林《早期基督教文学概说》（2000.3）、张哲俊《母题与嬗变：从明妃故事到日本谣曲〈王昭君〉》（2000.3）、邱紫华《〈吉尔伽美什〉的哲学美学解读》（2000.3）、陈凯先《〈堂吉诃德〉对现代小说的贡献》（2000.3）、王守仁《赋予生存以美的形式——论马修·阿诺德的戏剧片断体诗》（2000.4）、黄晋凯《巴尔扎克文学思想探析》（2000.4）、孙法理《关于新确认的莎士比亚四部作品》（2000.4）、李增《斯宾塞的〈牧羊人日历〉》(2000.4)、罗益民《〈致他羞涩的情人〉的艺术魅力》(2000.4)、丁宏为《海边的阅读——关于浪漫主义文学的一种构思》(2001.1)、程巍《伦敦蝴蝶与帝国鹰：从达西到罗切斯特》(2001.1)、许德金《叙述的政治与自我的成长——弗雷德里克·道格拉斯的两部自传》(2001.1)、陈中梅《普罗米修斯的 hubris——重读〈被绑的普罗米修斯〉》(2001.2)、肖明翰《英美文学中的哥特传统》(2001.2)、谷裕《试论诺瓦利斯小说的宗教特征》(2001.2)、赵宁《乌托邦文学与〈圣经〉》(2001.2)、董爱国《埃米莉·狄更生隐退之因探析》(2001.3)、刘立辉《弥尔顿的诗学观》(2001.3)、孙宏《美国文学对地域之情的关注》(2001.4)、肖明翰《乔叟对英国文学的贡献》(2001.4)、刘新民《论勃朗宁诗歌的艺术风格》(2001.4)、蒋承勇《〈堂吉诃德〉的多重讽刺视角与人文意蕴重构》(2001.4)、吕大年《人文主义二三事》(2002.1)、颜学军《论哈代的自然诗》(2002.1)、蓝仁哲《〈哈姆莱特〉：演绎人类生死问题的悲剧》(2002.1)、蒲若茜《〈呼啸山庄〉与哥特传统》(2002.1)、汪剑钊《美将拯救世界——〈白痴〉与陀思妥耶夫斯基的末世论思想》(2002.1)、黄梅《〈项狄传〉与叙述的游戏》(2002.2)、李伟昉《试论〈修道士〉的"哥特式"特征》(2002.2)、吴笛《论莎士比亚十四行诗的时间主题》(2002.3)、李维屏《评理查逊的书信体小说艺术》(2002.3)、董爱国《狄更生的死亡比喻与基督》(2002.3)、章燕《走向诗歌审美的人文主义——谈济慈诗歌中的社会政治意识与其诗歌美学的高度结合》(2002.4)、刘新民《济慈诗歌新论二题》(2002.4)、陈中梅《目击者的讲述——论史诗故事的真实来源》(2002.4)、黄燎宇《瓦肯罗德与艺术问题》(2002.4)、李伯杰《论弗·施莱格尔的"交友"思想》(2002.4)、吕大年《理查逊和帕梅拉的隐私》(2003.1)、张箭飞《解读英国浪漫主义——从一个结构性的意象"花园"开始》(2003.1)、王志耕《"聚合性"与陀思妥耶夫斯基的复调艺术》(2003.1)、李均洋《"辞"的传承和"传奇"的结构——〈古事记〉文学性的由来》(2003.1)、王立新《特质、文本与主题：希伯来神话研究三题》(2003.2)、刘润芳《德国的巴洛克自然诗》(2003.2)、黄宝生《〈摩诃婆罗多〉译后记》(2003.3)、高峰枫《奥古斯丁与维吉尔》(2003.3)、陈中梅《人物的讲述·像诗人·歌手——论荷马史诗里的不吁请叙事》(2003.3)、殷企平《一段"进步"的历史——浅谈狄思累利的小说》(2003.3)、谷裕《试析冯塔纳小说的"疑难"思想结构》（2003.4）、李增和王云《论华兹华斯〈塌毁的茅舍〉的主题与叙事技巧的统一》（2003.4）、陈晓兰《左拉小说中的巴黎空间及生态表现》（2003.4）、章燕《审美与政治：关于济慈诗歌批评的思考》（2004.1）、殷企平《互文和"鬼魂"：多萝西娅的选择——再访〈米德尔马契〉》（2004.1）、丁宏为《济慈看到了什么？》（2004.2）、罗国祥《理性的反动——雨果小说美学的现代性》（2004.2）、刘戈《理查逊与菲尔丁之争——〈帕梅拉〉和〈约瑟夫·安德鲁斯〉的对比分析》（2004.3）、何成洲《论梅达·高布乐是一个颓废者》（2004.3）、刘瑞芝《论狂言绮语观在日本的引入及其原因》（2004.4）、周启超《徘徊于审美乌托邦与宗教乌托邦之间——果戈理的文学思想轨迹刍议》（2004.4）、陈晓兰《腐朽之力：狄更斯小说中的废墟意象》（2004.4）、殷企平《在"进步"的车轮之下——重读〈玛丽·巴顿〉》（2005.1）、谷裕《拉伯小说对德意志市民性的悖论性认识及多元化叙事视角》（2005.1）、肖明翰《〈贝奥武甫〉中基督教和日耳曼两大传统的并存与融合》（2005.2）、赵炎秋《狄更斯小说中的监狱》（2005.2）、刘瑞芳《创新与开拓——论布伦塔诺诗歌的意义》（2005.2）、吴岳添《从拉伯雷到雨果——从巴赫金的狂欢化理论谈起》（2005.2）、陈姝波《悔悟激情——重读〈弗兰肯斯坦〉》（2005.2）、乔修峰《〈罗慕拉〉：出走的重复与责任概念的重建》（2005.2）、耿幼壮《悲剧与死亡——英国伊丽莎白时期复仇剧问题》（2005.3）、陈众议《"变形珍珠"——巴罗克与17世纪西班牙文学》（2005.4）、韩敏中《黑奴暴动和"黑修士"——在后殖民语境中读麦尔维尔的〈贝尼托·塞莱诺〉》（2005.4）、杨金才《论〈皮埃尔〉的创作意图与叙事结构》（2005.4）、殷企平《体面的进步：〈纽克姆一家〉昭示的历史》（2005.4）、刘晓晖《问题越界与意义空白：解读艾米莉·狄金森的书信》（2005.4）、吕大年《18世纪英国文化风习考——约瑟夫和范妮的菲尔丁》（2006.1）、袁宪军《〈希腊古瓮颂〉中的"美"与"真"》（2006.1）、张旭春《〈采坚果〉的版本考辨与批评谱系》（2006.1）、李均洋《金钱+享乐=模范町人——〈日本永代藏〉的町人道德文明观建构》（2006.1）、陈中梅《〈奥德赛〉的认识论启示——寻找西方认识史上logon didonai 的前点链接》（2006.2、4）、金衡山《〈红字〉的文化和政治批评——兼谈文化批评的模式》（2006.2）、刘润芳《德国浪漫派抒情诗探识》(2006.3)、区锳和陈尚真《"诗法社"与英诗格律实验》(2006.3)、刘立辉《宇宙时间和斯宾塞〈仙后〉的叙事时间》(2006.3)、刘晓晖《阐释的悖论：狄金森研究中的分歧与争议》(2006.3)、吴兰香《霍桑与现代科学观——读〈拉帕西尼的女儿〉》(2006.4)、潘志明《罗曼司：〈红字〉的外在叙事策略》(2006.4)、颜学军《论哈代的〈列王〉》(2006.4)、吕莉《"白雪"入歌源流考》(2006.4)等大批文章都是扎实地解决具体问题，对相应的研究有学术推进的论文。

从 2007 年起，《外国文学评论》进入到第三个十年的发展期，《外国文学评论》古典（古代）栏目刊发的论文中，许多青年学者已经成为国内相关领域的学术带头人，他们的论文考证翔实，论述精辟，分析细腻，为《外国文学评论》写下了厚重的一笔。

其中，毛亮《文学阅读模式的伦理想象——亨利·詹姆斯的〈阿斯本文稿〉与〈地毯中的图案〉刍议》(2007.1)、沈弘《"或许我可以将你比作春日？"——对莎士比亚第 18 首十四行诗的重新解读》(2007.1)、丁宏为《灵视与喻比：布莱克魔鬼作坊的思想意义》(2007.2)、陈榕《霍桑〈红字〉中针线意象的文化解读》(2007.2)、袁宪军《哈姆莱特"To be, or not to be"的隐喻性》(2007.2)、田庆生《"白墙"的建构——论〈情感教育〉的现代性》(2007.2)、蒋承勇《浮士德与欧洲"近代人"文化价值核心》(2007.2)、杨金才《〈奥穆〉的文化属性与种族意识》(2007.3)、刘戈《笛福和斯威夫特的野蛮人》(2007.3)、朱振武《爱伦·坡的效果美学论略》(2007.3)、王志松《"直译文体"的汉语要素与书写的自觉——论横光利一的新感觉文体》(2007.3)、耿幼壮《奥古斯丁的"自画像"——作为文学自传的〈忏悔录〉》(2007.4)、刘凤山《疯癫，反抗的疯癫——解码吉尔曼和普拉斯的疯癫叙事者形象》(2007.4)、李会芳《沃波尔的〈奥特朗托城堡〉及其文化意味》(2007.4)、张巍《特奥格尼斯的"印章"——古风诗歌与智慧的传达》(2008.1)、张旭春《文史互证与诠释的限度》(2008.1)、郝田虎《论历史剧〈托马斯·莫尔爵士〉的审查》(2008.1)、杨国静《〈忽必烈汗〉对性角色及诗人身份的重构》(2008.1)、彭俞霞《隐蔽的联袂演出——〈包法利夫人〉二线人物创作探微》、毛亮《历史与伦理：乔治·艾略特的〈罗慕拉〉》(2008.2)、龚蓉《反天主教语境下的〈玛尔菲公爵夫人〉》(2008.2)、陈戎女《佩涅洛佩的纺织和梦——论〈奥德赛〉的女性主义》(2008.2)、高晓玲《"感受就是一种知识!"——乔治·艾略特作品中"感受"的认识作用》(2008.3)、吴建广《被解放者的人本悲剧——德意志精神框架中的〈浮士德〉》(2008.3)、曹明伦《"我是否可以把你比喻成夏天?"——兼与沈弘先生商榷》(2008.3)、黄梅《〈爱玛〉中的长者》(2008.4)、高峰枫《维吉尔史诗中的罗马主神》(2008.4)、张剑《英国浪漫主义诗歌与新历史主义批评》(2008.4)、王立新《希伯来族长故事的文化诗学意义与叙述模式》(2008.4)、石小军《日本中古英语语言文学研究考》(2008.4)、陈众议《经典的偶然性与必然性——以〈堂吉诃德〉为个案》(2009.1)、杨宏芹《"太阳神"的颂歌——格奥尔格的〈颂歌〉解读》(2009.1)、陈琳《论〈我的亲戚,莫里纳上校〉中的"男性气质"问题》(2009.1)、熊云甫《斯宾塞〈仙后〉第一卷与英国中古文学传统》(2009.1)、董晓《从〈樱桃园〉看契诃夫戏剧的喜剧性本质》(2009.1)、郭宏安《〈高龙巴〉：想象与真实的平衡》(2009.2)、殷企平《〈拼凑的裁缝〉为何迂回曲折》(2009.2)、卢敏《19世纪美国家庭小说与现代社会价值建构》(2009.2)、沈弘《乔叟何以被誉为"英语诗歌之父"?》(2009.3)、陈榕《〈戴茜·密勒〉中的文化权力之争》(2009.3)、蒋承勇《〈新爱洛伊丝〉与人性书写》(2009.3)、吴兰香《"教养决定一切"——〈傻瓜威尔逊〉中的种族观研究》(2009.3)、肖霞《一个对立元素的聚合体：乔叟卖赎罪券教士的解读》(2009.4)、苏薇星《"接轨"与"求道"：读荷马与维吉尔的两幅经典画面》(2009.4)、罗文敏《不确定性的诱惑：〈堂吉诃德〉距离叙事》(2009.4)、冯伟《羁勒、狮子与藤鞭：〈一报还一报〉与英国文艺复兴时期的刑法思想》(2010.1)、黄梅《〈理智与情感〉中的"思想之战"》(2010.1)、李永毅《迷宫与绣毯：卡图卢斯〈歌集〉64首的多重主题》(2010.1)、吴圣杨《泰国庇护制礼教文化背景与〈四朝代〉主题剖析》(2010.3)、梁工《精神分析视阈中的〈诺亚诅咒迦南〉》(2010.3)、张德明《忧郁的信天翁与诗性的想象力——从〈老水手行〉看旅行文学对浪漫主义诗歌的影响》(2010.3)、唐岫敏《传记中的小说化心理分析——陀思妥耶夫斯基与利顿·斯特拉奇》(2010.3)、陈明《印度佛教创世神话的源流——以汉译佛经与西域写本为中心》(2010.4)、陈雷《文森修公爵的"为政之道"——〈一报还一报〉中的道德哲学》(2010.4)、章燕《自然的想象与现实——略评〈廷腾寺〉的新历史主义研究》(2010.4)、殷企平《夜尽了,昼将至：〈多佛海滩〉的文化命题》(2010.4)、罗灿《〈米德尔马契〉中的科学思想——从利德盖特的科学研究看乔治·爱略特的创作》(2010.4)、龚蓉《〈少女的悲剧〉：契约论与君权神授论的对话》(2011.1)、陈礼珍《〈克兰福德镇〉的"雅致经济"》(2011.1)、吴晓樵《柏林：帝国时代的"沼泽"——论冯塔纳〈卜根普尔一家〉的潜结构》(2011.1)、梁锡江《谢拉皮翁原则与〈堂兄的角窗〉——德国文学的一段问题史》(2011.1)、张中载《被误读的苔丝》(2011.1)、刘林《由〈堂吉诃德〉伪续作引发的小说创作问题》(2011.1)、胡鹏《离婚案下的政治：〈亨利八世〉与〈真相揭秘〉》(2011.2)、何畅《"风景"的阶级编码——奥斯丁与"如画"美学》(2011.2)、胡稹《吉田兼好笔下的单瓣樱与重瓣樱：王朝与民众》(2011.2)、吴建广《濒死意念作为戏剧空间——歌德〈浮士德〉"殡葬"之诠释》(2011.2)、陈中梅《历史与文学的分野：奥德修斯的谎言与西方文学经典表述样式的初始展现》(2011.3)、陈雷《"血气"的研究——从柏拉图的角度看〈雅典的泰门〉》(2011.3)、马弦《"打造一个迟钝、污浊的新世界"——〈群愚史诗〉对初现的英国现代社会的批判》(2011.3)、张旭春《〈秋颂〉研究中的两种政治—历史批评及其问题》(2011.3)、张鑫《浪漫主义时期的阅读伦理与女性创作》(2011.3)、虞建华《文学市场化与作为心理自传的〈马丁·伊登〉》(2011.3)、肖霞《"你能化严肃认真为儿戏一场"——〈坎特伯雷故事〉中伙食采购人故事的解构分析》(2011.4)、王芳《承受与创造——〈秋颂〉之争及其哲理内涵》(2011.4)、龚静《〈远大前程〉对〈简·爱〉的借鉴与反冲及其对维多利亚时期中产阶级男性气质的建构》(2011.4)、史敬轩《火烧屠龙王——〈贝奥武甫〉传播归化语境存疑》(2012.1)、陈礼珍《视线交织的"圆形监狱"——〈妻子与女儿〉的道德驱魔仪式》(2012.1)、周颖《想象与现实的痛苦：1800—1850 年英国女作家笔下的家庭女教师》(2012.1)、王辉《日本"片冈山传说"流变考——兼论其对日本佛教史、文学史建构的意义》(2012.1)、周玉军《服从或反抗：〈白鲸〉中的社会关系初探》(2012.1)、龚蓉《〈克雷蒙复仇记〉：政治化的殉道者阴影下的公共人》(2012.2)、王苹《〈简·爱〉里的"爱尔兰问题"》(2012.2)、李英《虚构成为现实的媒介——〈欧努诺克〉与早期英国小说发展》(2012.2)、倪萍《炼狱中的鬼魂与威登堡的大学生——论〈哈姆莱特〉中宗教拯救观的不确定性》(2012.3)、于雷《爱伦·坡小说中的"眼睛"》(2012.3)、朱玉《"当他在无声中/倾听"——华兹华斯"温德米尔少年"片段中的倾听行为》(2012.3)、杨劲《替代与自我身份的重建——评克莱斯特的短篇小说〈义子〉》(2012.3)、陈雷《对罗马共和国的柏拉图式批评——谈〈科利奥兰纳斯〉并兼及"荣誉之上政体"》(2012.4)、刘立辉《17世纪英国诗歌的巴洛克视觉化特征》(2012.4)、姚风《诗人卡蒙斯:真实与传说》(2012.4)、郭方云《文学地图中的女王身体诗学:以〈错误的戏剧〉为例》(2013.1)、陶久胜《求爱战役:〈戈波德克王〉的婚姻政治》(2013.1)、冯伟《〈李尔王〉与早期现代英国的王权思想》(2013.1)、徐晓东《华兹华斯的言不由衷》(2013.1)、郭方云《三分天下的地图舞台和国家身份的空间推演——〈李尔王〉和〈亨利四世〉》(2013.2)、毛亮《"疏离"与"参与":梭罗与〈公民的不服从〉》(2013.2)、毛凌滢《霍桑〈红字〉的跨媒介传播及其文化阐释》(2013.2)、管月娥《一个有力量的虚无主义者——毕巧林"英雄"形象的重释》(2013.2)、于雷《一则基于〈乌鸦〉之谜的"推理故事"——〈创作的哲学〉及其诗学问题》(2013.3)、刘戈《英国文学中黑人形象的沦落与种族主义的起源》(2013.3)、牟雨涵《乌托邦的幻灭:小说〈素朴儿〉之〈末卷〉的意义》(2013.3)、陈雷《黄金时代与隐身的王权——〈暴风雨〉的一种解读》(2013.4)、欧荣《"王,秉承鸿业"——论庞德在〈御座诗章〉中的"以讹传讹"》(2013.4)、朱振宇《〈神曲〉中的维吉尔:一种不完满的爱》(2013.4)等,对经典作家、作品的研究、释读都各有贡献。

  中国的外国文学研究正稳步地向前推进,作为我国在这一领域的权威学术刊物,《外国文学评论》标示着我国外国文学研究的基本成就和发展脉络,其中"古代(古典)"栏目在追踪经典文学传统价值观和文学经验的同时,同样重视学者们宽阔的文学史和批评史视野下在重读经典、重新阐释古代文学作品中生成的新看法、新观点和新的阐释尝试,以作者们各具特色的个案研究丰富我们的精神文明建设,引导现代社会发展中的思想文化需求。

  国家的影响力,取决于经济、科技和军事实力,但归根结底取决于文化实力。在国际形势、思想观念、经济体制、社会结构已发生深刻变化的社会语境下,要充分认识到外国文学经典研究与我国民族文化建设息息相关。外国经典的译介与传播是为我国的文化建设特别是经典意识提供借鉴，是注重经由我国翻译家和外国文学学者的研究与译介。外国文学经典在文化普及方面具有独特优势，优秀的文化遗产在审美、认知等多层面上引导人们树立和坚守基本道德伦理和价值规范，丰富人们的情感生活，把读者滋养成优雅知性的诗意人，这一点在当下尤为重要。几十年的经济腾飞、物质丰富，却缺乏与之相配的有精神内涵、文明气度的一代中国人的成长。

所以，中国需要一种天下主义精神，一种兼容世界的精神理念，将全球优秀的文明遗产（包括自己的文明传统）都包容进来，传承、汲取全世界的优秀经典文化，并特别强化中国文明的自身主体性，以博大优雅的中国古文明和现代文明的推进对全人类的文明进程做出贡献。同时打造有国际眼光、有民族文化底蕴、有创造力的新一代文化人。

而在这一重要的文化战略的实施中，中国社科院外国文学研究所的专家、学者、所主办《外国文学评论》期刊的历史使命也就相应地多了一层：处理好学术研究与文化普及两者之间的关系，让文化研究者成为文化传播者或文化使者，积极释读、翻译国外经典，完成导引中国纸质读者的文化阅读与文化积累的国家文化战略任务。

球溪镇和南浔镇调查：
文化形态、国民基础教育体系与社会共同体

程 巍

小 引

  国民阅读状况影响着国民的情感、思想和行为。"中外畅销书的传播与接受国情调研"课题不仅要调查中外畅销书传播和接受的方式（在界定"阅读"一词时，我们应该时刻意识到我们所处的是一个电子网络时代，因此，本次中外畅销书传播与接受国情调研也将电子阅读——网上阅读、手机阅读以及电子书阅读等——纳入调查之中），而且将被调查的群体主要集中在"高中生"（包括职业高中）这个阶段（另有一部分是对在校大学生群体的调查），即中国国民基础教育体系的核心节点（几乎每个人都要经历的初级中级学校教育阶段，对部分人来说，还是学校教育的最后阶段：一部分人在毕业后直接进入社会就业，一部分则升入大学），因为高中教育培养了最多的基础国民，这个活跃的而且在"网络社区"成为舆论主体人群之一的年龄群体的阅读状况、阅读性质（或者说受教育的情况）及其性质关乎国家未来。

  此外，与城市相同年龄层的人群大多升入高等教育阶段不同，县镇高中的毕业生大多毕业后就直接进入社会（统计显示，农村由高中考入大学的学生在全部学生中所占比例急剧下降，其主要原因，一是农户承担的考试成本增加，二是农户承担的高等教育成本增加，三是大学毕业之后就业困难），直接影响了作为中国"社会基础"的广大县乡社会的结构。这也是本次"中外畅销书的传播与接受国情调研"为何要与对

"中国国民基础教育体系"的实际状况的考察结合在一起的原因。民国时,有感于中国乡村社会的凋敝和瓦解,梁漱溟等人致力于"乡村建设",试图从中国社会的"基础之基础"做起。与民国时乡村社会占据中国社会的大部分不同,如今的现代化过程使得城市在中国社会的分量急剧增加,这带来了一种对乡村社会的忽略。前些年进入学界研究热点以及政府决策部门的关注对象的"三农问题"过于侧重于农村经济和社会方面,而极少涉及乡村的文化状况以及教育状况。"中外畅销书的传播与接受国情调研"不仅将主要目光从此类调研通常作为重点的高等教育人群转向基础教育人群,而且从城市转向县镇和乡村;此外,正如任何一个地理上的点都是历史和现实的多重关系的结合一样,我们还将从这些问题的历史成因入手。

之所以选择浙江湖州市下属的埭溪镇和南浔镇作为此次调研的重点,是因为它们具有介于中国广大农村与中心城市之间的"中间地带"的典型特征,类似于中国社会的"中镇"。[①] 而且,与林德夫妇的社会学实证研究方法接近,本人对埭溪镇和南浔镇的调研也主要不依赖于"问卷"调查(这方面的工作主要由课题组其他成员完成),而是"观察和描述"。"问卷"调查有其重要的参考价值,在当今社会学研究中也是通常采取的方法,不过,"问卷"调查的弱点在于它将本来相互关联的整体关系切割成了一个个类似"因果链"之类的选择。但"眼睛"的视角或许更为宽广,更有"透视"的纵深感,它或许能捕捉到那些可见的和不可见的、当今的和历史的各类因素之间的整体关联。再说,在类似埭溪山区的偏僻之地,纸本的"中外畅销书"以及其他种类的书籍几乎失去了存在的痕迹,但这并不意味着那些地方不存在"文化":仅把识字读书视为"文化",可能是一种阶层偏见,因为还存在着"习俗"。

不过,在进入对埭溪镇和南浔镇的调查之前,我们有必要从全国的也就是抽象的层面研究一下书籍出版状况、电子网络覆盖状况和国民基础教育状况。

[①] "中镇"这个概念来自美国社会学家罗伯特·S. 林德和海伦·梅里尔·林德夫妇于1929年出版的社会学实证研究的经典之作 *Middletown: A Study in Modern American Culture*(《中镇:当代美国文化研究》),"Middletown"(中镇)并非一个具体的地名,尽管它以一个具体的城市作为实地调查的对象,而是,在林德夫妇看来,它是处于美国社会的中间的多数美国城镇的缩影,是美国文化的代表。

一般情况分析：全国统计数字

据"中国图书出版网"2013年5月3日所登《2012年全国出版图书达37万种》一文提供的统计数字，"2012年全国出版图书高达37万种，创造历史新高，而今年参展图书数量也达到35万种"。或许这个统计数字只有在"纵向"和"横向"比较中才会体现其意义。该文继续写道："据文献学家统计，从古代到辛亥革命，我国一共出版了20万种图书。而现在，一年的出版量就超过了以往2000年出版量的总和……美国出版史专家约翰·曼曾统计过，1455年以前，整个欧洲出版的图书约为3万种，册数也很少，装在一辆马车里就能拉走。而同期中国累计出版的图书约为4万种，比欧洲多出整整1/3，出版册数更令西方望尘莫及。追根溯源，造纸术和印刷术的发明，使中国人能用更低的成本和更快的速度出版图书，出版业的发达也让中华民族长期领先于世界其他民族——正如林语堂所言：当欧洲人还在中世纪的黑暗里摸索徘徊的时候，中国人已经在文明的殿堂里展翅翱翔了。然而，自德国人古登堡在1455年第一次用他发明的现代印刷术印制《圣经》后，情况便发生了逆转——欧洲人出版图书的速度，从两个月手抄一本书，提升至一星期印制500册。据学者郑也夫研究，到1600年，西方拥有的图书是125万种，中国拥有的图书是1.4万种，前者是后者的89倍。而到了1900年，西方的图书种类达到1125万种，中国的图书种类则是12.6万种，同样是89倍。古代中国的衰落，源自双方实力的此消彼长，而这样的差距早在1455年已然决定。以史为鉴可知兴替。从1840年以后，中国人用了几乎200年的时间，终于重登世界出书种类最多的座席。"①

然而，一个国家一年的书籍出版总量只是衡量其国民阅读状况的一个方面，因为存在着这么一种可能性，即其中出版的大量书籍可能并没有获得真正的阅读，虽然出版，却等于没有出版。另一方面，未被列入"书籍出版总量"的非传统纸本的"网书"及"网文"却可能拥有巨大的读者群。所以，面对网络时代的现实，我们的调查也将"网络畅销书"作为"畅销书"的一个重要部分纳入其中。据中国互联网络信息中心（CNNIC）

---

① 《2012年全国出版图书达37万种》（中国图书出版网2013年5月3日：http://www.bkpcn.com/web/ArticleShow.aspx?artid=113710&cateid=A0510）。

2013年1月15日发布的《第31次中国互联网络发展状况统计报告》,截至2012年12月底,我国网民数量达五亿六千四百万;互联网普及率为百分之四十二点一;我国手机网民数量达四亿二千万;我国网民中农村人口达一亿五千六百万;百分之七十五左右的网民通过手机上网。①

就"网络文学"而言,2010年网络长篇小说就已突破百万部(篇),并呈现出剧增的态势。根据艾瑞咨询网络用户行为监测工具iUseTracker数据统计显示,截至2011第二季度,中国网络文学小说用户已经达到1.43亿人,较上季度微涨2.2%。在2011年6月中国网络文学小说用户中,大学本科和大学专科学历为核心群体,分别占比45.7%和30.0%,另外硕士及以上占6.8%,而高中(中专)及以下,共占17.5%的用户比例。读者性别方面也开始出现分化:"随着读者需求的增加,网络文学网站开始出现细分,这时形成了诸如红袖添香、晋江文学等为代表的女性小说,以起点文学、纵横中文网为代表的男性小说。而根据性别的细分方式,也成为网络文学行业日后发展的主要细分准则。"② 另据"中国行业研究网"2012年2月1日刊登的《2011年全国网络文学用户数量统计分析》一文提供的统计数字:"迄今为止,全国拥有网络文学写作者100多万人,每年有三四万部作品签约;全国网络文学用户达1.94亿,超过了网上电子商务用户。"③

就网络文学(小说)读者的阅读兴趣和年龄构成,东南大学情报科技研究所的吴琼在其论文《网络小说及其读者关注度分析》中使用iResearch(艾瑞)、Alexa、Google Ad Planner和Google Trends for Websites等网络流量统计工具对几个大型中文文学网站(起点中文网、快眼看书、晋江原创网、搜读、纵横中文网)进行了统计数字分析,得出的结论也相差无几:"在排名前五位的文学网站中,晋江原创网主要为言情小说原创网站,其余四个网站的小说均偏向玄幻、悬疑类型,可以初步判断现今的玄幻、悬疑、言情小说为网络文学的市场主流……其中25岁到34岁的读者占据

---

① 《第31次中国互联网络发展状况统计报告》(中国互联网络信息中心2013年1月15日发布: http://www.cnnic.net.cn/hlwfzyj/hlwxzbg/201301/t20130115_38508.htm)。
② 《艾瑞咨询:网络文学小说发展趋于稳定,用户高学历与性别诉求差异化是主要特征》(艾瑞咨询2011年8月17日: http://data.eguan.cn/qitadisanfangyanjiu_110934.html)。
③ 《2011年全国网络文学用户数量统计数字分析》(中国行业研究网2012年2月1日: http://chinairn.com/news/20120201/870556.html)。

了小说网站的浏览的绝大多数,其次是 18—24 岁的读者……从统计可以看出,具有高中、学士及硕士文化程度的读者是阅读网络小说的主体,其中以学士的比例最大。笔者据此推测出网络小说最大的读者群体是在校大学生或同等学力的群体。"[①]

"县"的意义及其文化的空心化

不过,上面所列的几组全国性统计数字只具有抽象的意义,它们不能体现出全国一般省份的国民阅读状况——毋宁说它们体现的主要是诸如北京、上海、西安、成都等有着大量高校和在校大学生的"大城市"(笔者这里主要指几个直辖市以及东部和中部省份的省城)的国民阅读状况。但我们知道,大城市在校大学生有相当一部分来自"县"这个行政—文化单元(尽管近些年来自农村地区的大学生在在校大学生中所占比例有急剧减少的趋势)。如果我们为全国的国民教育体系绘制一幅分布图的话,那么,"高等教育"主要分布于中心大城市,而县及县以下地区则基本属于"基础教育"(中小学)地带。

不过,从清末开始,由于城市逐渐成为"文教中心",县以及乡镇从文化层次上迅速萎缩。考虑到县以及乡镇有着中国的大部分人口,其教育和文化的状况不仅极大地影响了当地的社会,而且,还教育着这个国家的大部分青少年——他们所受教育的性质又直接决定了国家的未来。这也是我们此次国情调研之所以深入到乡镇的原因。当初,梁漱溟等一批学者致力于"乡村建设",从"基础"抓起,也是感觉到乡村作为中国社会的基础,它的基本状况决定了整个国家的状况。

据民政部 2010 年 12 月 31 日统计,全国省级行政地单位 34 个,地级市行政单位 333 个,县级行政单位 2862 个。就全国在校学生情况,中国青少年研究中心"2007 年中国青少年人口详数"调查提供了一份详细的统计数字:全国初中、高中和高校在校学生总数约为 23527.68 万人,其中,初中在校学生数为 5736.19 万人,高中(含普高、成人高中、职高、普通中等专业学校、技工学校、成人高中、成人中等专业学校等)在校学生数为 4527.49 万人,在校生总人数约为 1.2 亿。全国共有各类高中 31532 所,其中普通高中 16092 所。那么,这些学校和在校学生的地区发

[①] 吴琼:《网络小说及其读者关注度分析》,载《图书馆建设》2012 年第 3 期。

布情况又如何呢？我们或许可以从教师的统计数字看出基本状况。据教育部2010年9月2日发布的消息可知，截至当月，全国普通中小学专任教师已达1064.01万人，其中城市教师218.07万人，县镇教师372.99万人，农村教师472.95万人，县镇以下中小学教师占到79.5%。在农村学校中，专科以上小学教师、本科以上初中教师、研究生学历高中教师分别达到67.25%、49.38%、1.34%。[1]

但这些统计数字无法说明带状的辽阔的"县"（国民基础教育体系）之于点状的少数"中心大城市"（高等教育体系）的"向心关系"，而这种"向心关系"对"县"的文化和教育的损害——即对国民基础教育的损害——可能被当今的研究者忽略，也通常为那些"进步论者"所回避。清末的激进改革派将中国贫弱的原因一方面归咎于"科举制"，一方面归咎于"教育的不普及"（而教育的不普及又被归咎于"汉字难识"，并因此而屡起"废灭汉字、走拼音化道路"的所谓"拼音化运动"。不过，这一点不在本文的议题之内，在此不议），而在1903年以政府改革令的方式一举"废科举、废书院、兴学校"。对这种不考虑中国国情的激进改革措施，当时的人以及后来的大多数"进步论"历史写作者只见其利，而持全盘肯定的态度，而没有考虑其弊，以致贻害至今。

"科举制"本身是一种考试选官制度，自隋朝开始有一千三百年的历史。当"科举制"被视为致中国于贫弱的"祸首"之后，人们就很少考虑这种制度对于中国这个当时国土面积和人口堪比整个欧洲的国情。"科举制"是一种纯粹以个人才能为唯一选拔标准的考试选官制度，它以"程序公正"的方式实现了社会阶层之间的垂直流动（英国后来的文官考试录用制度就是借鉴了中国的"科举制度"），并使得"文学"成了令全社会尊敬的教化载体。

由于从科举考试中胜出而外出为官的毕竟是少数人（他们致仕之后一般返回本乡本土），大量受过良好文学教育的士绅依然留在本乡本土，而家乡观念又使得这些士绅对本乡本土怀有一种强烈的责任感，热心于并投资于当地公共事业，尤其是文教（书院、印书馆、私塾等）。也就是说，"科举制度"不仅没有通过掏空本乡本土的人才的方式在文化上损害

---

[1] 《中国中小学教师人数已超过千万，县镇以下约占8成》（凤凰网2010年9月2日：http://edu.ifeng.com/news/detail_2010_09/02/2419306_0.shtml）。

"县",使之在文化上"沙漠化",反倒使得各县各乡形成了一个对当地的文化发展、道德秩序和社会秩序产生重大影响的文人圈子,而且这一切均以"民间资本"作为支撑,执行低税率政策的政府不必承担其费用。

的确,科举制在考试内容上存在一些弊端,但考试内容本身是可以变化以适应时代需要的——实际上,清末的科举制已大大强化了"实学"的内容,并且给未参加科举考试而在国外获得学位的人授予不同等级的科举名分——然而,这种"强制性的社会公正制度"却被一举废除。由于废除了科举制,官吏产生的途径就从以前的考试制变成了任命制,造成了任人唯亲的"裙带"关系的流行,此即清末民国初年政府部门和大学何以出现大量的"系""派"的地方势力的原因。假若不是通过个人才能而是通过其"裙带关系"来选拔官员,就不仅会造成仕途对大部分人的封闭,且导致一种普遍的对"个人才能"的轻视,而这肯定会给各地官场带来一种腐败的习气,从而瓦解了以前的绅士阶层作为本乡本土的文化普及者和道德引导者的功能,而"县"(乡镇)又是中国社会的基础。

实际上,正如民国初年不少著名作家指出的,进入民国之后,社会道德风气以及社会秩序甚至比清末还要糟糕,这一点在各地官场更加明显:以前,各地官场基本上是经由科举而选拔的文人集团,它们大多至少能够保持一种道德水准,而废除科举之后,各地官场纷纷被"有力者"及其"裙带关系"把持,导致官场的野蛮化。另外,比起清末的乡村,民初的乡村进一步凋敝,而这里强调的是,这种凋敝还不只是经济方面的,还是文化方面和社会方面的。

在清末随科举制一道被废除的还有书院制。本来,书院的存在及其目标并不仅是为参加科举者提供培训,它们通常是交流学问之地,对本乡本土的文化培养非常关键。不仅是书院,还有众多文人居住在乡村,形成一种"耕读"传统。书院制在中国存在了一千三百多年,而且各书院均有漫长的文化延续。废书院前,全国有书院四千多所,更重要的是,这些书院在地理分布上并不集中于少数几个中心大城市。以山东清代书院分布为例,可知书院基本遍及全省各县镇。杨林林在其学位论文《明清山东书院的时空分布及其近代演变》中统计出山东省在明代有书院92所,到清代增至216所,并根据这些书院的位置画出山东全境书院分布图[①]。

---

① 杨林林:《明清山东书院的时空分布及其近代演变》(南京师范大学论文库),第20页。

从其提供的分布图可以清楚得看出山东书院在全省的分布状况,可以毫不夸张地将其描述为"乡乡有书院"。胡适于 1923 年 12 月 10 日在南京东南大学发表题为"书院制史略"的演讲,认为清末取消书院是中国教育的一大损失①:"一千年以来,书院实在占教育上一个重要位置,国内的最高学府和思想渊源,惟书院是赖。盖书院为我国古时最高的教育机关,所可惜的,就是光绪变政,把一千年来书院制完全推翻,而以形式一律的学堂代替教育。要知我国书院的程度,足可以比外国的大学研究院……书院之废,实在是吾中国一大不幸事。一千年来学者自动的研究精神,将不复现于今日了。"② 不过,胡适只注重书院的"自动的研究"和独立的研究的特征,却忽视了这些遍布各地的书院对其所在乡镇的文化和教育的意义,即对中国社会最为广大、最为基础的人群的潜移默化的教化作用。

废书院而代之以"新式学堂"之后,学校数量大量减少。与书院通常由地方士绅出资维持不同,"新式学堂"由政府提供预算。然而,财政上捉襟见肘的清末政府和民国政府并没有这么多教育经费来支撑一个遍及全国县乡的基础国民教育体系,以致中学只能设置到县城,小学只能设置到乡镇。1908 年的一道谕旨规定:"将各府厅州县现有之大小书院,一律改为兼习中学西学之学校。至于学校等级,自应以省会之大书院为高等学,郡城之书院为中等学,州县之书院为小学。"③ 实际上,由于财政原因,"改书院为学校"导致的是书院的大量裁撤,也就等于学校数目的大量减少及小学、中学和高校分别向乡镇、县城、省城(含京城)的"集中化"。

我们由湖南的情形也可略窥一二。湖南在清末民初是教育最为发达的省份之一。不过,废书院改为新式学堂以后,三分之二的书院不复存在。从以下摘自邓洪波《中国书院史》一书有关湖南清末至民初书院改学校一

---

① 不过,就像在其他许多问题上,胡适对待"书院"的态度也前后矛盾:在"全盘西化"的新文化运动期间,他认为"废书院、兴学校"是清末改革的进步措施之一,并在《中国新文学小史》中奇特地说慈禧将"百日维新……全盘推翻了"(胡适:《中国新文学运动小史》,《胡适文集》卷一,北京大学出版社 1998 年版,第 122 页),其实后来"废科举、废书院、兴学校"的改革举措主要是在慈禧当政时完成的,尤其是在 1903 年教育改革时。蔡元培在 1917 年执掌北京大学之后,提出的"大学的理念"实际与胡适对中国旧时的书院的阐释并无不同,不过,胡适从现代教育等级制出发过于强调"书院为我国古时最高的教育机关",因而忽视了"书院"作为一种地理分布十分广泛乃至遍布城乡的学术机构的普遍性和基层性。

② 胡适:《书院制史略》,欧阳哲生主编《胡适文集》(12),北京大学出版社 1998 年版,第 449 页。

③ 转引自程青之《中国教育史》(下),第 588 页。

览表可以看出这一点。

湖南书院改制一览表①

行政区	院名	改制时间	学堂、学校名称	备注
长沙府	岳麓书院	光绪二十九年（1903）	湖南高等学堂	1926年改名湖南大学
	城南书院	光绪二十九年（1903）	湖南师范学堂	今为湖南第一师范
	求实书院	光绪二十八年（1902）	湖南大学堂	
长沙县	湘水校经书院	光绪二十九年（1903）	成德校士馆	
	求忠书院	清末	忠裔学堂	"民国"时改为兑泽中学
浏阳县	南台书院	光绪二十八年（1902）	小学堂	
	文华书院	清末	里仁学校	今为浏阳一中
醴陵县	渌江书院	光绪二十九年（1903）	高等小学堂	今为醴陵教师进修学校
湘乡县	东皋书院	光绪二十九年（1903）	中学堂	
	涟滨书院	光绪二十九年（1903）	师范馆	
	东山书院	光绪二十八年（1902）	校士馆	今为东山学校
	涟壁书院	光绪二十八年（1902）	校士馆	今为娄底市第二小学
	双峰书院	光绪二十八年（1902）	校士馆	今为双峰一中
茶陵县	洣江书院	光绪二十八年（1902）	小学堂	
宁乡县	玉潭书院	光绪二十八年（1902）	高等小学堂	
	云山书院	光绪二十八年（1902）	高等小学堂	今为云山学校
益阳县	龙洲书院	光绪三十二年（1906）	益阳学堂	今为益阳市二中
	箴言书院	光绪三十年（1904）	校士馆	今为益阳县一中
	路德书院	清末		教会书院。"民国"并入华中大学
衡阳	石鼓书院	光绪二十八年（1902）	中学堂	后改为南路师范学堂
	西湖书院	光绪三十三年（1907）	衡清中学	
	莲湖书院	光绪二十八年（1902）	小学堂	
清泉县	岳屏书院	光绪二十八年（1902）	小学堂	
	船山书院	民国四年（1915）	存古学堂	后改为船山中学
衡山县	集贤书院	光绪二十九年（1903）	校士馆	
	观湘书院	光绪二十九年（1903）	校士馆	
	雯峰书院	光绪二十九年（1903）	校士馆	民国改为高等小学校

---

① 邓洪波：《中国书院史》，东方出版中心2004年版，第331—334页。

续表

行政区	院名	改制时间	学堂、学校名称	备注
	白山书院	光绪二十九年（1903）	民立小学堂	
	爱莲书院	宣统三年（1911）	向氏尚德小学	今为白莲中学
	景贤书院	"民国"	景贤高等小学	
	研经书院	光绪三十年（1904）	小学堂	今为城关镇中学
	中洲书院	"民国"	小学校	
	文炳书院	"民国"	文炳高等小学校	
安仁县	宜溪书院	光绪二十八年（1902）	小学堂	旋改为校士馆
常宁县	双蹲书院	光绪二十八年（1902）	小学堂	
鄜县	洣泉书院	光绪三十四年（1908）	洣泉一高	
巴陵县	慎修书院	光绪二十八年（1902）	中学堂	
	湖滨书院	清末		（教会书院）民国并入华中大学
临湘县	蓴湖书院	光绪二十八年（1902）	小学堂	
平江县	天岳书院	光绪二十九年（1903）	高等小学堂	
武陵县	德山书院	光绪二十八年（1902）	小学堂	
桃源县	漳江书院	光绪三十年（1904）	速成师范学堂	旋改为第一高等小学堂
	桃溪书院	光绪二十八年（1902）	小学堂	
龙阳县	龙池书院	光绪二十八年（1902）	小学堂	
沅江	琼湖书院	光绪二十八年（1902）	小学堂	
澧州	澧阳书院	光绪二十八年（1902）	中学堂	次年改为小学堂
	深柳书院	光绪二十九年（1903）	小学堂	
慈利县	渔浦书院	光绪三十三年（1907）	渔浦高等小学校	
	两溪书院	光绪三十二年（1906）	两溪高等小学校	
安福县	道水书院	光绪二十八年（1902）	小学堂	
永州府	濂溪书院	光绪二十八年（1902）	中学堂	
零陵县	蘋洲书院	光绪二十九年（1903）	中学堂兼师范馆	经费与廉溪合并
	群玉书院	清末	高等小学堂	
道州	濂溪书院	光绪二十八年（1902）	校士馆	今为永州三中
	玉城书院	光绪二十八年（1902）	小学堂	
	四乡书院	光绪二十八年（1902）	校士馆	
东安县	紫溪书院	光绪二十八年（1902）	小学堂	

续表

行政区	院名	改制时间	学堂、学校名称	备注
宁远县	崇正书院	光绪二十八年（1902）	小学堂	
	泠南书院	光绪三十三年（1907）	师范馆	
永明县	桃溪书院	清末	官立高等小学堂	
祁阳县	永昌书院	光绪二十八年（1902）	小学堂	
兴宁县	汉宁书院	光绪二十九年（1903）	汉宁高等学堂	今为资兴一中
	文昌书院	"民国"	高小	今为青市中学
	兰溪书院	光绪三十一年（1905）	高等小学堂	今为兰市中学
	崇义书院	光绪末	凤凰高等小学堂	
	程水书院	光绪三十一年（1905）	程水高等小学堂	
	郴侯书院	光绪三十二年（1904）	郴侯高等小学堂	今为蓼市中学
	乐城书院	光绪二十九年（1903）	乐城高等小学堂	
	崇正书院	光绪三十二年（1906）	二都高等小学堂	
	成城书院	"民国"	成城高小	今为香花中学
宜章县	养正书院	光绪二十八年（1902）	小学堂	
	西山书院	民国二年（1913）	高小	今为巴力中学
	栗源书院	民国三年（1914）	高小	今为栗源完小
	谦岩书院	光绪三十二年（1906）	初等小学堂	
	承启书院	清末	高等小学堂	今为承启学校
	白沙书院	宣统元年（1909）	高小	今为白沙完小
	沙城书院	光绪三十二年（1906）	初小	今为黄沙堡完小
桂阳县	朝阳书院	光绪二十八年（1902）	小学堂	今为县一中
	云朝书院	光绪二十八年（1902）	小学堂	
	云头书院	"民国"	第一乡高小	
桂阳州	鹿峰书院	光绪二十九年（1903）	小学堂	
	龙潭书院	光绪二十九年（1903）	中学堂	
临武县	双溪书院	光绪二十八年（1902）	官立小学堂	今为县一中
	清漪书院	民国八年（1919）	东区高小	
	渊泉书院	民国八年（1919）	西区高小	
蓝山县	鳌山书院	光绪三十一年（1905）	小学堂	
嘉禾县	珠泉书院	光绪二十九年（1903）	小学堂	今为县一中
	金鳌书院	"民国"元年（1912）	四乡联合高小	今为普满中心小学

续表

行政区	院名	改制时间	学堂、学校名称	备注
新化县	资江书院	光绪二十八年（1902）	小学堂	
武冈州	峡江书院	光绪二十八年（1902）	乡间小学堂	
	双江书院	光绪二十八年（1902）	乡间小学堂	
	希贤精舍	光绪二十八年（1902）	官立小学堂	
城步县	青云书院	光绪二十八年（1902）	小学堂	
新宁县	求忠书院	光绪二十八年（1902）		
	金城书院	光绪二十八年（1902）		二院合改为小学堂
靖州	鹤山书院	光绪二十八年（1902）	校士馆	
	渠水校经堂	光绪二十八年（1902）	靖州中学堂	旋改为高等小学堂
会同县	三江书院	光绪二十八年（1902）	小学堂	
通道县	恭城书院	光绪二十八年（1902）	小学堂	
沅州	明山书院	光绪二十八年（1902）	校士馆	
	沅水校经书院	光绪二十八年（1902）	沅州中学堂	
黔阳县	龙标书院	光绪二十八年（1902）	小学堂	
	宝山书院	光绪二十八年（1902）	小学堂	
凤凰厅	三潭书院	"民国"三年（1914）	存诚学校	
乾州厅	立诚书院	光绪二十八年（1902）	小学堂	
永绥厅	绥阳书院	光绪二十八年（1902）	中学堂	
永顺府	灵溪书院	光绪二十八年（1902）	永顺中学堂	
永顺县	大乡书院	光绪二十八年（1902）	小学堂	今为永顺民族师范
保靖县	雅丽书院	光绪二十八年（1902）	小学堂	
龙山县	白岩书院	光绪二十八年（1902）	高等小学堂	
桑植县	澧源书院	光绪二十八年（1902）	小学堂	今为桑植县一中
辰州府	虎溪书院	光绪二十九年（1903）	中学堂	
泸溪县	南溪书院	光绪二十八年（1902）	小学堂	今为县一中
	浦阳书院	光绪二十九年（1903）	官立高等小学堂	
沅陵县	鹤鸣书院	清末	沅陵高等小学堂	
辰溪县	大酉书院	光绪二十八年（1902）	校士馆	
溆浦县	卢峰书院	"民国"	高小	
	正趋书院	"民国"	一区区校	
	郎梁书院	"民国"	二区区校	

续表

行政区	院名	改制时间	学堂、学校名称	备注
	三都书院	光绪三十一年（1905）	三区区校	
	凤翔书院	"民国"	四区区校	

就全国的书院改制情况，邓洪波引用自己和他人的数据写道："清代湖南有书院394所，121所改为各级学堂，占总数的30.71%。又据胡昭曦先生统计，四川清代有书院504所，其中至少有122所改为各级学堂，其比例为24.2%。其他山东书院213所，改学堂者81所，比例为38.02%。安徽书院188所，改学堂者39所，比例为20.74%。河南书院211所，改学堂者49所，比例为23.22%。广东书院531所，改学堂者79所，比例为14.87%。贵州书院83所，改学堂者51所，比例为61.14%。甘肃书院101所，改学堂者52所，比例为51.48%。以上各省书院改制的比例，从14.87%—61.48%不等，如果以最高推算，则清代全国4365所书院，当有2668所书院改制，如以最低比例推算，也有649所书院改制，而浙、川、鲁、皖、豫、粤、贵、甘八省合计就有594所。因此，全国被改制的书院最少也会在1000所以上。"①

前些年中国的教育改革也重复了清末裁撤、合并学校的方式，例如村小学被大量裁撤，归并到乡小学，而中学更是被集中到镇和县。此外，还让学校越来越承担着本来不是学校的分内之事的一些"社会成本"，使得学校在管理学生时日益变得谨小慎微，在大多数情况下，校方和教师都向学生（和学生家长）的要求退让。这种将"教育机构"当做"服务机构"的倾向，扭转了"教育者"和"受教育者"之间的传统关系，使"教育者"时刻顾及"被教育者"。在与一些学校校长和教师的交流中，我们经常可以听到类似的抱怨。至于这类在所谓"教育民主化""人性化"的旗号下进行的改革的利弊，目前还不能看得十分清楚，希望有相关的国情调研。

"改书院为学校"导致的是书院的大量裁撤，也就等于学校数目的大量减少以及小学、中学和高校分别向乡镇、县城、省城（含京城）的"集中化"。清末民国教育史的研究者业已指出民国的学校和学生比清末大

---

① 邓洪波：《中国书院史》，东方出版中心2004年版，第334页。

有减少的状况,这里不再赘述,但再次强调他们通常忽略的这种"减少"的地理分布意义,即学校教育从县镇以下的辽阔乡土的退出;此外,这种完全建立于具有明显地理分布意义的"三个等级"(乡镇之小学、县城之中学、省城之高校)基础上的"国民教育体系"还导致前文所说的"向心关系"——或者说受教育者从乡镇流向县城再流向省城的单向流动——即"乡镇"小学培养的优秀生去"县城"继续其中学阶段的学习,而中学阶段的优秀者去"省城"的高校继续学习,毕业后就大多留在了"省城"(中心城市),很少有人返回本乡本土从事"小地方"的文教事业,其结果是本地最好的人才几乎被掏空。

换言之,科举制和书院制的废除,从长远的负面的影响方面来说,一方面瓦解了作为中国社会基础的广大乡村的文化基础及其核心——士绅(乡绅)群体,这还不提此前义务负责地方大部分事务的乡绅群体的瓦解如何增加了国家的管理成本;另一方面,假若说以前的科举制弊在过于偏重文学和道德方面,那么,取而代之的现代替代物的高考制度则越来越偏重于"应试"(这却是清末废科举时指控科举制弊端的最为强大的理由),小学生和中学生几乎成了"考试机器",并形成了一种厌学的风气(这也是署名为韩寒的那些"反叛作品"在中学生中引起如此巨大共鸣的原因,而这种"反智主义"的风气又使得本来作为"文化传承者"的文人知识分子受到极大的社会嘲弄,这又"返"过来造成文人知识分子这个群体自身的道德涣散),极大地忽视了"国民"的培养,而本来基础国民教育体系的核心宗旨是培养"国民"。

为什么中国在"现代教育体系"建立一百多年后,如今却越来越有一种"教育失败"的感觉?或许我们可以重温一下一直被视为"改革反对派"的辜鸿铭在1915年对"文明"或"文化"的定义,并从中获得一些启示。假若自清末以来建立起来的偏重"功利主义"的"现代教育体系"一直问题不断并贻害于当今,那么,作为其最初异议者的辜鸿铭的议论就不应该被当做"落伍言论"轻易打发掉,因为其中必然包含某种志在"纠偏"却不被教育改革的激进派所接纳的东西。在1915年出版的《中国人的精神》(即《春秋大义》)的序言中,辜鸿铭写道:"在我看来,要评价一种文明的价值,我们最终必须问的问题,不是这种文明是否修建和能够修建出如何伟大的城市、壮丽的房舍和宜人的道路;不是它是否制造了和能够制造出如何美轮美奂的家具而有舒适的家具、如何精巧而实用的工具、器具和仪器,甚至不是它创建了什么学院和创造了什么艺术的科学。要评估一种文明,我们必须要问的问题是,它能够生产出什么类型的人,什么样的男人和女人。事实上,一种文明所生产的男人和女人——人的一种类型——正好显示出该文明的本质和个性,也即显示出该文明的灵魂。"[1] 辜鸿铭显然不反对一种文明对于实用物品的创造,但更强调这种文明对于"人的类型"的创造,而他认为,由于现代中国偏重于实用的"可见之物",而忽视了"不可见"的更为内在的东西的培养,这种"理想的中国人"几乎已在中国绝种了,几乎已经很难将当今的中国人定义为一个文化群体,一个文化共同体。

埭溪镇调查（山区）

在对浙江省湖州市的埭溪镇和南浔镇的实地调研中,我们能感觉到存在着两种不同的文化形态——姑且称之为"农业时代的文化"和"工商业时代的文化"。先引用"百度百科"对埭溪镇的详细介绍。之所以引用"百度百科",是因为它与当地政府"推介"埭溪镇的言语非常一致:

> 埭溪镇地处湖州市吴兴区西南部浙西北天目山麓山地丘陵和杭嘉湖平原的过渡地带,是湖州市的南大门,北距湖州 27 公里,南距著名的莫干山风景区 15 公里,总面积 173 平方公里,辖 19 个行政村,4 个居委会。区域面积 170 平方公里,总人口 4.1 万,是湖州市 11 个重点中心城镇之一。城镇建设已呈框架,建成区面积 2.5 平方公里,集镇居民约 1.2 万人。
>
> **地理环境:**埭溪镇地处天目山余脉丘陵与杭嘉湖平原结合部,半山区的特殊面貌使她山清水秀,物产丰富,有隐藏丰富的花岗石、灰岩等矿石资源,浩海无际的竹林,品质超群的优质茶叶,农产品多次获省、国家级农产品金、银奖。埭溪镇属典型的亚热带季风气候,年平均气温 15.8 摄氏度,最冷月(1 月)平均气温 3.1 摄氏度,最热月(7 月)平均气温 27.9 摄氏度,平均降水量 1458mm/年。埭溪位居天目山麓与杭嘉湖平原的接壤地带,山川毓秀、人杰地灵、物产丰

---

[1] Ku Hung-Ming, *The Spirit of the Chinese People*（《春秋大义》）, Peking: The Peking Daily News, 1915, p.1.

富、气候宜人，素有"鱼米之乡、丝绸之府、茶竹之地"的美誉。

简介： 改革开放以来，埭溪镇经济社会快速发展，人民生活水平不断提高。2003年完成GDP10.37亿元，工农业总产值22.4亿元，农民人均收入4939元，财政总收入4955万元。水陆交通便捷是埭溪镇压的最大优势。104国道、"华东第二通道"的宣杭（安徽宣州到杭州）铁路、黄金水道运河以及即将竣工通车的杭宁（杭州至南京）高速公路等均在镇域内交汇通过。邮电通讯快捷，可提供程控交换、DDN、分组交换ISDN等通讯和各种计算机互联网业务服务。电力供应充裕，拥有35KV变电所、110KV变电所各1座。蓬勃发展的工业现已形成五金机械及摩托车加工制造、电子电器、纺织服装、矿产建材、竹木加工等支柱产业，有被列入市重中之重、市重点、区重点等私营企业。工业经济呈现强有力的发展趋势，特别是上强工业园区的建立，更为我镇工业经济的发展注入了活力。埭溪物产丰富，盛产竹、木、笋、板栗、青梅等自然成为山区农副产品的集用地。2001年10月设立了浙北林产品交易市场，市场营运2年多来，年销售额突破亿元。埭溪水产品以青虾、甲鱼为多，畜产品、禽蛋产量丰富。农村产业结构调整步伐不断加快，全镇产业结构调整面积累计达到1.75万亩，粮经比例达到30：70。苗木产业规模不断扩大，104国道沿线的"十里苗木长廊"已初具规模。效益家业规模基地有新发展，品种不断优化，全镇已形成苗木、盆景、果蔬、水产等种养基地20多个。埭溪镇20世纪70年代受国家政策导向影响，初步形成了较为浓厚的工业基础，工业经济经过不断地发展和调整，充分发掘区域内的资源优势和潜力，加大技改投入，提升产业层次，逐渐形成了轻工机械、农产品加工、电子电器、轻纺服装、矿产建材五大支柱产业。

风景文化： 埭溪镇是原吴兴五大古镇之一，悠久的历史可追溯到春秋时期，古称"上强里"，宋太平兴国三年（公元983年）建镇，名"施渚"，明朝始称"埭溪"，建镇距今已逾千年。数代文人墨客曾在境内留有诗句墨迹。境内有祗国寺、鸵鸟观光园、风车口水库、凤凰山仙人洞、乔盘山自然风景区等自然和人文景观，与中国四大避暑胜地之一的莫干山衣襟相连，地理位置处于"天堂之旅"的苏一杭黄金旅游线上，丝绸之府、鱼米之乡、文化之邦的一颗璀璨明珠。独特的气候条件和山地平原过渡地带的地貌，给埭溪带来了丰富的亚热带生物资源和矿藏资源。区域内灰岩、花岗岩等矿产资源储量丰富，是浙北地区重要的建筑石料生产基地。

这一千多字的介绍里，除了地理、气候和"镇史"之外，基本上涉及的是物产和经济，至于当地的文化或者文学，只有一句："数代文人墨客曾在境内留有诗句墨迹。"这显然是指古代和近代的文人墨客（唐代大诗人白居易、钱起、郎士元等在此留下了诗句，但这也没有什么特殊的，因为中国各地有风景的地方几乎都有文人墨客的留痕）。至于当代，文学活动方面就乏善可陈了，也似乎不是推介重点。

然而，文化或者文学，也可能是无形的，不一定表现为有多少文化和文学机构，有多少文人和学者，甚至不必表现为读了多少书。作为实地调研者，我们更多地是以自己的"眼睛"来立体观察埭溪镇的。埭溪镇的大部分处在比较偏远的山区。驱车穿行在山区的弯曲山路上，见到两旁连绵不断的山上生长着茂密的竹林和其他树木，但两旁道路的民居稀少，而且彼此相隔甚远。偶尔可以见到路旁用水泥板和砖块搭建起来的类似微型"土地庙"一类的简陋的供龛，里面残留着未烧尽的香蜡（由于土地庙被定义为"迷信"，所以这类"供龛"从外表上几乎看不出来用途），从中可以判断当地人的古老的信仰。行至山区的深处，则有"世外桃源"之感。沿着一条通往山区水库的长长的马路走下去，走到邻近水库的"度假村"的地方，路的一侧的山下有一溜别墅，是当地农民对旅游业的投资。这样的别墅通常三层，完全西式，别墅周围是围墙围起的庭院（每个庭院里都有看院的狗——品种不错、价格不菲的类似德国牧羊犬的狗），一栋别墅的建造费大约在百万元左右（当地一处旅馆的老板提供的数字）。从其他房舍的外观来看，邻近"休假村"一带的农民一般比较富裕，而且大多不是靠地吃饭（漫山遍野的竹子几乎无人理会，茂密得几乎无法穿行，而路边堆放的一捆捆竹干几乎都快腐烂了），而是另有"主业"。但山区其他地方的农民则相对于平原地带的农民来说富裕程度要低一点。

村子的主体分布在两座高山之间的狭长山谷，一条清澈的小溪伴着公路从山谷穿过，最终汇入水库。这条小溪沿途有一些水泥台，是农户们洗衣、洗菜的地方。水库边的"度假村"也完全是西方风格的，是外地的某奔驰牌山地越野车俱乐部的营地，显然是这些城市巨富（通常是喜欢玩车的"富二代"）的"野游"场所（我们调研组来之前不久，这里举办过活动,似乎是一年一度的活动,平时则空着),那里有白色的巨大帐篷、有西式餐桌、酒吧以及露天电影放映场等等。这个城市富豪短暂闲居的汽车营地为当地少数人提供了致富途径(度假村附近的那些别墅即主要得益于为汽车营地提供的服务),但没有显著的迹象表明它改变了当地人的文化意识,在当地人看来,他们只是外地人,正如外国人,而在营地的这些外地人看来,本地只存在可以消费的风景,至于当地人,则与他们没有什么关系——除了提供服务的关系。毕竟,这些城市度假者只是这里的"外来者"。

我们考察组在当地一家廉价旅馆入住。旅馆里基本见不到任何书籍和报纸,但每个房间都有电视机(虽频道很少),都能上网,而且是无线上网。我在村中走访了几家路边小商铺,在那里均发现有电视机,但基本没有电脑(这可能与店主们均为老人有关)。当地人的休闲时间大多花在聚聊和看电视上,几乎不存在纸本阅读。这里生活容易,节奏缓慢,人的脾气相当随和,受外面的"现代文化"影响较小,居民能保持一种基本的道德感(例如在陌生人问路时,能热情地提供帮助;房前屋后可以看到没有上锁的自行车、电瓶车和小型拖拉机,似乎根本不担心会有人偷走;离村不远的道路旁偶尔会有供行人休息的风雨亭,等等)。这可能和全国的山区农村的情形差不多:相对封闭的空间阻止了混杂的外来流动人口,整个村子里的人可能保持了长达几辈人的关系,人情味足,形成了一个密实的小共同体(从当地人盖房子时彼此提供免费人手即可看出这种互助性),其运转主要依赖于数百年来形成的习俗和观念(但这些传统习俗和观念并没有给当地人形成一种心理封闭性),政府不必付出过多的管理成本,因为山区的社区习惯于自我管理。由于这个小共同体非常密实,家家相互认识,形成一种公共舆论,个人很看重自己在其中的荣誉感,所以就存在着一种无形的荣誉原则作为每个人的行为规范。在与当地人的交谈中,他们谈到本地生活、物产和风景时,总有一种喜形于色的自豪感(与城市人通常抱怨自己的居住地不同)。

在这么一个山村,谈不上起码的书本阅读,书店自然是没有,甚至也没有租书和卖报的地方。但我们可以把"阅读"分为两种,即"书本阅读"和"传统无形的承继"(古老的家族和邻里观念、习俗、简单的处世箴言等的一脉相承,例如我们的小旅馆的主人之妻亲自下厨,而我们用餐是在庭院里,我们使用的八仙桌上刻有"嫁妆,一九八六年"的字样,庭院的白色围墙上用线勾勒着一些古代人物,并用毛笔写着一些类似《弟子规》里的句子),正是后者保证了这个山区共同体的一般道德秩序和社会秩序。

重新回到辜鸿铭的"文明"(文化)观念。自清末尤其是新文化运动以来,能"识字""看书"(且主要是看充满"现代意识"的书)被认为是"有文化的""文明的",不过,辜鸿铭认为"文明"(文化)的标准主要是道德的养成,而将"是否识字"视为"是否有文化"只是城市知识分子对广大农民的偏见。辜鸿铭在《归国留学生与文学革命——读写能力和教育》一文中反驳上海英文报纸《密勒氏报》登出的胡适文章,认为胡适将"识字与受教育"混为一谈是完全错误的:

> 这是绝对不对的。我的看法正与此相反。在我看来,一个人识字越多,他所受的教育就越少。然而,什么是教育?什么是"受过教育"或有教养的呢?
>
> 子夏说:"贤贤易色,事父母能竭其力,事君能致其身,与朋友交言而有信,虽曰未学,吾必谓之学矣。"(《论语》卷一)
>
> 按照这种教育标准,那些被你的通讯员称为文盲的占四亿人口中90%的中国人,将是唯一遗留在中国乃至全世界的真正受过教育的有教养的人。
>
> 的确,在堕落、退化的文明时代,正如在我们的现代生活中一样,就"教育"这个词的真正意义而言,一个人越变得有文化或学问,他所受的教育就越少,就越发缺乏与之相称的道德。①

我们向来以胡适或其他新文化运动家们的方式来看待辜鸿铭这些话,觉得是一个"疯子"的话。然而,辜鸿铭绝对不是否定"识字"的作用,他本人就是懂几种外语的归国留学生,而是强调"教育"的真正性质和目标,即培养有道德的人。如果一个人尽管有丰富的知识而却失去了起码的公私道德,那就等于"没有受过教育"。这是大有启发的观念,也是我们此次的"中外畅销书的传播与接受国情调研"的题目之一,即"教育"

---

① 辜鸿铭:《归国留学生与文学革命——读写能力和教育》,收入《辜鸿铭文集》(下),黄兴涛等译,海南出版社1996年版,第172—173页。

的性质与阅读者的公私道德观念的关系。我们当今处在一个"教育爆炸"的时代，各种教育资源唾手可得，但为何会屡有"教育失败"的感觉？问题出在哪里？

这还不是钱学森所说的那种"教育失败"，即我们当今的教育为何培养不出"大师"，而是更为一般的几乎涉及每个人的问题，即我们当今的教育为何不能形成一个分享着基本的道德水准、社会认同、国家观念的"道德共同体"，从而产生一种集体凝聚力或者向心力？

山区人少，居住分散，上学本来就不方便。以前，这里的山区有一所中学，前些年全国裁并农村学校，这所中学也被裁撤，该校学生全部集中到镇里的埭溪中学（我们驱车从山区驶向埭溪镇镇里的半途，从道路左边看见了这所被遗弃在那里的山区中学，早已人去楼空，附近毛深草长）。虽然小学不是此次调研的对象，但我们了解到，这里山区富裕的农民通常把年幼的孩子送至镇政府所在地的平原的教育质量稍好的镇小学读书，例如我们入住的小旅馆的主人，他每天开车50分钟将孙子送到镇小学，每天来回接送。

我们调研组在埭溪镇山区住了一晚，次日便离开山区去平原的"埭溪镇镇中心"考察，主要是考察作为埭溪镇"最高学府"的埭溪中学。之所以选择先进埭溪镇山区考察，然后再到埭溪镇的平原考察，是想先了解更辽阔的"边缘"的情况，再去了解"中心"。前面说过，埭溪镇山区没有中学，中学生不得不到镇子里唯一的埭溪中学住宿上学，一个星期可能都回不了家——这样，从初中阶段开始，当地的孩子就基本脱离了本乡本土，寄居到了城镇，那里的"文化生活"迥异于山区，也是中学生——如果考上大学或中学毕业后去外地打工——去往更遥远的城市的中间站。

埭溪镇调查（镇里）

作为埭溪镇的文教中心和政治中心的"镇里"处在山区外的一片平原上。镇里有数条大街，有一片片高楼大厦，虽不比湖州其他镇子繁荣现代，但繁荣现代的程度也在内地一般乡镇之上。我们此次调研的目标是埭溪中学。埭溪中学紧邻埭溪初中。埭溪初中的校舍为近年新建，校舍仿照西方古老校园的红砖建筑，建筑外观上比已显得稍稍老旧的埭溪中学的中心校舍（该校在附近还有几片农业基地，后面再谈到）更加显眼。大概因为埭溪初中是由镇里出资，所以才近水楼台先得月，而埭溪中学是湖州市

市属中学。百度百科对埭溪中学的简介是新近更新的,从这段简介可以看出该校的特点:

> 埭溪中学是一所拥有50年历史的市属普通高中。地处湖州西南郊104国道南侧埭溪镇,距湖州市中心25公里,30分钟路程。花园式新校区占地50000平方米。现有教学班26个,在校学生1103人,教职工近90人。
>
> 学习环境舒适,校园环境幽雅,鸟语花香、绿草如茵。各类教育教学设施先进,拥有多媒体教室、图书馆、语音室、多功能厅、篮球场、标准运动场、闭路电视系统、音响系统、校园网络系统,国家I类实验室;拥有多楼层食堂餐厅和设施完善的男女独立学生公寓。为学校事业可持续发展奠定了良好的物质基础。
>
> 学校重视教学质量,重视高质量师资队伍建设,以优质师源兴校,以科研兴校,拥有一支教育教学水平高、教学经验丰富、教学作风严谨的师资队伍,发扬为人师表和奉献精神,以饱满的精神投入工作,近年来涌现出一大批优秀教师、市教学能手、市教学骨干和市教坛新秀。中高级职称教师占68%,本科学历达97%;硕士研究生2人。1人系全国文学家协会理事,4人拥有全国专业学科类协会会员称号,市各学科中心小组成员、学科研究会会员共12人。
>
> 学校根据实施素质教育的需要,适应未来社会对人才的要求,积极应对新课程改革,增设适应学生发展需要和反映现代科技发展的选修课程,在保证学生达到基本教育目标的同时,为学生的发展拓展新天地。学校建立相应的"学生选课指导制度",根据学生不同基础实行分层次教育,为学生个性的全面发展创造条件。
>
> 为了激励学生刻苦学习,奋发向上,全面发展,学校建立奖学金和助学金制度,奖学面广,奖学金金额大。
>
> 学校多次被评为市级、区级文明学校、市级文明单位、创安先进、市直属级德育工作先进集体、市级先进团组织、"首批湖州市依法治校示范校""平安校园"等称号。

与一般介绍不同,随后的介绍文字专门介绍该校的"校园网络":

◆ 网络主干网结构采用千兆位以太网技术，拓扑结构为星型分级结构，网络主干通过 16 根光缆连接学校 14 幢教学、办公、生活设施的 700 个节点（首期），主干网采用 Cisco 公司的 Catalyst6506 千兆交换机作为主交换机，该交换机支持千兆位以太网、多层交换和基于 IP 子网的虚网。子网采用支持千兆以太网的 CiscoCatalyst35xx、Catalyst29xx 系列交换机，其中 6 台二级交换机采用千兆模块与中心交换机上联。

◆ 校园网的服务器组由十余台专用服务器组成，分别作为教科网和校园网的 Web 服务器、E-mail 服务器、DB 服务器、VOD 服务器、WSUS 服务器和防火墙主机，配置一台高性能磁盘阵列机作为服务器组的扩展。

◆ 埭溪中学校园网的外部网配备二台 Cisco2611 路由器，配置一个 16 端口的异步拨号模块，可供远程用户拨号入网，访问校园网内的各个业务系统。

◆ 埭溪中学校园网采用目前主流的 Internet/Intranet 设计思想，采用流行的系统软件，在主服务器上以 Windows 2000、Windows 2003 和 Linux 为运行平台，主要运行 Web 服务器软件和教学办公管理系统软件包，系统提供 WWW 浏览、E-mail、FTP、BBS、DNS、DHCP、WSUS、Internet 代理等多种形式的 Internet 服务和校务办公系统、校园导航系统、教学管理系统等数据库软件，这些软件的采用使埭溪中学校园网可以方便快速地联结湖州信息港及国际互联网，并为吴兴区各个中小学校提供丰富的网络资源。

从山区的小村到平原的镇中心，我们发现网络几乎覆盖到每一个角落，而且，就埭溪中学网络的发达程度来说，丝毫不亚于一个西方发达国家的大学。这证明当地政府和埭溪中学校方对网络技术的重视程度。网络的无孔不入，其意义到底如何，是本次调研后面要重点分析的问题之一。这里只提到一点，即它容易形成一种新的人格类型，即"网络引导型"人格。

埭溪校长的新任校长名叫吴建新（笔名舒航），才上任一个多月。他年龄不到 50 岁，是一位颇有文学才华而且对自己从事多年的教育事业很有热情和想法的诗人。埭溪中学在湖州市所有中学里排名最末，不过排名

图为埭溪中学网站主页截屏

的标准是"一本录取生"的数量。这对埭溪中学无论如何都不公平，因为该校由三部分构成，即埭溪中学（普通高中）和现代农业技术学校（职高），而主体是现代农业技术学校；另外，该校还有一个"民族班"（西藏班）。由于该校的主体是职高，而且最大的教育资源是农业技术，因此它的主要生源是各类因为各种原因不上或上不起大学的初中毕业生。一般只有其中普通高中的学生参加高考，而现代农业技术学校的目标是培养"现代农民"，即懂得一定现代农业技术并且会进行管理和营销的"新式农民"。

我们获得了一份该校园艺1001班王琳（女）同学于2002年7月毕业前在湖州方园农业科技有限公司进行实习的日记，可以看到一个即将走向社会的18岁左右的姑娘的心迹（文章不当的标点和错字均按原文）：

【实习生日记】

实习生姓名：王琳　　　性别：女　　　班级：园艺1001班
实习单位：湖州方园农业科技有限公司

有句话叫做：不经历风雨，怎么见彩虹？而我想说一下：不真正踏入社会，怎能了解社会呢？

5月4日，刚考完试，我们就各自乘上车子前往各自选择的实习单位，2年的友谊就在那一刻分开，心里有很多的不舍，带着各种情绪来到了方园这里。第一次在外工作的夜晚，我想了很多，想到了深夜，人总有悲欢离合，一个人总要经历一些事情才不枉来到这个世界，一个美好的生活并不是在安逸中过来的，不是衣来伸手，饭来张口的浑浑噩噩，也不是在世俗纷争中迷失自我，更不是人云亦云随波逐流，而是在前进的道路上找寻自我，在自我的生活中体味人生，让自己的人生多姿多彩，这样也就不枉来这个地方了，以后回想起来这也是一段美好的回忆，是自己曾经的一段辉煌历史。

头两天，我还经常给自己的死党们打电话，经常抱怨"工作好累啊""好无聊啊""生活把我逼成这样了""我彻底受够了"……这几句话经常挂在我的嘴边，说的都是这里的不是不好之类的。

小莫哥，是我们到这聊的最多的人，我们什么都不知道什么都不懂，都是他告诉我们的，我也经常问一些不懂的问题，他这个人挺好的，处处都想着我们，这里的工作制度啊什么的，应该要注意什么？在我眼里我把他看成是我的大哥哥，但是，好日子没过多久，他就去山东了，他也有他自己的打拼，走了的那几天，我还真有点不习惯有点不适应，说真的，有点想他了。

褚师傅，一来到这，我就觉得他是一个很严厉的人，一脸严肃，后来相处久了，慢慢地我发现他其实这个人很好，他还把他吃的东西分给我吃，人家都说吃人家的嘴卵，呵呵，我就是，我还觉得他这个人很懂得享受，他对自己很好，哦，对了，他很喜欢吃海苔。

阿姨，刚到这，我就跟着阿姨，她每天做什么我也就跟着做什么，实话说，跟着她，我学到了很多之前都不知道的东西，比如，整枝、吊线、去叶……早上还采摘成熟的蔬菜瓜果，那种喜悦感，从来没有经历过，她这人也挺好的，有些重活都不让我干，毕竟我是一个女的，都给褚振威干。

很快工作已经一个月了，我已经慢慢习惯了这里，习惯了这里的生活，这里吃的不错，住的也不错，就是有点想家，现在才知道家有多好，当初读书的时候天天想着不回家找什么借口的，一回家就头疼，或许我们都在成长，一想到自己在这已经工作一个月了就开心，就为之骄傲，因为我自己也没有想到自己能坚持到现在，同班的同学一开始个个都选择了话务员，但是个个都半途而废了，个个都中途卷铺盖走人了，想想自己还是挺厉害的。

在这里，我看到了从前从未看到过的东西，比如，紫番茄，紫土豆，香蕉西葫芦之类的，还有中科院奇怪的蔬菜水果；在这里，想想刚来几天，我和阿姨们一起种下的西瓜苗和甜瓜苗，现在看着它们在慢慢地长大，挺自豪的，想着其中一部分是我们自己用辛勤得汗水种下的，就为之感到惬意，在这里，还可以把学到的东西回家后和家里人说一说，让他们也懂得更多，在这里，还可以把待在大棚里的热当做是免费的蒸桑拿，这样一想，我们就乐想其中了啊。在这里，还可以玩电脑，特别是晚上的时候，看看电影，玩一下游戏，这样劳逸结合，生活过得挺充实。

工作实习时每个毕业生毕业后必将面临的磨难，这是为今后参加正式工作，打下最好的基础。

实际上，埭溪中学的现代农业技术学校并不设置入学门槛，对所有初中生，无论中考分怎么样，均可入校，以便把他们培养成有一技之长的以后能够自食其力的人。正因为如此，现代农业技术学校的学生不像该校普通高中的同学那样"以高考为中心"。

埭溪中学有三片面积很大的现代农业基地，分散在距离学校或远或近的地方。校长舒航先领我们到这三片基地参观。与以前的农业不同，这里的现代农业如同"农业工厂"，巨大的温室一个连着一个，外面开阔方整的土坪里摆满了一盒盒从温室移种出去的小苗，远处是长大的颜色各异的植物。这里宁静、安详，偶尔在低矮的花草间会出现几个正在干农活的男女学生的影子，他们充满朝气，相互说笑，春心萌动，画面很美，与该校普通高中的那些整天趴在课桌上的"考试机器"大不相同。站在一大片花草的幼苗之间，校长舒航对我们说："选择一个诗人来当这个农业技术学校的校长，大概是选对了。"的确，让文科出身的人担任中学校长，并将文科的精神渗透到学生中去，比单纯的实利教育更为重要。

现代农业技术学校还包含一个民族班（西藏班）。我们在一个试种樱桃番茄的大棚里见到了几个正在学习的西藏班学生。他们的表情显得非常严肃，若有所思，在与我们交谈时总是言语很少。舒航后来解释说，这些西藏学生以后大多重新回西藏，但他们觉得在这里生活得很满意，不太愿意回去。他还告诉我们，这些西藏学生与本地人相处得很好（舒航自己曾在新疆工作过一年）。

在考察了埭溪中学的几片农业基地之后，我们调研组来到了埭溪中学的主体校园。我们将在这里进行两种类别的调查：第一，对几个班的理科班学生进行问卷调查；第二，与普通高中文科班的学生以及语文教研室的老师座谈。尽管问卷调查得来的统计数字是"科学分析"的通常材料，不过，我们调研组也特别重视面对面的交谈。这就像我们在埭溪考察"中外畅销书的传播与接受"时，会非常关切本地的经济地理、民风、城乡结构以致职高毕业生实习日记等一些细节问题一样，我们认为，对某个问题一对一的因果关系的解释可能会遮蔽许多方面，任何问题都是在历史和现实的纵横因素构成的具体语境中、在多重可见的和不可见的关系中形成的。

埭溪中学普通高中部分的文科班有30人左右，其中绝大部分是女生，男生只有5名左右，而语文教研室的教师也是如此，8名老师只有1名是男教师。座谈会在一间会议室举行。我们调研组坐在长圆形桌子的一边，对面是7名女教师，侧面有1名男教师（所有教师的前面都摆了一个笔记本，而本来我们是听他们的发言的），环绕墙壁的椅子上坐着学生。校方的这种座位安排有欠缺，它造成了一种教师和学生不太敢发言的态势。何况，在我们调研组进入校园前，校方已经向参与座谈的学生和教师介绍过我们的身份，即"中国社会科学院的专家"——在中国的学术等级制里，中国社会科学院和埭溪中学，简直可以说是两极了——在他们心中产生了一种"仰视"心理和不敢畅所欲言的心理压力。

为了打破这种心理隔离，我们调研组在开场白中刻意制造出一些活跃轻松的气氛。女教师中有两位颇为活跃，后来一共有4位发了言，那位男教师也发了言。由于学生比较紧张，有位班主任只有点名一位男生发言。该男生谈了他的阅读（主要是存在主义作家），他可能是该校最有文学才华的男生了。不过，当我们追问他，他们同学之间是否聊这些"深刻"的话题时，他们均表示否定。还有一位女生也被班主任点名发言，但她只谈到她目前读的一本书。

我们都有过这样的经历，即一个好的语文教师对学生有着巨大心理影响力，而且这种影响甚至在后来的人生中持续很长时间，乃至决定其职业选择。这也是我们调研组为何选择语文教师座谈的主要原因。埭溪中学的这些语文教师均为大学毕业生，平均年龄大概在30岁左右。他们谈到他们在大学时曾经或多或少阅读过一些中外名著，不过，到中学工作后，一则由于教学任务紧（为学生高考），一则由于结婚有家庭后家务甚忙，所以阅读量骤减。他们还提到，现在绝大部分的中学生与他们当初读中学和大学生时阅读的书籍（主要是纸本名著）大不相同，主要是手机和网上阅读，阅读的是那些朝生夕死的悬疑、情感、科幻一类的小说。每个学生都有手机，像带着一个随身的阅读器，课余时间就别说了，哪怕是上课时间，少数同学也会偷偷阅览网上小说。

给我们另外一个鲜明印象的是文科男女教师和男女学生的比例，女教师和女学生占了绝大部分。这种悬殊的性别比例对文科教育的影响，不是本次调研的任务，但这种性别比例还是影响了对中外畅销书的选择，例如女教师和女学生偏爱言情和悬疑一类的小说，而男教师和男学生则对悬疑、侦探、科幻更感兴趣——其中极少数对那些思想类的文学作品感兴趣。中学生的纸本文学阅读（精读）主要是语文教科书，因为语文是高考的重点。如何将经典阅读与高考的功利性结合起来，对语文教科书的编写者而言是一个重要课题。

这里重点谈一下网络。前面曾提到，埭溪中学的每一个学生都有手机（但不见得每一个人在校都拥有个人电脑，尽管大部分人家里应该有电脑，但考虑到学生住校的性质，那么，手机就成了他们"课外阅读"的主要途径）。另外，在我们此前对埭溪山区的调研中，我们也发现，除了老人和儿童，几乎人人都有手机。县政府对手机网络的重视以及本地手机网络公司的巨大投入，使得埭溪在即时的网络信息方面几乎覆盖了任何一个角落。这是纸本书报所远不及的。埭溪镇只是全国的一般状况的一个缩影。

按说，这种"共时性"对形成国家共同体的认同有利，其实现实情形大为不同。这不仅因为网络的开放性使得每一个人都可以发布真实的或虚假的信息，表达不同的立场，还因为，国际的竞争全面渗透于网络，使得网络成为一个争取文化领导权或舆论主导权的战场。在网络时代之前，中学生对外部信息的了解总是经由成人或部门的过滤，但网络使得中学生第一次面对杂乱的深不可测的信息之海，而他们的判断力和知识的储备尚不足以分辨真假，极易成为网络"暴民"。实际上，进入网络时代之后，我们见证的是共同体的内部紧张关系的发展，任何一个被网络所关注的事件都容易成为分裂社会的因素。

对网络，政府鲁莽的强行审查似乎没有太多效果，反倒容易激起怨愤。网络的极端重要性（主要指其覆盖范围、即时性、杂乱性）与政府在健康的网络文化的建设方面的迟缓性形成一种鲜明对比,而政府本应该花比书籍出版更大的精力和资金来建设这种网络文化,而不仅仅是在网络技术方面进行投资。如果国民教育体系的核心目标是培养"国民"的话,那么,比国民教育体系更能给人重要影响的网络文化也应该为自己悬上相同的目标:当每年有 100 万部网络小说问世时,国家却没有投资于中国数千年来浩如烟海的各类著作的电子化和网络化(包括音频化),以供免费读听,这样就将普通网络用户的注意力过于集中于当代问题。由于缺乏历史的知识背景,这些"基础用户"对当代问题的讨论容易情绪化,也容易人云亦云(其结果就是被他人引导)。在网络时代,如何使网络成为国民教育手段,是决策者们应该重视的大问题,而且,这不是一纸行政命令就能解决的。国家几个月前出台的对网络谣言的惩治条例,毕竟只是一种"消极手段",而"积极手段"是创造一种健康的网络生态环境。

南浔镇调研

我们调研组在埭溪镇只停留了一天,然后驱车前往不到一个小时车程的湖州市南浔镇。一路全是平原,公路的右侧是古老的京杭大运河。在百度百科上,南浔镇的介绍内容很长,但有一个鲜明特点,即强调其古老的文化遗产。镇政府显然意识到这个古镇密集的文化遗产作为"文化品牌"的经济意义,所以对古镇的保护不遗余力。

百度百科介绍:"南浔镇政府从 1982 年开始着手对古镇进行保护性开发,使大批的古民宅、民居、园林等古建筑得以保存。2003 年,古镇南浔与乌镇、西塘联合申报世界文化遗产,并已被列入预备清单……南浔镇历史悠久,南宋以来已是'水陆冲要之地','耕桑之富,甲于浙右',因滨浔溪河而名浔溪,后又因浔溪之南商贾云集,屋宇林立,而名南林。至淳祐十二年(1252)建镇,南林、浔溪两名各取首字,改称南浔。由于蚕丝业的兴起和商品经济的发展,明万历至清中叶南浔经济空前繁荣鼎盛,清末民初已成为全国蚕丝贸易中心,民间有'湖州一个城,不及南浔半个镇'之说,南浔由此一跃成为江浙雄镇,富豪达数百家,民间俗称'四象、八牛、七十二金狗'是中国近代最大的丝商群体。如今水乡古镇的景色风韵依旧,镇北运河东西横延,镇中市河南北穿镇而过,河街相交桥梁通便,黛瓦粉墙绿柳拂水,组成了一幅原汁原味的江南水乡图。南浔古镇以其格局独特、风貌完好、文化深厚、民风淳朴而成为江南水乡众多城镇的典范和代表……"

"南浔有崇文重教的优良传统，文化昌盛，教育发达，名人辈出，其中许多人在不同的历史时期卓有建树，影响及于乡里以至海内外。据宋、明、清三朝统计，南浔籍进士41人，宋、元、明、清时期，浔籍京官56人，明、清两代任全国各地州县官57人。南宋至民国，在全国有影响的浔籍专家、学者80多人。当代，浔籍具有副教授以上职称者240余人……历史上，南浔有'诗书之邦'和'镇志之乡'之美誉，许多名人著书立说，学术研究成果丰硕。如朱国祯著有《涌幢小品》《明史概》《皇明纪传》等；董斯张著有《吴兴备志》《广博物志》《七国考》等；陈忱著有《后水浒》；董说著有《易发》《西游补》以及大量诗集。清代有著述问世的南浔人达280余人之多，其中许多是具有较高价值的学术论著，如"南浔三先生"的施国祁撰有《金史详校》《金源札记》等；邢典撰有《书城杂著》等；扬凤苞撰有《十八家晋史纂》《补正湖州诗录》；沈螯撰有《新疆私议》等；董蠡舟撰有《三国志杂校》《补五代史汇误》《十六国史摭逸》等；董恂撰有《古今医籍备考》《两宋宫闱词》《南浔蚕桑乐府》等；沈鹖撰有《地道记》《台湾郑氏始末注》等；纪南星撰有《痘科集腋》等。明末至民国，撰写镇志蔚然成风，达十余部之多。总之，南浔名人著述不胜枚举，其学术研究及著述领域包括经史、天文、史地、志书、水利、农艺、蚕桑、医学、乐律、音韵、六书、金石、书画、诗词，等等。有史家说，南浔'书声与机杼声往往夜分相续'，诚不为过。"

介绍文字中还开列了一份历代"古镇名人"的名单，如下：

董份（1510—1595）沈淮（？—1623）朱国祯（1558—1632）
温体仁（1573—1639）董说（1620—1686）刘桐（1759—1803）
顾福昌（1796—1868）汪曰桢（1812—1882）张颂贤（1817—1892）
刘镛（1825—1899）庞云镨（1833—1889）刘锦藻（1862—1934）
庞元济（1864—1949）周庆云（1864—1933）吴尔昌（1866—1915）
王文濡（1867—1935）张钧衡（1871—1927）徐自华（1873—1935）
张增熙（1875—1922）庞元澄（1875—1945）张静江（1877—1950）
蒋汝藻（1876—1954）金绍城（1878—1926）金绍坊（1890—1979）
周柏年（1880—1933）庞元浩（1881—1951）刘承干（1881—1963）

徐一冰（1881—1922）褚民谊（1884—1946）周佩箴（1884—1952）
张乃燕（1894—1958）陆志韦（1894—1970）姚克方（1899—1973）
刘承械（1901—1973）沈调民（1902—1931）沈石麒（1900—1982）
李庆贤（1902—1987）马莲湘（1907—1992）刘旭沧（1913—1966）
张新华（1916—1941）徐舜寿（1917—1968）洪海泉（1918—1991）
桂世扔（1920—1965）

一个至今面积不过141.3平方公里（其中古镇区2平方公里）、人口不过13.74万的小镇却涌现过如此之多的全国级历史名人，足见"诗书之邦"并非浪得虚名。南浔在当代文化上当然也有今不如昔之叹，尽管今日南浔"一镇拥有8名［南浔籍］中国科学院、工程院士，250多名中高级职称的教授、专家更为江南其他乡镇所罕见"，但紧接着的一句夸赞之词却显露出当今的南浔只能以文化遗产傲人："南浔已经成为上海、杭州、苏州、南京等大中城市的后花园，成为城市居民休闲、度假、疗养、观光游览的最佳胜地。"

换言之，南浔已失去其"诗书之邦"的地位，它一个接一个的深宅大院只令人发思古之幽情，见证它在历史上的"诗书之邦"的地位，而它当今几乎只拥有中级以及中级以下的教育机构："全镇现有高级中学1所，在校学生2094人；初中4所，在校学生3556人，校均规模889人；小学6所，在校学生7854人，校均规模1309人；民办小学3所，学生4077人，校均规模1359人；幼儿园7所，另有村级幼儿班18个，入园人数3542人；成人学校1所。浔溪中学、南浔实验小学均为省示范性学校；南浔中心幼儿园为省示范性幼儿园；浔溪、马腰、横街、三长幼儿园均达到市一级幼儿园；南浔成校为省示范性成校；横街小学、马腰小学为省标准化学校。"

在古镇的深处，是民国闻名于世的私家藏书楼嘉业堂（不仅藏书，也大量刻书），其当初的主人是刘墉的孙子、富商刘承干（1881—1963）。嘉业堂在民国时的藏书达到五十几万卷，共十六、七万册，包括宋、元两代精椠一百四十九部，另有《永乐大典》珍贵孤本四十二巨册、《四库全书》（翁覃溪手纂）原稿一百五十册，等等。明清两朝的诗文集椠本和抄本也有近万册，此外，还藏有各地的地方志一千二百余种。这样一座巨大的私人藏书楼必定是文人雅集之处。

嘉业堂的刻板也很有名。作为一个书痴,刘承干对刻书的要求甚高,必请名家校订版本(如王国维、吴昌硕、郑孝胥、况周颐、张元济、罗振玉、叶昌炽等),请著名刻工刻板(使用的均为红梨木的木版),前后刻书三千卷,二百几十种,其中包括《嘉业堂丛书》《求恕斋丛书》《吴兴丛书》《留馀草堂丛书》《希古楼金石丛书》《景宋四史》《旧五代史注》《章氏遗书》《北琼室金石补正》等以及作为清代禁书的《安龙逸史》《翁山文外》《闲渔闲闲录》《三恒笔记》等。它被称为"全国四大藏书楼之一",应该是名至实归的。

走进嘉业堂,透过一个个深色的十字窗格,还可以看见架子上整齐地排列着那些红梨木的刻板,据说达三、四万块之多。不过,这些藏版当今几乎只作为"文物"了,正如嘉业堂已不再是文人雅集之所:尽管它的一些房间里藏着图书和刻版,但它其实只是一个空壳,供形形色色的外地旅游者一游而已。

嘉业堂只是南浔古镇的一处藏书楼而已。实际上,它处在南浔,意味着处在一个诗书的空间,周围的大户人家几乎无一例外的都尊重诗书,且均有可观的收藏,同样文人学者辈出。南浔的大户人家几乎都是靠丝绸和海盐致富的,但正如茨威格在《昨日的世界》中谈到犹太人时所说,致富的冲动在第二代或第三代人那里开始转向文化,于是大量投资本乡本土的文教事业,使得本地受其文化熏染。

近代以来,尤其是新文化运动时,对儒家文化的一种谴责是它轻视实利,以致造成民穷国衰,被列强所欺凌,所以才有针对儒家文化的一波接一波的革命。不过,与其说儒家文化轻视实利,不如说它存在一种转换机制,即一方面鼓励赚钱,同时将人的赚钱欲望引向更高的追求。南浔历史上的这些诗书之家在一辈人之前(甚至自己那一辈)均为巨富。相反,在当今,在儒家文化已经被瓦解的当今,南浔不乏巨富,可有几人像以前的南浔巨富那样投资于文教?不独南浔,全国的巨富中,又有几人像南浔的刘家、长沙的叶家(叶德辉)那样关切文教?当今流行的文化是一种消费主义和享乐主义的文化,巨富们宁可斥巨资修建"高档会所",也不情愿为文教出多少力。他们缺乏以前的士绅对本乡本土共同体的责任意识。从我们当今的"畅销书"就可窥见时代风气。

在曾经作为"诗书之邦"的南浔,如今却难得见到几家书店,即便偶尔发现一家,里面也尽是"教辅材料"(属于高考产业链)、生活用书

(消费主义)和那些隔年就失去影响力的"畅销书"。当然,正如前文所分析,"县镇"在文化上的"空心化"不徒见于南浔,它在全国古镇是一种普遍的现象。这主要源于近代以来,县镇文化生态的瓦解以及现代消费文化的渗透。如何恢复古镇的文化精神,而不仅仅是恢复其外观(空壳),是当今"乡村建设"的重要课题。